이렇게 좋은 예수 · 1

나됨

이렇게 좋은 예수 . 1

지은이 : 김손진
초판일 : 1998년 4월 6일
개정판 2쇄 : 2012년 9월 26일

펴낸이 : 최송구
펴낸곳 : 도서출판 나됨
http://www.nadoem.co.kr
주소 : 서울시 은평구 역촌동 68-33 3층
전화 : 02) 373-5650, 010-2771-5650
메일 : nadoem@naver.com
등록번호 : 제8-237호
등록일자 : 1998. 2. 25
편집제작 책임 : 김아리

값 : 10,000원

저자와의 협약하에 인지를 생략합니다.
ISBN 89-88146-00-X 03230

이렇게 좋은 예수 · 1

김손진 목사

책 머리에

생명 건 기도로 이루어진 나의 삶, 나의 목회

이 책을 존경하고 사랑하는 목회자님들, 그리고 이름 없이 묻혀서 헌신적으로 주님을 섬기는 수많은 믿음의 형제자매님들께 바칩니다. 간증을 한다는 것만도 조심스럽고 두려운 일인데, 그간의 신앙의 여정을 한 권의 책으로 펴내는 일은 무척 망설여졌습니다. 그러나 제게 주신 하나님의 그 놀라우신 은혜를 크게 전하지 않으면 무익한 종이라는 생각에 부족하지만 용기를 냈습니다.

태어난 지 17일 만에 저는 아버지를 여의었습니다. 핏덩이를 안고 교회를 찾아간 첫날, 어머니는 저를 주의 종으로 바치기로 서원하셨습니다. 벌판을 가로지르는 망아지 같았던 저를 길들여 주님의 종으로 삼으시기까지의 과정과 눈물로 쌓아온 목회의 기록이 여기 담겨 있습니다.

인생을 살면서, 몸으로 부딪치며 하나님을 만났고, 천국과 지옥을 보았고, 오늘날 축복을 받았기 때문에 자신있게 '예수 구원'의 복음을 전할 수 있습니다. 남보다 모자랐기에 조금 더 많이 기도하게 하신 하나님의 사랑에 감격하는 마음뿐입니다. 다시금

정리하느라 돌이켜보니, 제가 살아온 인생의 자취는 결코 평탄하지 않았습니다. 가파른 산등성이와 비탈길과 벼랑과 뻘을 무릎으로 기어 헤쳐온 나날이었습니다. 힘에 부치도록 벅찬 길이었기에 그 길 위에는 늘 생명 건 기도가 있었습니다.

아, 정말 얼마나 감사한지요!

이 간증집이, 주님을 좀더 잘 섬기기 위해, 예수님의 참신부가 되기 위해 노력하시는 분들에게 작으나마 힘이 되기를 바랍니다. 천국 가는 길에 대한 분명한 확신을 갖고 끝까지 충성하여 주님을 영화롭게 해드리는 저희가 되어야 하지 않겠습니까? 또 같은 길을 걷는 믿음의 동역자들과 교우들의 신앙에 도움이 되기를 바라며, 다만 한 영혼이라도 불신자가 이 책을 읽은 후 돌이켜 천국백성이 되기를 간절히 소원합니다.

"내가 선한 싸움을 싸우고 나의 달려갈 길을 마치고 믿음을 지켰으니, 이제 후로는 나를 위하여 의의 면류관이 예비되었으므로 주 곧 의로우신 재판관이 그날에 내게 주실 것이니, 내게만 아니라 주의 나타나심을 사모하는 모든 자에게니라." (딤후 4:7-8).

할렐루야!

주후 1998년 3월 20일
목사 김손진

추천의 글

오직 한 길, '예수 사랑'의 역동적인 목회

앙의 동지요 목회일선에서 동역하는 김손진 목사의 신앙 간증집 '이렇게 좋은 예수'가 출간되어 마음 깊이 축하를 드립니다. 이 책은 김손진 목사의 삶과 목회의 여정을 고백한 살아 있는 역사서입니다. 예수님을 영접하기 전까지의 짓궂고 당찼던 모습과 주님을 영접한 후, 오직 그리스도만을 의지하고 헤쳐 온 삶의 정수가 진술하게 펼쳐져 있습니다.

이 책의 저자는 김손진 목사이지만, 이 책을 읽어나가는 동안, 실제 주인공은 예수 그리스도라는 것을 금세 느낄 수 있습니다. 한 사람의 목자를 택해서, 그 길을 친히 인도해 오신 주님의 사랑이 면면히 흐르고 있기 때문입니다.

김 목사는 담임목사인 부군 장학규 목사를 도와, "네 양떼의 형편을 부지런히 살피며 네 소떼에 마음을 두라"(잠 27:23)는 목회진리를 고수하는 목회자입니다. 요즘같이 물량주의가 범람하는 시대에, 양들 가정의 장맛까지 다 알아야 직성이 풀린다니, 참으로 귀하지 않을 수 없습니다.

김 목사의 역동적인 목회여정은 불신자를 구원하고, 낙심된 성도들의 심령을 소성시킬 수 있는 강력한 힘이 있기에 기쁜 마음으로 추천합니다. 이 책을 접하는 모든 분들에게 성령의 도우심이 있기를 바랍니다. 깊은 감동과 뜨거운 감격, 그리고 새로운 거듭남의 기쁨이 함께하기를 기원합니다.

기독교대한성결교회 증경총회장

목사 김관정

차/례

책 머리에 ❀ … 김손진 목사 /4
추천의 글 ❀ … 정진경 목사 /6

제1부 골칫덩이 유년시절 / 13

옹색한 셋방살이 ▶ 15
한 살 때 주의 종으로 바쳐지다 ▶ 19
담배 건조실로 이사 ▶ 21
선교사 양녀로 입양시키려고 ▶ 24
2만 5천원짜리 우리 집 ▶ 28 / 장닭을 변소에 ▶ 32
검정 고무신 ▶ 38 / 메밀죽을 먹고 ▶ 44
인절미 ▶ 46 / 미안해유 ▶ 50
아이스케키와 엿 ▶ 56 / 옥수수 사이소, 옥수수! ▶ 60
산불 사건 ▶ 62 / 조를 풀로 착각하고 ▶ 68
못된 예수쟁이들 ▶ 69

제2부 주경야독으로 꿈을 심고 / 73

부산으로 이사하다 ▶ 75 / 돈 벌러 가요 ▶ 80

성미자루를 변소에 ▶ 86 / 대심방과 걸레빵 ▶ 89
다시 월룡리에 ▶ 92

| 제3부 | 성령의 나팔수 / 95 |

꿈에 만난 예수님 ▶ 97 / 산당산 기도원에서 ▶ 104
예수님께 미친 나 ▶ 114 / 과연 사명자일까 ▶ 116
신학교에 입학하다 ▶ 121

| 제4부 | 햇병아리 목회시절 / 127 |

첫 목회 ▶ 129 / 담임선생님을 만나다 ▶ 136
두 번째 목회길 ▶ 140
선풍기 바람에 날아간 원고 ▶ 143
한얼산 기도원 망신 ▶ 145 / 지옥에서 만난 아버지 ▶ 150
첫 시체를 보고 ▶ 154 / 두 번째 시체 ▶ 157
성도의 방언 망신 ▶ 162 / 짝사랑 ▶ 165
꿈에 본 교회 ▶ 167 / 세 번째 교회에 부임하다 ▶ 169
예수가 최고! ▶ 172
40일 금식-한 알의 밀알이 되어라 ▶ 178
장을 잘라내다 ▶ 184 / 세마포와 면류관 구경 ▶ 187
첫 번째 기적-이법사네 가정 ▶ 190
두 번째 기적 ▶ 196
이어지는 기적들 ▶ 201
나도 용서받을 수 있을까요 ▶ 201
갑자기 난 배탈 ▶ 204 / 꿈 때문이야 ▶ 207
철장 기도원에서의 사탄의 역사 ▶ 211

제5부 결혼, 남편을 주의 종으로 / 215

그 가정의 선교사로 가라 ▶ 217
신혼여행 대신 3일 금식하다 ▶ 220
첫 인사 때 전도 ▶ 222 / 성 묘 ▶ 224
제사상 고춧가루 ▶ 225
남편, 광나루 신대원 졸업 ▶ 228
셋방살이 설움, 첫 아이 ▶ 229
개척 10년 후에 큰 교회 주리라 ▶ 230

제6부 개척교회 시절 / 237

가정집에서 첫 교회 개척 ▶ 239
저는 굶어도 아이만은 ▶ 240
의인 열 명 ▶ 242 / 양성교회의 첫 기적 ▶ 243
심장병 발병 ▶ 247 / 두 번째 기적 ▶ 248
오해로 인한 첫 풍파 ▶ 249 / 세 번째 기적 ▶ 258
지하교회로 이사하다 ▶ 260 / 네 번째 기적 ▶ 261
물난리 ▶ 264 / 하나님, 지상건물 주세요 ▶ 271
아이를 살려주세요 ▶ 275

제7부 할렐루야, 성전 건축 / 283

대머리만한 땅이라도 ▶ 285
심장 수술비를 바치다 ▶ 286
종교부지를 뽑다 ▶ 290
더 넓은 땅 주세요 ▶ 292
어린이집 융자 심사 통과 ▶ 295
귀신이 쫓겨나가다 ▶ 297
성전 건축 시작 ▶ 300
산재, 근재 보험을 들어라 ▶ 304
성전 입당 감사예배 ▶ 307

제1부

골칫덩이 유년시절

옹색한 셋방살이	15
한 살 때 주의 종으로 바쳐지다	19
담배 건조실로 이사	21
선교사 양녀로 입양시키려고	24
2만 5천원짜리 우리 집	28
장닭을 변소에	32
검정 고무신	38
메밀죽을 먹고	44
인절미	46
미안해유	50
아이스케키와 엿	56
옥수수 사이소, 옥수수!	60
산불 사건	62
조를 풀로 착각하고	68
못된 예수쟁이들	69

옹색한 셋방살이

나는 충북 청원군 미원면 금관리에서 8남매의 막내로 태어났다. 내가 태어났을 때 우리 집은 가세가 기울어 형편이 몹시 어려웠다. 그래서 제대로 집마련도 못해 금관교회에 다니는 어느 집사님 댁 사랑방을 얻어서 여러 식구가 부대끼며 살았다.

사실 내가 태어났던 당시의 우리나라 경제사정은 누구나 다 알다시피 풍족한 형편이 아니었다. 그 가운데서도 우리 집의 가난은 극심해서 끼니도 제대로 잇지 못할 정도였다. 초가집 셋방에서 초라하게 태어난 나는, 그렇게 태어난 것이 못내 억울하다는 듯 악착같이 울어댔다.

"아니, 아기가 왜 그렇게 운대요?"

"글쎄요…."

이웃 아주머니들이 물어도 시원한 대답조차 해줄 수 없는 어머니였다. 아무튼 왜 우는지를 알 수 없는 채 나는 날이면 날마다 밤 12시가 되도록 끈질기게 울었다. 흔히 보통 아기들이 그렇듯 낮밤이 바뀌어 우는 그런 경우도 아니었다.

그런데 내가 태어난 후 1개월이 못되어 돌연 아버지가 세상을 떠나셨다. 2월 18일 저녁, 아버지는 저녁을 드신 후 마실을 나가셨다. 아버지는 핏덩이인 나를 유난히 예뻐해 먹지도 못하는 단 것을 입술에 물려주곤 했다고 한다.

"다 늦게 어디 가신대요?"

어머니가 묻자 아버지는,

"응, 동네 사랑방에나 가보려고…."

하고 대답하셨다.

동네 아저씨들의 사랑방에 간 아버지는 방 벽에 기대고 앉아서 끄덕끄덕 졸고 계셨다고 한다. 아저씨들이 벽에 기대 조는 아버지가 불편해 보여 흔들어 깨웠다.

"태수씨, 졸리면 똑바로 누워서 자. 편하게 누워 자라구."

몇 번 흔들어 깨웠을 때는 이미 운명하신 후였다.

"아니! 이게 무슨 일인가? 이봐, 태수! 정신 차리게!"

아버지는 어이없게도 유언 한 마디 못하고 심장마비로 돌아가신 것이다. 너무나 안타까운 죽음이었다. 그후 나는 돌아가신 아버지 대신 험한 세상과 맞서 어린 자녀들을 키워내야 하는 무거운 짐을 모두 짊어지신 어머니나, 집안의 웃어른들에게서, 너 때문에 아버지가 돌아가신 게 아니냐는 원망을 듣곤 했다. '아비 잡아먹은 년'이라는 암시가 담겨 있는 말일 터였다

아버지의 장례식을 치러야 하는데 우리 집은 그냥 빈손이었다. 우리의 딱한 사정을 익히 아는 동네어른들이,

"지게로 밤에 장사를 지내면 어떻겠어?"

하고 말했다. 그러자 지금은 세상을 떠난 광진이 오빠가 결사적으로 나서서 반대했다.

"어르신들, 지게로는 안됩니다. 제가 이담에 커서 꼭 갚을 테니까, 한 번만 우리 집을 살려주십시오. 아버지를 상여로 제대로 장사지내게 해주십시오."

광진이 오빠의 눈물어린 호소를 물리치지 못한 동네어른들은 집집에서 조금씩 양식을 갹출하기로 했다. 그렇게 보리쌀과 좁쌀을 몇 줌씩 걷어서 비참하게 아버지의 장사를 지냈다.

우리 아버지는 마음이 참 어질고 착한 분이었는데 돌아가신

후 우리 가족 앞에 남은 건 빚뿐이었다. 그 빚을 갚을 수 없게 되자, 일할 수 있을 만큼 자란 오빠들은 빚 대신 그 집에 가서 머슴살이를 해야 했다. 하나씩 하나씩 데리고 가서 종살이를 시킨 셈이다. 또 언니 두 사람은 먹는 입을 덜기 위해 14살, 15살의 어린 나이에 서둘러 시집을 보냈다. 언니들도 명주옷 한 벌을 못해 입고 작은엄마 속곳을 입고 비참하게 시집을 갔다.

▼▶ 가난했던 시절에 살던 흙집

남은 식구 다섯을 책임져야 하는 어머니는 살 길이 막막했다. 그런데 남편을 떠나보낸 어머니의 가장 큰 문제는 무서움이었다.

당시 어머니가 믿는 신이 여럿 있었는데 그 신들도 어머니의 무섬증을 해결해주지 못했다. 얼마나 무서운지 어떻게 할지를 몰랐다. 견딜 수 없을 정도였다.

"왜 이렇게 무섬증이 심할까요?"

"에이그, 너무 사랑해서 정 떼려고 그러지, 뭐."

동네 사람들은 남편이 아내를 너무 사랑해서 정을 떼느라고 그런다고 했다. 해만 떨어지면 어머니는 무서움에 떨며 방안에 웅크리고 앉아 꼼짝도 못했다. 밤에는 변소에도 혼자 못 가고, 밖에도 얼씬 못하면서 큰 공포에 떨어야만 했다.

그 당시, 금관교회는 아주 작았다. 대한 예수교 장로회 통합측 이었는데, 청주 동산교회의 담임목사님이 당회장님이셨다.

그 금관교회에서 박종렬 목사님을 모시고 사경회를 가졌는데, 그때 어머니가 박동명 집사의 전도로 처음 교회에 가게 되었다. 외할머니가 100일 기도를 드려서 낳은 어머니는 용왕·북두칠성 등 미신 단지는 모두 다 섬기고 위했었다. 그런데 그런 신들로도 자기의 엄청난 무서움증이 해결이 안되니까 박 집사님의 전도에 귀가 솔깃해진 것이었다.

"교회에 한 번 나가 보시지요."

"예수를 어떻게 믿나요?

"어떻게 믿긴요, 그냥 나가시기만 하면 됩니다."

"그럼 한 번 나가볼까요."

그래서 그날 아기인 나를 안고 교회에 갔는데, 놀랍게도 가자마자 은혜를 받으셨다. 목사님의 설교가 꼭 자기한테만 하는 말인 듯 여겨져서 그 날 저녁에 당장 하나님을 믿기로 결심을 했는데, 그 순간 거짓말처럼 무서움증이 사라져버렸다고 하셨다.

한 살 때 주의 종으로 바쳐지다

사경회의 시간시간마다 은혜를 받은 어머니는 집회에 계속 참석하였다.

금요일 저녁이 되었다. 마지막 날이니까 제일 귀중한 것을 하나님께 바치는 별미 시간이 있었다. 강사 목사님이 자기에게 가장 귀한 것을 아낌없이 하나님께 바치라고 하셨다. 은혜를 받은 어머니는 뭐든지 바치고 싶은 마음이 간절했으나, 아무리 뒤져봐도 바칠 만한 귀한 게 아무것도 없었다. 그러다가 어머니의 눈길이 품안에서 쌔근쌔근 자고 있는 내게 닿았다.

"아, 그래! 나한테 가장 귀한 것이라고는 내 품안의 이 핏덩이밖에 없어. 그러니 이 핏덩이를 주의 종으로, 박 목사님처럼 되도록 하나님께 바쳐야겠다."

이렇게 마음먹은 어머니는 글씨를 몰라 옆사람한테 부탁해서 봉투에 이렇게 적어서 바쳤다.

"우리 순진이를 하나님의 종으로 바치겠습니다!"

어릴 때 내 이름은 '손진'이가 아니고, '순진'이었다. 그런데 어머니가 먹고사는 데 바빠, 나를 호적에 올려줄 여유가 없었다. 차일피일 미루는 사이에 내가 쑥쑥 자라는 것을 본 이장님이 안타깝게 여겨 대신 호적에 내 이름을 올려주었다. 그때 '순진'이를

'손진'으로 잘못 올리는 바람에 손진이가 된 것이다.

나는 그렇게 해서 어머니가 하나님께 바치기로 서원한 사람이 되어버렸다. 강사목사님은 어머니의 그 글을 읽고 나서 퍽 감동하신 모양이었다.

"예수 믿은 지 3일밖에 안됐는데 딸을 바치다니 보통 믿음이 아닙니다."

예배가 끝난 후, 강사 목사님은 어머니에게 고생이 많다고 위로하셨다. 그리고 내 머리에 손을 얹으시고 축복기도를 해주셨다.

"새벽별같이 빛나는 주님의 여종이 되게 하옵소서! 온 세계를 다니며 복음 전하는 드보라와 같은 선지자가 되게 해주옵소서!"

어머니는 나를 바친 후, 평생에 할 뚜렷한 기도의 제목을 얻게 되었다.

"이 딸을 주의 종으로 바쳤으니, 주님, 이 딸을 훌륭하게 길러주셔서 박 목사님 같은 훌륭한 여종으로 만들어 주세요"

어머니는 가족의 생계를 위해 옹기장사를 시작했다.

나는 젖을 제대로 얻어먹지 못해 몸이 개구리처럼 말라 다리가 휘어질 지경이었다. 우유를 먹을 형편이 안되니 고작 언니들이 떠넣어주는 밥물이나 보릿물 한 숟갈씩을 받아먹고 살았다. 보다못한 이웃 아주머니들이 어머니에게 권했다.

"에구, 순진이 엄마, 순진이 사람 구실하긴 틀렸어. 아예 자식 없는 사람에게 줘버려요"

그러나 어머니의 생각은 달랐다.

'순진이는 내가 하나님 앞에 바친 자식이야. 하나님 앞에 가장 귀한 자식으로 바쳤는데 어떻게 남을 줘? 차라리 하나님이 데

려가신다면 몰라도 남에게 줄 순 없어.'

어머니는 이웃 아주머니들의 권유를 단호히 물리치고, 낮이면 허리가 휘도록 무거운 옹기를 이고 다니면서 장사를 하셨다. 그리고 돌아와 아이들의 끼니를 끓여주고 다시 밤에는 교회에 가서 철야를 하셨다. 어머니는 그 어려운 생활 속에서도 교회와 주의 종을 성심으로 섬기셨다.

 ## 담배 건조실로 이사

우리가 세들어 사는 집에서 어머니는 설움을 많이 받으셨다. 툭하면 주인 아주머니가 우리 집에 억울한 소리를 자주 하곤 했다.

"아니, 이 김치가 왜 이렇게 팍 줄었지? 또 간장은 왜 이래? 아유, 정말 살림에 손타서 못살겠네, 못살겠어! 집안에 도둑을 두고 사는지 어쩐지, 원!"

주인 아주머니는 자주 어머니에게 달려와서 따지곤 했다. 자식은 주렁주렁한데 과부 혼자서 먹여 살리려니 퍼간 게 아니냐고 의심하는 눈치였다.

"정말 너무 억울하구나. 어디 이런 억울한 소리 안 듣고 살 수 있는 곳은 없을까?"

하소연할 데라곤 없는 어머니는 저녁마다 교회에 가서 하나님 앞에 울고 기도하셨다.

5살 때쯤이었다. 어머니가 하루는 주섬주섬 보따리를 쌌다.

"엄마, 뭐해?"

어머니가 활짝 웃으며 대답하셨다.

"응, 순진아, 우리 여기서 10리 떨어진 곳으로 이사 가게 됐단다."

"뭐? 이사를 가?"

"그래, 거긴 말이야, 아무리 크게 떠들어도 아무도 야단을 안 친단다. 우리 집이니까 괜찮아."

"엄마? 정말이야?"

어머니의 말을 들은 나는 너무나 신이 났다. 떠든다고 야단, 뛴다고 야단, 맨날 아주머니 눈치만 보고 사느라고 주눅이 들었었는데, 그런 눈치 안 봐도 된다니 하늘을 날 듯이 기뻤다.

이튿날, 충북 청원군 미원면 월롱리 2구 외길골로 신나게 이사를 했다. 소 뒤의 리어카에다 보따리 몇 개, 그릇 몇 개를 싣고 언니랑 오빠랑 즐거운 마음으로 이사를 하고 보니 건조실이었다.

건조실은 담배를 쪄서 말리는 곳인데 당시 비어 있었다. 바닥은 멍석과 가마니로 깔려 있었고, 지붕은 초가지붕이었는데다 썩어 있었다. 부엌도 없는 집이었다. 그때가 가을이었기 때문에 어머니는 건조실에서 겨울만 나고 봄에는 이사할 계획이라고 했다. 가슴이 두근거리도록 큰 기대를 가졌던 내 실망은 말할 수 없이 컸다. 나는 마구 울면서 앙탈을 부렸다.

"이런 집 싫어! 엄마, 우리도 저기 저 기와집 같은 데로 가지, 왜 이런 거지 같은 집으로 왔어? 난 싫단 말야!"

철없는 내 말에 어머니는 눈물을 훔치면서 나를 달래셨다.

"순진아, 조금만 참아라. 하나님이 축복해주시면 우리도 이담에 저런 집에서 살 수 있단다. 조금만 참고 살자, 응?"

언니들이 짐을 하나하나 리어카에서 내렸다. 나무 때던 곳에 솥을 걸고 비가 안 맞도록 살림을 안으로 들였다. 그런데 하필 이사 간 날 저녁부터 가을비가 주룩주룩 내렸다. 짚으로 된 지붕이 썩고 낡아서 전혀 빗물을 막아주지 못했다. 빗물은 그대로 방 안으로 떨어졌다.

"안되겠구나. 애들아, 다 일어나 귀퉁이 구석구석에 서라. 비 맞으면 안돼."

우리 어린 남매들은 찬 가을비를 맞지 않기 위해, 깨진 옹기 그릇을 가져다 빗물을 받도록 방 가운데에 놓고 구석구석에 하나씩 선 채 꼬박 밤을 새웠다. 이불도 없었기 때문에 우리 여섯 식구는 밤이면 명주로 만든 이불 하나에다 발만 겨우 넣고 잠을 자곤 하였다. 아주 고생스러운 생활이었다.

그런 속에서도 어머니는 믿음으로 바로 살려고, 저녁이면 10리 길을 걸어 교회에 가서 철야를 하셨다. 새벽예배를 마치고 오셔서 고구마로 죽을 쑤어놓고 다시 장사를 하러 나가는 곤고하고도 힘겨운 생활을 반복하셨다.

어머니의 힘든 생활을 눈으로 보면서도 욕심 많고 성깔이 있었던 나는 날마다 좋은 집으로 이사 가자고 보채고 울었다. 어머니만보면, 이사 가자고 지치지도 않고 졸랐다.

"나, 이런 찌그러진 집에서 살기 싫어. 이 집에서 안 살 거야."

막무가내로 어깃장을 놓는 나를 달래다 지치면, 어머니는 두 다리를 쭉 펴고 앉아서 "아이구, 내 팔자야!" 하면서 한참을 우셨다. 그러면 또 우리 형제들도 덩달아 다 따라 울곤 했다. 울다가 우리들이 다 잠이 들면, 어머니는 또 일어나 4킬로미터나 되는 교회에 가서 철야를 하셨다.

이웃집에 사는 동네 어른들은 우리 집 형편이 너무 안쓰러우니까 많이 보살펴주었다. 어머니가 장사하러 나가면 이웃집의 전순홍 어머니가 보리밥이랑 고구마를 쪄서 가져와 얻어먹고 사는 동네 거지가 되었다. 동네 어른들이 남같이 여기지 않고 많이 챙겨 먹여줘서 너무나 감사했다.

선교사 양녀로 입양시키려고

그 당시 우리나라에는 미국 선교사들이 많이 들어와 있었다. 어려운 시골 교회의 재정을 돕기도 하고 옷이나 우유 등도 배급해 주었다.

그런데 언제부터인가 어머니는 내게 유난히 먹을 것을 많이 주시는 것이었다. 그리고 밤이면 호롱불을 켜놓은 채 내 옆에 누우셔서 소리죽여 우시곤 했다.

하루는 어머니가 나를 불러앉히더니 말씀하셨다.

"순진아, 코가 큰 선교사님이 오늘 우리 집에 오신단다."

"응? 코 큰 선교사님이 우리 집에 왜 와?"

"선교사님은 돈도 많고 먹을 것도 많고 좋은 옷도 많이 갖고 계신단다. 너를 데리러 오시는데 그 아저씨를 따라가려무나."

"내가 왜 그 아저씨를 따라가?"

"응, 왜냐하면 그 집에 따라가면, 네가 먹고 싶은 것이 다 있거든. 그러니 그 집에 따라가서 살거라."

어머니는 말을 다 맺지 못하고 소맷자락으로 눈물을 훔치셨다.
"엄마가 아무리 기도해도, 전도사님과 의논해도 널 제대로 키울 힘이 없구나. 전도사님도 너를 선교사님의 양딸로 보내는 게 네 앞길을 생각해서도 천만 번 낫다시니까, 그분들이 오시면 따라가거라."

나는 어림없는 소리 말라는 듯 손사래까지 치며 크게 소리쳤다.

"싫어! 안 가! 나 코큰 아저씨 무섭단 말이야. 내가 엄마하고 살지, 뭣하러 그 사람들을 따라가?"

그날 밤, 한숨 자다가 일어나 보니까, 호롱불 아래서 어머니가 울면서 내 머리를 쓰다듬고 계셨다.

며칠 후 저녁 무렵이었다.

훤칠하게 큰 키에 노랑머리, 코가 우뚝한 아줌마와 아저씨가 우리 집에 오셨다. 어머니가 말하던 선교사 부부였는데, 그분들은 막상 눈으로 우리 집을 보니까 기가 막히는 모양이었다.

"오, 오!"

한숨 같은 소리만 내지를 뿐, 선뜻 멍석 깐 우리 방안에 들어올 엄두도 못 냈다. 신발도 못 벗고 그저 들여다보고만 있었다. 어머니가 들어오시라고 여러 차례 권해서야 선교사님 부부는 겨우 방안에 들어왔다. 그러나 방바닥에 앉지도 못하고 엉거주춤 선 채였다. 아줌마가 나를 찬찬히 훑어보더니 웃으며 말했다.

"참 예쁘게도 생겼구나. 아줌마랑 비행기 타고 미국에 가면 너무나 좋단다. 우리 집에는 맛있는 것도 많고 없는 게 없단다. 너 하고 싶은 대로 다 해줄 테니까 아줌마 따라가자. 응?"

아줌마는 가방 안에서 노란 원피스와 예쁜 꽃신을 꺼내 내 앞에 내밀었다.

"예쁘지? 어서 꽃신도 신어보고, 원피스도 입어보렴."

나는 그분들의 갈색 눈과 커다란 코, 노랑머리가 너무 낯설고 무서웠다. 고운 원피스가 입고 싶었지만, 그걸 입으면 선교사님들을 따라가야 될 것 같아서 뛰어나와 도망쳤다.

"순진아, 어딜 가니? 얼른 들어오지 못해?"

"난 안가! 저 아줌마 눈은 왜 그렇게 노래? 눈이 까매야지 왜 노래? 난 저 아줌마랑 안 살 거야."

내 말에 어머니가 목이 메어 더 이상 나를 부르지 못하셨다. 어머니한테 혼날 게 무서웠던 나는 논 가운데에 쌓아놓은 짚더미 속에 들어가서 꽁꽁 숨어버렸다

내가 도망쳐 버리자, 오빠들이 어머니에게 사정을 했다.

"어머니, 순진이를 보내지 말아요. 굶어도 같이 굶을 테니까 막내를 보내지 말아요. 네?"

저녁이 되어도 내가 나타나지 않자, 그 선교사들은 나를 데려갈 것을 포기하고 옷과 신발을 놔둔 채 돌아갔다. 짚더미 속에 숨어 있노라니까 그 선교사님들이 갔는지 어쨌는지 알 도리가 없었다. 그래서 나는 그냥 하염없이 짚더미 속에서 쭈그리고 숨어 있었다.

"순진아! 어디 있냐?"

"코큰쟁이 갔다! 순진아, 빨리 와라!"

오빠들이 큰 소리로 나를 부르면서 동네 안을 찾고 돌아다녔다. 나는 짚더미 속에서 고개만 쏘옥 내밀고 가자미눈을 뜬 채 오빠에게 물었다.

"오빠, 진짜 갔어?"

"그래, 진짜 갔어."
"원피스도 갖고 갔어?"
"아니, 두고 갔어."

그 말을 들은 나는 그제서야 나와서 집으로 들어갔다. 내가 집안에 들어서니 어머니가 나를 붙들고 마구 우시는 것이었다. 나도 울고 우리 형제들도 모두 엄마와 함께 울었다.

"순진아, 이 옷 참 예쁘구나. 한 번 입어봐라."
"그래, 이 꽃신도 신어보고…."

오빠와 언니들이 내 앞에 꽃신과 원피스를 밀어놓았으나 나는 겁이 나서 선뜻 손을 내밀 수가 없었다. 유난히 옷 욕심, 먹을 것 욕심이 많은 나였는데도 말이다

"나, 이거 입으면 미국 가야 되는 거 아냐?"
"아냐. 인제 괜찮다니까. 그럼 내가 먼저 입어볼까?"
"그래, 언니가 먼저 입어봐."

언니가 좋아하며 노란 원피스를 입었다. 개나리꽃들이 한꺼번에 활짝 핀 것처럼 환하고 밝은 노란색 원피스는 언니한테 약간 작았다. 며칠 후에 원피스를 입고 꽃신을 신으니 너무 행복했다.

그 이후부터 나는 길에서나 어디에서 외국인만 보면 기겁을 해서 도망을 쳤다. 날 잡으러 오는 줄 알고 정신없이 도망쳐서, 산으로도 올라가고 다리 밑으로도 숨곤 하였다. 교회에는 으레 코 큰 사람들이 있는 줄 알고 못 갔다. 먼발치에서라도 노랑머리만 보면, 엄마 손을 놓고 잽싸게 줄행랑을 쳤다.

나중에 동네 사람들이 나를 보고,
"너, 그 선교사님들을 따라 미국에 갔으면 아주 호강했을 텐데 왜 안 갔니? 아주 복을 까불렀구나."

하고 놀렸었다.

2만 5천원짜리 우리 집

어머니는 낮에는 잠시도 쉬지 않고 약이나 항아리들을 팔러 다니셨다. 우리 형제들은 어머니가 돌아오실 저녁 무렵이 되면, 호롱불을 들고 마중을 나가곤 했다.

어머니는 가끔 다리가 너무 쑤신다면서 한밤중에 일어나셔서 다리를 쭉 펴고 우셨다. 그러면 잠들었던 우리들은 영문도 모른 채 일어나 같이 모두 울었다.

어머니는 눈물을 훔쳐내면서 우리들을 달랬다.

"그래, 인제 엄마도 다신 안 울 테니까 너희들도 울지 마라."

어머니가 피눈물을 흘려가며 우리 남매를 키우신 것을 생각하면 언제나 가슴이 에이는 듯 아프다.

어느 날, 장사를 다녀오신 어머니가 또 두 다리를 두들기면서 우시는 것이었다.

"아이고, 다리야. 아이고, 내 팔자야. 이 자식들만 없고, 하나님만 몰랐으면 딱 죽어버리면 좋겠는데! 자식들이 이렇게 많아 죽을 수도 없고, 살기는 너무 힘드니 어쩌면 좋담!"

통곡을 하는 어머니를 보니 우리 눈에서도 눈물이 굴러떨어졌다.

"엄마, 울지 마."

우리들이 우는 것을 본 어머니는 얼른 또 울음을 멈추셨다.

우리들의 손을 잡고 어머니는 하나님 앞에 울면서 기도를 드렸다.

"하나님, 제가 순간적으로 잘못된, 죽을 마음을 먹은 것 용서해 주세요."

어머니는 회개 기도를 드리신 다음, 우리들을 재워놓고 다시 교회로 가셨다. 여인으로서는 정말 견디기 어려운 고달픈 나날의 시간들이었다.

하루는 어머니가 밝은 표정으로 우리들에게 말씀하셨다.

"얘들아, 우리 인제 몇 밤만 자면 2만 5천원짜리 집으로 이사 간단다. 우리 집을 샀어."

나는 어머니의 말이 금방 믿어지지가 않았다. 너무 좋아서였다.

"엄마, 정말 집을 샀단 말야? 좋은 집으로 이사 가는 거야?"

"그럼. 샀고말고! 초가지붕에 방 두 칸짜리 좋은 집이야."

어머니가 열심히 장사한 덕분으로 조그마한 집을 마련했던 것이다. 그래서 우리 가족은 신이 나서 다 해진 옷, 찌그러진 그릇들, 꾀죄죄한 이삿짐을 꾸려 리어카에 싣고, 월룡리 100번지로 기분 좋은 이사를 하였다. 그 당시 내 나이는 7살이었다.

이사를 하고 보니 너무 좋았다. 안방도 있고, 윗방도 있고, 작긴 했지만 뛰어놀 수 있는 마당도 있었고, 마루도 있었다. 밥을 지어먹을 수 있는 부엌도 어엿하게 있었다. 울타리는 싸리나무로 엮어서 세워놓았는데 마당구석에는 커다란 살구나무도 있었다.

나는 동네에 들어가면서부터 만나는 어른들마다 꾸벅꾸벅 다 인사를 했다.

"아줌마, 안녕하세요? 우리가 2만 5천원짜리 집으로 이사했어요. 오늘 이사를 왔어요."
"아저씨, 안녕하세요? 우리도요, 2만 5천원 주고 집을 샀어요."
내 인사를 받은 어른들은 금세,
"응, 김씨네 옆집 그 집이구나. 새로 이사 온다더니 네가 이사 온 애구나."
하고 반가워하며 내 머리를 쓰다듬어 주었다 어린 마음에 기쁘기 한량없어서 입이 다물어지지가 않았다.
개울에서 빨래를 하고 있는 아주머니들을 보자 또 자랑을 했다.
"아줌마들, 우리가 2만 5천원짜리 집을 사서 오늘 이사왔거든요? 특무대 초가집이에요. 이따 꼭 우리 집에 놀러오세요. 네?"
짐을 대충 집안에 들인 어머니는 부랴부랴 국수를 밀고 팥죽을 쑤었다. 여섯 가구밖에 안되는 동네 어른들을 불러서 이사 온 인사로 저녁식사 대접을 하였다.
"어린것들과 혼잣몸으로 이런 집을 마련하느라 고생했구먼."
"정말 수고했어요. 축하해요."
동네어른들은 모두들 입을 모아 어머니를 격려해주었다. 그때 아직 오빠 셋은 남의 집 머슴살이를 하고 있었다. 셋방살이만 해왔던 우리는 아주 신바람이 났다. 너무나 좋아서 저녁에 잠도 자지 않고 놀았다. 달이 밝을 때여서 밤이 늦도록 마당에서 자치기 놀이를 신나게 했다.
우리 옆집에는 김씨네가 살았는데 그 집은 우리 집과는 반대로 너무 부자였다. 우리가 고구마죽이나 수제비로 끼니를 이어갈 때, 그 집은 조를 섞은 쌀밥을 먹었다. 그래서 나는 그 집에서 구수한 밥 냄새만 나면 어머니를 붙잡고, "엄마, 우리도 밥 줘." 하며 떼를 많이 썼다.

어려서부터 성격이 활달하고 적극적이었던 나는 오빠들이 일하러 나가면 쪼르르 따라가서 열심히 일을 도왔다.

얼마 후, 우리 남매들은 밭도 갈고 풀도 베어 모은 돈으로 작은 송아지를 한 마리 샀다.

"와, 오빠, 송아지가 어쩜 이렇게 귀엽지?"

우리들은 송아지를 위해 작은 외양간도 지어주었다. 졸리는 눈을 비벼가며 아침 일찍 일어나 이슬을 머금은 싱싱한 풀을 한 아름씩 베어오는 등 기르는 데 온갖 정성을 다 쏟았다.

그런데 어느 날 아침, 일어나 보니 외양간에 송아지가 보이지 않았다. 노름을 하는 큰오빠가 송아지를 밤에 몰래 끌어내다가 미원장에 팔아 도망을 친 것이다.

송아지를 찾으려고 어머니가 40리 길을 뒤쫓아갔으나 헛일이었다. 송아지를 팔아 강원도로 도망치는 것을 누가 봤다고 전해 왔을 뿐이었다.

"아이고, 아이고!"

기가 막혀 울고 있는 어머니를 동네 어른들이 위로해 주었다.

"정 집사, 그만 진정해요. 하나님께서 더 좋은 걸로 채워주실 거예요."

그러나 송아지를 잃어버린 일은 어머니에게도, 그토록 정성을 쏟아 길렀던 우리 남매에게도 가슴 아픈 기억으로 남았다.

당시 우리 가족의 주식은 메밀을 갈아서 체에 걸러 쑨 죽과 고구마였다. 옆집은 부자라서 항상 쌀밥을 먹으면서도 종처럼 데려다 부려먹는 우리 오빠에게는 끼니도 제대로 안 주었다.

그래서 오빠는 일하다가 배가 너무 고프면 집에 와서 찬 고구마 하나를 김치랑 먹고 나서 다시 나무를 하러 가곤 했다. 어머니가 과부고 애들이 많아 찢어지게 가난하니까 무시하는 게 역력했다.

우리 집의 어려운 형편 때문에 보리밥 한번도 못 먹고 자랐지만, 어린 맘에도 난 자존심이 강했다. 옆집에 놀러갔다가 밥때를 만나면 침을 꿀꺽꿀꺽 삼키면서도 그집 밥을 기어이 안 먹고 돌아왔다. 먹으라고 권해도 끝내 그냥 돌아와서 죄없는 어머니만 볶아댔다.

"엄마, 엄마는 왜 우리한테 밥도 못 먹여주고 맨날 고구마죽만 줘? 난 밥이 먹고 싶단 말야, 밥 달라니까!"

분해서 눈물까지 글썽이며 투정을 부리는 내 말에 어머니는 그저 맨날 같은 말만 되풀이하시며 눈물을 쏟으셨다.

"우리도 이다음에 하나님이 축복해 주시면 고구마죽 안 먹고, 메밀죽 안 먹고, 쌀밥 먹으면서 살 날이 꼭 온단다."

 장닭을 변소에

초등학교 때의 일이다.

평소에도 옆집에 대한 내 감정은 별로 좋지 않았다. 그 이유는 우리 집을 형편없이 무시했기 때문이다. 게다가 내 맘속에 대체 저 집은 왜 저렇게도 잘사나 하는 부러움 섞인 앙심이 조금은 있었다.

옆집에는 아주 큰 장닭과 암탉들이 있었다. 닭이 알을 낳느라고 소리높이 '꼬꼬댁꼬고' 하고 울 때, 그 집을 넘겨다보면 아무도 없을 때가 있었다. 그러면 얼른 뛰어들어가서 몰래 달걀을 훔쳐다가 어머니 몰래 날 것으로도 깨 먹고 삶아도 먹고 그랬었다.

옆집의 장닭은 나만 보면 꼭 쪼려고 달려들었다. 벼슬을 꼿꼿이 세우고 달려들 때면, '저것까지 우리 집이 가난하다고 날 얕보나?' 하는 고까운 생각이 들곤 했었다. 게다가 얄밉게도 학교에 갔다와서 보면, 꼭 우리 집 마당이나 마루에다가 물똥을 싸놓고 날아가곤 했다. 몇 번인가 닭똥을 치우던 나는 너무나 화가 나서,

'저 못된 장닭을 어떻게 혼을 내주나?'
하고 속으로 벼르면서 기회를 엿보고 있었다.

어느 날, 학교에 갔다와서 보니 옆집 아줌마와 아저씨가 들에 나가고 없었다.

'옳지! 오늘이 바로 장날이구나!'

나는 미리 준비해 놓은 큰 작대기를 들고 숨어 있다가, 닭이 또 똥을 싸러 우리 마루에 올라오자마자,

"에잇!"

닭의 다리를 작대기로 힘껏 내리쳤다. 닭은 자지러질 듯한 비명을 질러대며 파닥거렸다. 닭은 그만 다리가 부러져서 날지도 못했다. 그냥 혼만 조금 내주려고 했는데, 다리가 덜컹 부러져 버리자 나는 참 난처했다.

'이거, 큰일이네? 무서운 옆집 아저씨가 가만히 안 계실 텐데! 또 아주머니는 얼마나 무서워? 우리 오빠가 그 집 품도 팔고

있는데 어떻게 해야 좋담?'

그 동안에도 닭은 아픔을 못 이겨서 요란하게 파드득거리며 난리를 치고 있었다.

'이러다가 누가 보기라도 하면 어떡하나? 에이, 그럴 바엔 차라리 죽여버려야겠다. 그럼 아무도 모르겠지.'

와락 겁이 난 나는 그 닭을 마당에 놓고 작대기로 몇 번 더 두들겨 팼다. 죽은 닭을 변소에 버린 후 작대기로 꾹꾹 눌러 똥 속 깊이 빠뜨려 버렸다.

저녁때 옆집 어른들이 우리 집에 왔다.

"얘들아, 너희들 혹시 오늘 우리 장닭을 못 봤냐?"

나를 뺀 우리 집 식구들이 알 리가 없었다.

"못 봤는데요. 왜 그러세요?"

언니와 오빠는 정말 못 보았으니까 모두들 태연하게 대답했다. 그러자 옆집 아저씨는 한밤중에까지 "구구구." 하며 온 동네를 찾고 돌아다녔다. 죄를 지은 나는 일찍이 이불을 뒤집어쓰고 초저녁부터 잠을 잤다.

어머니가 장사를 끝내고 돌아오자, 기다리고 있었던지 이웃집 아저씨가 뽀르르 찾아와 물었다.

"순진이 엄마, 혹시 우리 집 장닭 못 보셨어요?"

어머니의 눈이 동그랗게 커졌다.

"아저씨네 장닭요? 못 봤는데요. 막 들어오는 길이라서요."

그러자 아저씨는 고개를 끄덕끄덕하며 말했다.

"하긴, 그렇겠지요. 지금 들어온 사람이 어떻게 알겠어요. 답답해서 그냥 한 번 물어본 거예요."

아저씨는 어깨를 축 늘어뜨린 채 그냥 돌아갔다. 나는 온 가족에게도 말하지 않고 시치미를 딱 뗐지만, 양심은 있었기 때문에 그후부터 아저씨만 보면 마음이 두근두근하고 떨렸다.
그러던 차에 하루는 아저씨가 나를 불렀다.
"얘, 순진아, 너 혹시 우리 집 장닭 못 봤니?"
아저씨의 말에 가슴이 철렁하고 내려앉았다. 그러나 아무도 본 사람이 없는데 어쩌랴, 싶어 배에 단단히 힘을 주고 대답했다.
"아저씨두 참! 제가 장닭을 어떻게 봐요? 학교에 갔다와서 냉이 캐러 가고, 엄마가 냇가에 가서 올갱이 잡아오라고 해서 올갱이 잡으러 다니고, 어디 집에 붙어 있을 시간이나 있나요? 족제비가 물어갔나 보죠, 뭐."
그러자 아저씨는 속이 상해 못 견디겠다는 듯 혀를 끌끌 차면서 말했다.
"어이구, 그놈의 장닭, 족제비가 물어갔나 보다. 진작에 잡아먹어버릴걸. 잡아먹으려다가도 너무나 탐스럽고 좋아 아껴놨더니, 기어코 짐승 좋은 일만 시켰구나. 에구, 아까워라!"
한참 후에 우리 집 변소가 꽉차서 날을 잡아 변소를 푸게 되었다. 어머니가 양푼 달린 긴 깡통으로 인분을 푸는데 거기서 일이 터지고 말았다. 인분 속에서 옆집 장닭이 나왔기 때문이다.
하필 그때 옆집 아주머니가 우리 집 변소 치우는 광경을 구경하고 있었는데, 인분 속에서 무슨 큰 덩어리가 나오니까 이상해서 살피다가 장닭이라는 것을 알게 되고 말았다. 어머니는 소스라치게 놀라셨고 옆집 아주머니는 삿대질을 하며 따지고 들었다.
"어유, 세상에! 이렇게 증거가 있는데 그렇게 시치미를 떼요?"
"제가 무슨 시치미를 뗐다고 그러세요?

"왜 우리 집 장닭이 이 집 변소에서 나와요?"
"그건 저도 모르죠."
"분명히 순진이 짓일 거요. 그애 아니면 할 사람이 없어요. 내가 말을 안해서 그렇지, 걔가 우리 집 달걀을 한두 번 훔쳐먹은 줄 알아요? 불쌍해서 눈감아줬지 모른 줄 아냐구요?"

어머니는 아비 없는 후레자식을 키웠다는 생각에 얼굴이 하얘져 있었다. 마음을 좀 진정시킨 어머니는 고래고래 소리를 지르는 옆집 아주머니에게 말했다.

"제가 타일러 볼 테니 돌아가 계세요. 이따 제가 가겠습니다."

옆집 아주머니를 돌려보내놓고 어머니는 나를 조용히 불렀다.

"순진아, 엄마가 야단 안 칠 테니까 사실대로 말해라. 응?"
"응, 어, 엄마, 사실은…."

나는 그때서야 모든 것을 어머니에게 말했다. 어머니는 그때 돈으로 10원을 들고 가서 옆집에 용서를 빌었다. 옆집에서는 그것 가지고는 어림도 없다면서 펄펄 뛰었다.

"가진 게 이것뿐이라서 그럽니다. 부디 받아주세요."

어머니가 사정사정하자 그 집에서 겨우 돈을 받았다. 집에 돌아온 어머니는 무섭게 나를 야단치셨다.

"과부 자식 소리 듣는 것도 억울해 죽겠는데, 도둑년 딸 됐다고 얼마나 쑥덕거리겠냐? 정말 왜 이렇게 망신을 시키는 게냐? 어이구, 세상에!"

어머니는 소리를 내어 통곡하며 펑펑 우셨다.

"엄마, 다시는 안 그럴게요."

내가 싹싹 빌자, 어머니는 다음부터는 절대로 그러지 말라고 타이르셨다. 나는 너무나 분했다. 우리 어머니의 눈에서 피눈물이 쏟아지게 한 옆집을 용서할 수가 없었다. 그래서 어떻게 통쾌하게 복수할까하는 생각에 골몰했다.

하루는 어머니가 장사를 나가고 안 계신데, 보니 옆집 사람들도 다 들에 나가고 집안에 아무도 없었다.

'옳지, 잘되었다!'

나는 장독이란 장독은 다 돌멩이를 던져 모조리 박살을 내버렸다. 그리고 또 시치미 딱 떼고 모르는 척하고 있었더니, 그 집에서 난리법석이 벌어졌다. 아니나다를까, 그 집 식구들이 또 득달같이 우리 집에 쫓아왔다.

"순진아, 네 짓이지?"

"아줌마가 눈으로 보셨어요? 내가 왜 장독을 깨요? 밥 먹고 할 일이 없어 멀쩡한 남의 장독을 깨요? 그렇게 억울한 말을 하면 내가 그놈의 집구석을 콱 불질러 버릴 거예요."

"어이구, 저 독한 것! 말하는 것 좀 봐라! 쬐끄만 게 무섭다, 무서워!"

아주머니는 서슬푸른 내 말에 질려서 돌아갔다. 아주머니가 돌아가자, 어머니가 부지깽이를 들고 나를 때리러 달려 나오셨다.

"너, 이리 와! 빨랑 이리 못 오니!"

나는 도망을 치면서 돌멩이를 집어서 어머니에게 던졌다. 가슴속에서 울화가 부글부글 끓어 미칠 지경이었다. 어머니를 향해 나는 욕설을 마구 퍼부었다.

"이년! 따라와만 봐. 내가 오죽 배가 고팠으면 남의 달걀을 훔쳐 먹었겠냐? 또 그놈의 장닭이 얼마나 미웠으면 죽였겠어? 그 집은 잘사니까, 장독을 깼지. 금세 또 살 수 있으니까!"

"에구, 저 웬수, 저놈의 웬수!"

한참을 따라오다가 어머니는 지쳐서 돌아가셨다. 집에 들어갈 일이 막막했다. 부지깽이로 두들겨 맞을 게 뻔해서였다. 이리저리 헤매고 다니는데 해가 저물었다. 밤이 깊어도 내가 안 들어가니까 어머니가 용서해줄 테니까 들어오라고 했다. 오빠들도 나를 앉혀놓고 거듭 타일렀다.

"순진아, 아버지가 안 계실수록 우리가 정직하게 살아야 돼. 안 그러면 아버지 없는 후레자식 소리를 듣고 동네에서 쫓겨난단 말이야. 알겠어?"

"알았어. 다신 안 그럴게."

나는 고개를 끄덕이며 약속했다. 내가 듣기에도 어머니 말씀과 오빠들의 말이 전부 다 맞았기 때문이다.

검정 고무신

그 당시 난 항상 게다짝을 끌고 다녔다. 너무 가난해서 검정 고무신을 사 신을 수가 없었다. 그래서 나는 고무신을 신고 다니는 친구들이 그렇게도 부러웠다.

'나도 저런 고무신을 한 번 신어 봤으면!'

그런데 하루는 교회에서 여름성경학교를 한다고 했다. 교회에 오기만 하면, 맛있는 간식을 준다고 해서 나도 교회에 갔다. 그날따라 누군가가 예쁜 새 검정 고무신을 신고 와서 얌전히 신발을 벗어놓았다. 그 고무신을 보는 순간, 마음속에서 전깃불이 찰각 켜지는 느낌이었다.

'와, 한번만 살짝 신어 봐야지.'

나는 살짝 내 발을 고무신 속에다 집어넣었다. 그런데 이게 웬일인가! 그 고무신이 맞춘 것처럼 내 발에 딱 들어맞는 게 아닌가!

'아이, 내 발에 딱 맞네! 어쩜 이렇게 맞을 수가 있담?'

벗어놓고 안으로 들어와서도 내 머릿속은 오직 한 생각으로만 꽉차 있었다. 친구들은 노래하고 율동하는데, 나는 온통 고무신 생각뿐이었다. 간식으로 옥수수가 나왔는데, 간식도 안 먹고 기도시간에 그 고무신을 낼름 집어신고 집에 와 버렸다. 내 게다짝은 그냥 교회에 팽개쳐 둔 채로 말이다. 누가 쫓아오는 것 같아 허겁지겁 집에 와서, 고무신을 방안에다 감추고 방문고리를 다 걸고 윗방에 숨어 있었다.

저녁 무렵에 교회의 주일학교 반사인 한 선생님이 우리 집에 찾아오셨다.

"순진이, 집에 있니?"

나는 자는 척하고 대답을 하지 않았다.

"옳아, 순진이가 잠이 들었나 보구나?"

한 선생님은 잠긴 문고리를 밖에서 열고 들어오시더니, 덮고 있는 이불을 젖히며 물었다

"잤니?"

"네, 잤어요."

나는 잠에서 막 깬 것처럼 짐짓 부스스한 얼굴로 대답했다. 그러자 선생님이 내 눈을 들여다보면서 물었다.

"순진아, 너 혹시 오늘 교회에서 검정 고무신 못 봤니?"

"고무신요? 그런 거 못 봤는데요."

"그래? 그럼 너 집에 올 때 뭐 신고 왔니? 교회 신발장에 네 게다짝은 그대로 있던데."

"네? 내 게다짝이요?"

미처 나는 그 생각을 못한 것이었다. 내 게다짝을 들고 왔었어야 하는데 실수였다. 그러나 지금 와서 사실을 털어놓을 수는 없으니까 시치미를 뗄 수밖에 없었다. 무조건 아니라고 하기만 하면 그만이지, 뭐. 본 사람도 없는데….

"발이 답답해 맨발로 왔어요. 간식 먹기가 싫어 도망쳤어요."

"애, 그러지 말고 사실대로 말하렴. 엄마한테 안 이를 테니까 고무신을 돌려주자."

"선생님, 정말 못 봤어요. 고무신이 있어야 돌려주죠."

타이르다 타이르다 지친 선생님은 빈손으로 그냥 돌아가셨다. 어린 나는 주기도문을 외우면 죄가 용서된다는 선생님의 설교를 언젠가 들었던 터라, 계속 이불을 뒤집어쓴 채 그 속에서 주기도문만 외웠다.

어머니가 오실 때가 되자, 혼이 날 것 같아서 신발을 고구마 담는 곳 맨 밑에다가 놓고 가마니로 살짝 덮어놓았다.

교회에서는 고무신을 잃어버린 애가 하도 울고 보채니까, 교회 재정에서 돈을 내어 시장에 가서 다시 새 고무신을 한 켤레 사주었다. 어머니가 저녁에 철야하러 가니까 선생님들이 어머니에게 그 이야기를 했다.

당장 내일 학교에 신고 갈 신발이 문제였다. 고무신을 신다가는 들통날 게 뻔하고, 게다짝은 교회에 두고 왔으니 신을 게 없었다.

'할 수 없다. 눈 딱 감고 오빠한테 부탁하는 수밖에!'

그래서 오빠에게 만들어 달라고 부탁해서 그 게다짝을 끌고 다녔다. 그런데 그 게다짝은 발이 너무 아파서 오래 신을 수가 없었다. 학교에서 중간쯤 신고 와서 벗어들고 맨발로 걸어오곤 했다. 집에 와서 아무도 없으면 고무신을 신고 뛰어놀곤 하였다.

하루는 고무신을 신고 신바람이 나서 고무줄을 매놓고 펄쩍펄쩍 뛰면서 고무줄놀이를 하고 있었다. 무거운 게다짝을 신고 뛸 때와 야들야들한 고무신을 신고 뛰는 기분은 정말 하늘과 땅 차이였다. 한참을 하늘인지 땅인지 모를 황홀경에 빠져서 뛰어놀고 있는데 비명소리가 들렸다.

"에구머니나!"

비명소리에 놀라 돌아다보니까 어머니였다. 생전 일찍 들어오시는 일이 없던 어머니가 그날따라 옹기 뚝배기를 안 가져갔다면서 낮에 집에 들르셨던 것이다. 어머니가 입을 벌린 채 다물 줄을 모르고 내 발만 뚫어지게 바라보고 있었다.

"너, 그 고무신 어디서 났니? 교회에서 고무신을 잃어버렸다더니, 네가 훔쳐왔구나. 아이고!"

어머니는 막 우시면서 내 어깨를 흔들어댔다.

"엄만 너 같은 도둑년을 데리고 살 수 없어. 얼굴 들고 교회 못 가겠다. 당장 그 고무신 벗어주지 못해!"

눈에서 파란 불꽃이 이는 무서운 어머니의 얼굴에도 불구하고 나는 도리질을 했다.

"싫어. 내 고무신 사줄 때까지 절대로 안 벗을 테야."

말을 듣지 않자, 분에 복받친 어머니는 쇠부지깽이로 나를 사정없이 때리셨다. 부지깽이로 두들겨 맞으면서도 나는 고무신을 안 빼앗기려고 품에 꽉 끌어안고 버텼다.

　나를 때리다 지레 지쳐버린 어머니는 마당에서 두 다리를 퍼지르고 앉아 땅을 치고 우셨다.

　"아이고, 내 팔자야. 내가 저년을 진작에 미국으로나 보내버릴 것을! 이 웬수야!"

　막무가내로 기어이 고무신을 벗겨든 어머니는,

　"순진아, 이다음에 꼭 고무신을 사줄게."

하며 그 길로 전도사님께 가져갔다.

　전도사님에게 자초지종을 이야기한 어머니가 고무신을 내놓자 전도사님이 웃으며 말했다.

　"얼마나 신고 싶었으면 그랬겠어요. 교회에서 이미 사줬으니까 순진이 주세요."

　"그래도 될까요?"

　"아, 그럼요. 어서 갖다주세요."

　어머니는 고무신을 갖고 돌아오셨다. 고무신을 보자 나는 뛸 듯이 기뻤으나 어머니는 그게 아니었다. 고무신을 신고 신이 난 나는 날마다 오만군데를 다 돌아다녔다.

　하루는 어머니가, 노란 고무봉지에 담긴 쥐약을 들고 오셨다.

　"에미 얼굴에 똥칠을 해대니 못살겠다. 너 죽고 나 죽자. 차라리 같이 죽는 게 낫겠어."

　그러면서 쥐약을 내 앞에 내밀었다. 쥐약을 보니 무서운 생각이 났다. 어머니는 무서운 얼굴로 약봉지를 펼치면서 말했다.

　"내가 먼저 먹을 테니 같이 먹자."

　"싫어. 난 안 먹어. 죽으려면 엄마나 혼자 먹고 죽어."

　나는 정말 죽기 싫었다. 죽는다는 일이 무섭기도 했거니와, 해

보고 싶은 게 너무나 많은데 아무것도 못해본 채 죽기는 싫었다. 맛있는 것도 별로 못 먹어보고, 좋은 옷도, 예쁜 악세사리도 못 해봤데 왜 벌써 죽는단 말인가? 억울해서도 죽을 수가 없었다.

당돌한 내 말에 어머니는 기가 막히시는지 가만히 보고만 있더니 물었다.

"그럼 다시는 못된 짓 안할 테냐?"

"네, 엄마. 정말 다시는 안 그럴게요"

"좋아, 그럼 한 번만 믿어보련다. 제발 다신 그러지 말아라."

어머니는 저녁에 오빠들이 돌아오자 그 이야기를 하셨다. 그랬더니 큰오빠가 나를 노려보며 투덜거렸다.

"저런 계집애는 죽여 버려야 해. 도저히 창피해서 이 동네에서 얼굴 들고 살 길이 없어."

밤에 잠을 자는데 갑자기 숨이 막혀서 숨을 쉴 수가 없는 것이었다. 켁켁거리며 눈을 뜨자, 큰오빠가 나이롱 빨랫줄로 올가미를 만들어서 내 목을 조르고 있었다.

"어, 엄마!"

내 비명소리에 어머니가 놀라 후닥닥 일어나 앉으셨다.

"아니, 이게 무슨 짓이냐!"

그러자 오빠가 소리내어 울면서 말했다.

"차라리 얘가 죽고 없어야 우리가 편하게 살아요. 얘가 살아있는 한 우리까지도 사람 취급 못 받아요!"

"네 맘은 알겠다. 그렇다고 동생을 죽이면 되냐?"

어머니는 조용히 오빠를 타이르셨다. 그 일이 있고 나자 나는 무서워서 잠을 잘 수가 없었다. 내가 잠이 들기만 하면 오빠가 또 죽이려고 할까 봐서였다. 그래서 엄마 옆에 앉아 꼬박 밤을 새웠다.

다음날 아침, 오빠가 나무하러 나간 다음에, 고구마를 먹고 학교에 갔다. 그 당시에 얼마나 못살았는지 아침이면 고구마 두 개, 김칫국 한 사발이 식사였다. 도시락도 고구마 두 개와 밀떡 한 개가 전부였다. 그러나 고구마로 친구들을 꾀어 밥으로 바꿔 먹었기 때문에, 나는 간간 학교에서 밥맛을 볼 수 있었다.

메밀죽을 먹고

초등학교 2학년 때쯤으로 기억된다. 보리죽·고구마죽·나물죽이 우리 집의 주식이었는데, 하루는 보리쌀마저 떨어졌다.

그러자 어머니가 맷돌에다가 메밀을 갈아 껍질만 걸러놓고 나가셨다. 배가 고팠던 우리 형제들은 검은 솥에다 한 솥 메밀죽을 끓여내서, 두 그릇씩이나 뚝딱뚝딱 먹어치웠다. 먹고 난 후, 3시간쯤 지났을 때, 갑자기 입안이 부르트면서 입술은 돼지 입같이 퉁퉁 부어오르고 줄줄이 설사를 하기 시작하는 것이었다.

"아이구, 배야!"

"아이고, 속 쓰려!"

온 식구들은 속이 아프고 따갑다고 하며 물을 먹기 시작하여 내리 설사를 해댔다. 결국 모두 탈진하여 다 방안에 쓰러지고 말았다.

어머니가 저녁에 들어오실 때, 그날따라 좁쌀 한 됫박을 얻어 들고 오셨다. 어머니는 여기저기 기운없이 나동그라져 있는 아이들을 보고는 눈이 휘둥그레지셨다.

"아니, 너희들 이게 웬일이냐? 대체 뭘 먹고 이러니?"

언니가 힘없는 목소리로 대답했다.

"엄마, 메밀을 갈아놓은 걸로 죽을 쒀 먹었어요."

메밀에는 원래 좀 독한 성분이 많이 들어 있었다.

"그냥 메밀죽만 먹었니?"

"아뇨. 쇠비름을 삶아서 된장에 들기름 넣고 무쳐 먹었어요."

얼마나 맛있는지 온 식구가 다 실컷 먹었다. 그 말을 듣고 어머니는 부리나케 부엌에 들어가 허겁지겁 좁쌀로 죽을 끓여 양푼에 퍼와 우리들을 흔들어댔다.

"얼른 일어들 나라. 이걸 먹어야 산다. 얼른들 일어나지 못해!"

급하니까 국자로 퍼서 마시게 했다. 우리들은 하나둘씩 겨우 정신을 차렸다.

"좁쌀을 안 가져왔으면 우리 새끼들 모두 죽었을 텐데, 하나님께서 내 새끼들 살리라고 좁쌀을 주셨어. 하나님의 은혜가 너무나 감사하구나."

힘없는 나는 누운 채로 어머니에게 또 떼를 썼다.

"엄마, 인제 메밀죽은 싫어. 밥 줘."

다 죽을 뻔했던 어린 딸을 바라보며, 어머니는 눈물을 글썽이며 말씀하셨다.

"그래, 알았어. 조금만 있으면 우리도 밥을 배불리 먹을 수 있도록 하나님께서 축복하실 거야. 우리가 지금은 이렇게 가난하게 살아도 정직하게만 살면, 하나님께선 큰 축복을 내려주실 거야."

그러시면서 어머니는 감사하다고 교회에 또 기도드리러 가셨다. 아무리 피곤하고 고달파도 어머니는 저녁이면 하루도 빠짐없이 교회에 가서 늘 기도하셨다. 어린 내 맘에는 어머니가 저녁마다 기를 쓰고 교회에 가는 게 잘 이해되지 않았다.

 **인절미**

어느 때인가, 내 바로 위의 성진이 오빠가 설사를 심하게 했었다. 설사에는 인절미를 많이 먹으면 항문이 막힌다는 민간요법이 널리 퍼져 있던 시절이었다.

그날, 성진이 오빠와 내가 자치기를 하고 있는데, 어머니가 큰 소리로 오빠를 부르셨다.

"성진아, 성진아, 이리 좀 와 봐라."

"엄마, 왜요?"

어머니는 성진이 오빠를 부엌으로 들어오라고 하더니, 철컥, 부엌문을 안으로 잠그는 것이었다. 아무리 기다려도 안 나와서 무얼 하나, 궁금해진 나는 부엌 문틈 사이로 들여다보았다.

어머니가 찹쌀 찐 것을 주먹만하게 뭉쳐 팥고물에 굴려주니까, 오빠가 정신없이 받아먹고 있었다. 내 눈에서 파파팟, 불꽃이 일면서 두 눈이 화등잔만하게 커졌다.

"엄마, 엄마, 그거 뭐야?"

"이놈의 기집애, 저리 안 가?"

어머니는 꽥 소리를 질러서 나를 쫓았다. 밥도 먹지 못하던 때였는데, 흰 찹쌀을 보자기로 싸서 솥에 쪄가지고 그것을 팥고물로 뭉쳐 주먹만하게 떼어 정신없이 오빠를 먹이고 있는 것이다. 그것을 본 나는 미칠 듯한 마음이 되어 발을 동동 구르며 소리쳤다.

"나도 인절미 줘!"

아무리 소리를 지르고 발을 굴러대도 어머니는 부엌문을 잠근 채 대답도 하지 않았다.

"성진이, 너, 나오기만 하면 죽을 줄 알아. 혼자만 처먹고!"

약이 올라 내가 퍼붓는데도 어머니는 귀가 먹은 듯 부지런히 손만 놀려 주먹만하게 인절미를 떼어 오빠를 먹이기만 했다.

"에이, 저 연놈들이 계속 자기들끼리만 먹네?"

인절미가 바닥이 나려는 것을 보자, 나는 정말 눈이 확 돌아갈 지경이었다. 내 욕설에 참다못한 어머니가 부엌에서 부지깽이를 들고 나를 때리려고 쫓아나왔다.

"왜 때리려고 해? 왜?"

"오빠는 설사를 해서 똥구멍 막으려고 먹는 것인데, 계집애가 오빠 약을 달라고 해?"

너무나 화가 난 나는,

"돌멩이에 맞아 죽어라!"

하며 어머니에게 돌멩이를 막 집어던지고 도망을 쳤다. 따라오던 어머니가 포기하고 그냥 돌아가면 나는 다시 소리지르며 쫓아가서 약을 바짝 올렸다.

"야, 성진이, 이 도둑놈아, 그걸 너 혼자만 먹냐? 나도 쬐끔만 떼 주지. 너, 앞으로는 나하고 놀 생각도 말아."

성진이 오빠는 미안하다는 듯이 어색하게 웃으며 나를 달랬다.

"내가 사실 설사를 너무 많이 해서 엄마가 약으로 해준 거래. 약으로."

인정머리 없는 오빠는 드디어 인절미를 혼자서 다 먹었다.

'에이, 두고 봐라. 내 가만 있나!'

머리끝까지 화가 난 나는 어머니가 샘에 물을 길으러 간 새에, 솜방망이에다 불을 붙여, 우리 초가집에 불을 질러 버렸다.

"불이야! 불이야!"

집안이 온통 난리가 났다. 어머니와 동네 사람들이 모두 정신없이 달려왔다

"다 타서 죽어 버려라!"

난 멀찍이 도망을 쳐 버렸다. 불을 일찍 발견한 덕분에 어머니와 이웃의 어른들과 오빠들이 잽싸게 손을 써서 그나마 지붕을 반 정도만 태우고 끌 수 있었다.

'우리 집이 다 타버렸으면 난 어디서 자지?'

슬그머니 걱정이 되었는데 살짝 와서 보니, 집이 반만 타서 다행이었다. 너무나 화가 난 어머니는,

"에그, 저년, 귀신이 좀 물어가지 않나? 진작에 미국에 양딸로 보냈으면 속이나 편할걸. 누가 장독 뚜껑 하나만 줘도 저년하고 바꾸겠다!"

하면서 소리를 버럭버럭 질렀다.

"흥! 그럼 인절미 내놔! 왜 오빠만 주고 난 안줘? 안주면 나도 오늘밤부터 오빠보다 더 심한 설사를 팍팍 해서 나도 한 번 인절미를 먹어보든지, 안 그러면 줄 때까지 계속 무슨 말썽을 부릴 거야."

나는 정말 마음속에 인절미를 줄 때까지 계속 말썽을 부리기

로 각오를 하고 있었다. 도저히 안되겠다 싶으셨는지 어머니가 나를 달래셨다.

"순진아, 집안에 쌀이 조금밖에 없어서 그랬단다. 그러니까 다신 그런 못된 짓 하지 마라, 제발 말썽 좀 부리지 말아라."

그러나 내 머릿속에서 인절미 생각을 지워버릴 수는 없었다. 며칠 후 어머니가 청천장에 가시게 되었다. 인삼을 좀 받아다 팔아보시겠다면서 인삼을 떼러 가신 것이다. 나는 어머니의 치맛자락을 잡고 매달렸다.

"엄마, 오늘 인절미 사다 줄 테야?"

"그래, 알았다."

어머니가 시원하게 대답을 하셨다. 그날 하루해가 얼마나 긴지, 나는 목을 길게 빼고 해가 지기만을 기다렸다. 어둑어둑한 저녁 무렵까지 길목에서 어머니를 기다렸는데, 저만큼에서 보따리를 들고 오시는 어머니의 모습이 보였다.

"엄마, 엄마. 내 인절미 사 왔어?"

"그래, 사 왔단다."

어머니는 보따리를 풀고 인절미 6개를 꺼내 주셨다.

"너 다 먹어라."

어머니는 내게 다 주셨다. 내가 하도 극성인 것을 아는 바로 위의 언니는 바라만 볼 뿐 나더러 달라는 말은 차마 하지 못했다.

"자, 언니, 인절미 세 개 받아. 전에 오빠는 많이 먹었으니까 안 줄 테야."

나는 인절미를 위의 언니에게만 세 개를 주고 나머지는 내가 먹었다. 인절미 맛은 정말 꿀맛이었다. 이렇게 혀에서 살살 녹는 인절미를 실컷 먹고 살 수 있다면 얼마나 행복할까. 그래서 나는 어머니에게 이렇게 말했다.

"엄마, 나도 이다음에 장사를 할 테야. 그래서 찹쌀만 계속 받아다가 인절미를 만들어 부엌에서 콩고물 묻혀서 실컷 먹을 거야."

잊혀지지 않는 어린 날의 기억이다.

 미안해유

2학년 1학기 여름방학 때였다.

부산에 사는 막내삼촌이 놀러 오라고 해서 어머니와 막내오빠랑 함께 내려갔다. 그때는 입을 옷도 변변히 없어서 특별히 어머니가 광목을 끊어다 치마를 만들어줘 입고 갔다. 어쨌건 새 옷을 입으니 날 듯이 기분이 좋았다.

막내삼촌이 부산 역에 마중을 나왔다. 지금의 부산 감천에 막내삼촌의 집이 있었다. 우리 집은 그때 초가집이었는데, 막내삼촌네 집은 판잣집이었다. 그 집 역시 간신히 기어들어가고 기어나오는 초라한 집이었다.

하룻밤을 자고 난 다음날 점심때였다.

작은어머니가 돈 10원을 주시면서 당시 조미료이던 '아지노모도'를 사오라고 하셨다.

"작은엄마, 아지노모도가 뭐예요?"

"응, 그냥 아지노모도 달라고 하면 줄 거야."

"네, 알았어요. 아지노모도, 아지노모도….”

그런데 10원을 들고 심부름을 가다가 보니, 길에서 충청도 골짜기에서는 볼 수 없는 광경이 펼쳐져 있었다.

연탄불을 하나 피워놓고 국자에다 설탕을 녹여서 과자를 만들고 있었는데, 그게 뭐냐고 물어보니 '똥과자'라고 했다. 그 똥과자 굽는 게 너무나 신기했다. '아지노모도, 아지노모도!' 외우면서 갔는데 똥과자를 보는 바람에 정신이 홀라당 나가서 새까맣게 잊어버리고 말았다.

홀린 듯 두 시간도 넘게 똥과자를 구경하고 있노라니까, 아저씨가 내게 말했다.

"애야, 너도 하나 사먹으렴. 2원어치만 사면 많이 만들어 주마.”

아저씨의 말에 귀가 솔깃했지만 애써 고개를 흔들었다.

"안돼요. 저는 10원으로 뭐 사러 심부름 가는 길인 걸요.”

"그래? 그럼 2원어치 사 먹고 8원어치만 사가면 되겠네.”

가만 생각해보니 아저씨의 말이 그럴듯하게 여겨졌다.

"그럼 2원어치에 몇 개 만들어 주실래요?”

"응, 많이 만들어주마. 12개 만들어 줄게.”

"좋아요, 아저씨, 2원어치 만들어주세요.”

아저씨는 요술쟁이처럼 똥과자 12개를, 비행기·차·삼각형·동그라미 등 별별 모양으로 만들어 주었다. 보고만 있어도 신기해서 기분이 좋을 지경인데, 입안에서 살살 녹는 똥과자의 단맛은 내 정신을 홀랑 다 빼놓는 데 충분했다. 그때 아마 삼촌 집에 무슨 잔치가 있어서 내려간 듯한데, 사람들은 그 잔치준비에 분주해 나를 깜박 잊어버리고 있었던 듯하다.

실컷 먹고 난 다음, 나는 작은엄마의 심부름을 하기 위해 한참을 걸어 내려가 가게에 갔다. 그런데 똥과자를 먹는 재미에 그만 사오라는 조미료 이름인 '아지노모도'를 잊어버렸다. 그래서 주인 아저씨에게, 무턱대고 돈 8원을 내밀며 말했다.

"아저씨, 미안해유."

돈을 받고 난 아저씨는,

"뭐가 미안하니?"

하고 내게 물었다. 아무것도 떠올리지 못한 나는 그냥 계속,

"미안해유 달래요."

했다. 그러자 아저씨는 웃으며 말했다.

"괜찮다, 그냥 가거라."

돈 8원을 주고, 아무리 미안하다고 하며 기다려도 아저씨는 아무것도 안 주며 가라고만 하는 것이었다.

"아저씨, 그게 아니고, 미안해유 달라니까요."

"아니, 괜찮다니까 얘가 왜 이래? 바빠 죽겠는데."

그래서 나는 아지노모도도 못 사고 돈 8원만 아저씨에게 준 채 그 가게를 나왔다. 그런데 벌써 길을 잃어버려 도무지 집을 찾을 수가 없었다. 집들이 너무나 다 똑같았다. 할 수 없이 다시 똥과자 굽는 아저씨한테 찾아갔다.

"12개나 먹고 또 먹으러 왔냐?"

"아녜요. 그게 아니라 길을 잃어버려서요. 집을 통 못 찾겠어요."

"응, 그럴 땐 한 자리에 가만히 앉아 있는 게 제일 낫단다. 그러면 찾으러 올 게야."

아저씨 말대로 거기 앉아 있자니까 똥과자 부스러기들이 계속

조금씩 나왔다. 그 부스러기를 얻어먹는 재미에 집을 잃어버린 걱정도 뒷전으로 밀어놓고 계속 앉아 있었다.

저녁 7, 8시가 되어 날이 어둑어둑해지니까 아저씨가 집에 들어간다고 했다. 큰일났다는 생각이 든 나는 골목에 대고 크게 삼촌의 이름을 불러 댔다.

"김만수 나와라! 김만수 나와라!"

아무리 크게 소리를 질러도 아무도 안 나왔다. 되레 나오라는 삼촌네 식구는 안 나오고 동네 사람들이 나와서 퉁박만 주었다.

"넌 쬐끄만 계집애가 무슨 소리를 그렇게 고래고래 지르냐?"

"네, 집을 잃어버렸거든요."

"그럼 파출소에 가야지, 여기서 이러면 어떡하니?"

파출소에 가 봤댔자 주소도 모르는데 어떻게 가겠는가.

나는 계속 창가에 그냥 쭈그리고 앉아 있었다. 식구들은 저녁 먹을 때가 되어서야 나를 심부름 보낸 것을 기억해 냈다.

"아니, 얘가 왜 안 오지? 아무래도 집을 잃어버린 것 같구먼!"

부랴부랴 식구들 일고여덟 명이 찾으러 나서서 헤맨 끝에 나를 발견하게 되었다. 아지노모도를 사러 삼촌 집을 나온 지 5시간 만이었다.

사연을 이야기하자 작은엄마가 내 손을 붙들고 가게에 가자고 했다. 가 보니 아직 아저씨가 있었다. 작은엄마는 아저씨를 보자 화를 내며 따졌다.

"아니, 아저씨! 이런 법이 어디 있어요? 10원이면 큰돈인데, 돈 받고 물건을 왜 안 주는 거예요?"

그러자 아저씨가 작은엄마에게 말했다.

"아니, 저애가 이유도 없이 자꾸 돈을 내밀면서 미안하다고 하잖아요. 가게는 한참 복잡하고 바쁘고 해서, 혹시 내가 물건을 주고 돈을 안 받은 일이 있는가, 긴가민가해서 받아 보관하고 있는 것뿐이었구만요."

그러면서 아저씨가 8원짜리 아지노모도를 주었다. 집에 돌아오자 식구들이 나를 마구 놀렸다.

"넌 인절미 안 주니까 집에 불을 질러버리고, 말썽은 잘도 일으키는 애 아니냐? 근데 어째서 똑똑치 못하게 아지노모도 하나 못 사오고 집도 잃어버렸냐? 똑똑해도 헛똑똑이로구나?"

그 말을 들으니 나도 화가 나서 퉁명스레 쏘아붙였다.

"놀리지 마. 사람이니까 그럴 수도 있지! 뭘 그것 가지고 놀려?"

"알았어. 안 놀릴 테니 어서 밥 먹어라."

그때 작은아버지는 긴 머리를 잘라 가발을 만드는 달비장사를 했다. 그때 내 머리는 엉덩이까지 내려오게 길었고, 숱도 아주 많았는데, 작은아버지가 나에게 말했다.

"순진아, 너 가기 전에 머리 잘라서 주면 30원을 줄 테니 그렇게 할래?"

"네? 30원요? 그렇게 할래요, 작은아버지."

작은아버지는 내 머리를 자르고 돈을 주었다.

나는 얼마나 좋은지 그 돈을 어머니한테도 안 주고 내가 갖고 기차를 탔다. 어머니는 어린 게 돈을 갖고 있으니 마음이 안 놓이는 모양이었다.

"순진아, 그 돈 엄마한테 맡겨라. 애들이 돈 갖고 있으면 못 써."

"싫어. 내 돈이야."

"그럼 20원은 엄마한테 맡기고, 10원만 네가 갖고 있거라. 응?"

"음, 10원만? 그러지, 뭐."

집에 오는 기차 안에서는 왔다갔다하며 홍익회에서 물건을 팔고 다녔다. 과자·달걀·초콜릿 등 눈이 동그래질 만큼 여러 가지 먹을 것이 많았다. 먹고 싶어 죽겠는데, 거기서 사 먹으면 어머니랑 오빠한테 빼앗길 것 같아서, 혼자만 다른 칸으로 가서 실컷 사 먹고 오기로 마음먹었다.

"엄마, 나 기차 안 구경 좀 하고 올 테니까 여기 앉아 있어."

어머니는 선선히 허락해 주었다.

"그래라. 위험한 짓 말고 구경만 하고 곧장 오너라."

나는 얼른 다른 칸으로 가서 홍익회 아저씨가 오기를 기다렸다. 아저씨가 오자 눈에 좋은 대로 이것저것, 달걀·풍선껌·초콜릿 등을 5원어치나 샀다. 아저씨는 이것들을 다 봉지에 담아주며 말했다.

"얘, 너는 저쪽 칸에 있더니 왜 여기로 왔니? 통로에다 흘리며 먹지 말고 엄마한테 가서 얌전히 먹어라. 알았지?"

"네."

할 수 없이 나는 큼지막한 과자 봉지를 들고 어머니와 오빠가 있는 칸으로 다시 갔다. 어머니는 내가 풀어내놓는 과자들을 보더니 한숨부터 내쉬었다.

"어이구, 돈도 없는데 그걸 다 샀어?"

"엄마, 나한테 아직 5원이 남았으니까 잔소리 마."

신나게 먹으면서 오니 어느덧 조치원 역이었다. 조치원 역 광장에 신발가게가 있었는데, 너무나 예쁜 꽃신이 있었다. 예쁜 것을 보니 또 못 견디게 갖고 싶었다.

"엄마, 나 5원 남은 걸로 꽃신 살래."

어머니를 졸라서 신발가게로 가서 값을 물어보니 7원이었다. 어머니가 2원을 보태서 꽃신을 사줘서 신고 왔다. 새 꽃신을 신으니 어찌나 기분이 좋은지 둥실둥실 발이 구름 위를 나는 것만 같았다.

아이스케키와 엿

며칠 후 아이스케키 장사가 자전거에다 아이스케키 통을 싣고 우리 동네에 왔다. 당시에는 돈 대신 빈병이나 쇳덩어리와 아이스케키를 바꾸어 먹었다.

그래서 빈병이 생기면 알뜰히 모아 두었다가 엿장수가 오면 바꿔 먹는 재미가 쏠쏠했었다. 그런데 그날은 아이스케키를 바꾸어 먹을 만한 빈병이 하나도 없었다.

행여나 하는 마음으로 밖으로 나갔다. 이웃집 텃밭을 지나면서보니, 밭에 괭이와 쇠스랑이 놓여 있었다. 마침 새참을 먹으러 집에 들어갔는지, 볼일을 보러 잠깐 나간 건지, 밭에는 아무도 없었다.

'야, 저 괭이랑 쇠스랑을 주고 아이스케키를 바꿔 먹어야지!'

나는 괭이와 쇠스랑을 잽싸게 들고 우리 집으로 달려왔다. 그때 우리 집에는 도끼가 있었다. 나는 도끼로 괭이와 쇠스랑을 내리쳐서 자루를 부러뜨린 다음, 집에 있는 비료 부대에다 담았다.

그걸 질질 끌고 길에 나가서 아이스케키 장수를 기다렸다. 아이스케키 장수는 우리 마을에 들른 다음, 이웃 마을을 한 바퀴 돌고 다시 우리 마을을 지나서 갔기 때문이다.

나는 길 중간에까지 나가서 목을 빼고 아이스케키 장사를 기다렸다. 한 두어 시간을 기다리자, 이웃 마을을 돌고 오는 아이스케키 장수의 모습이 보였다.

"아저씨, 이거 괭이하고 쇠스랑인데, 부러져서 못쓰는 거예요. 이것도 받아요?"

"어, 그럼 얼마든지 받지!"

아저씨는 반색을 하며 비료자루를 받아들었다. 나는 괭이와 쇠스랑을 주고 아이스케키 8개를 받아왔다. 냉장고가 없으니까 부지런히 먹어야 했다. 게눈 감추듯 8개의 아이스케키를 금세 다 먹어치웠다. 그리고 집에 있으면 동네 사람들이 괭이랑 없어졌다고 추궁할까 봐 옆마을에 가서 실컷 놀다 어두워졌을 때에야 집에 왔다.

내가 가자마자 옆집 아주머니가 우리 집에 왔다.

"순진아, 너 혹시 오늘 우리 밭에서 괭이하고 쇠스랑 못 봤니?"

"아줌마, 내가 아줌마네 괭이하고 쇠스랑 지키는 사람이에요? 왜 그걸 저한테 물어요? 전 그런 것 전혀 못 봤어요."

아주머니는 혀를 끌끌 차며 어머니에게 말했다,

"쟤가 아니면 괭이하고 쇠스랑을 가져갈 사람이 없지. 아까 보니까, 아이스케키 장수가 왔던데, 그 장수한테 준 것 같아."

나는 펄펄 뛰며 아주머니한테 항의했다.

"아줌마는 보지도 않고 무슨 말을 그렇게 해요? 나는 한낮에

저 옆동네에 가서 지금껏 놀고 오는 건데요."

내가 시치미를 딱 떼자 아주머니는 할 수 없이 그냥 돌아갔다. 자기 눈으로 보지 못했으니까 더 이상 강하게는 몰아세울 수도 없는 성싶었다.

다음날 학교에 갔다 왔는데 그날따라 엿장수가 또 왔다. 그 당시 우리 부엌에는 솥이 네 개가 있었는데 그중 작은 솥은 별로 쓰지도 않고 항상 옆에 세워두기만 했다.

'흠, 안 쓰는 걸 보니, 이 솥은 쓸모가 없나 보지?'

나는 냉큼 작은 솥을 집어다 엿장수에게 갖다줘 버렸다. 멀쩡한 솥을 갖다 주니 아저씨가 엿을 아주 많이 주었다. 혼자 다 먹을 수가 없을 만큼 많아서 언니와 오빠가 돌아오자 먹으라고 내놓았다.

달고 쫄깃거리는 엿을 보자, 오빠와 언니의 눈이 확 커졌다.

"야! 너, 이 엿 어디서 났니?"

"그런 건 알 것 없고 그냥 먹기나 해."

먹는 게 급했던 오빠와 언니는 더 묻지 않고 엿을 다 먹었다. 저녁에 어머니가 오셔서 부엌에 들어가시더니, 고개를 갸웃거리며 말씀하시는 것이었다.

"어? 이상하네? 우리 부엌에 솥이 하나 안 보여. 이놈의 솥단지가 어디로 갔지? 솥단지에 발이 달려 도망이라도 쳤나?"

그 말을 듣고 오빠가 어머니에게 말했다.

"엄마, 아까 순진이가 어디서 엿을 엄청 많이 가져와서 우리가 먹었는데요. 혹시 무리 솥을 주고 바꿔먹은 거 아닐까요?"

"에이, 설마. 멀쩡한 솥으로 그럴 리가 있겠냐?"

그때 나는 윗방에서 고구마를 깎아먹고 있었는데, 어머니가 물으러 올라오셨다.

"순진아, 너 솔직히 말해라. 솥단지하고 엿 바꿔먹었니?"

"아니요?"

"그럼 아까 엿은 어떻게 먹었니?"

"엿장수 아저씨가 그냥 주던데요?"

어머니는 내 말에 짐작이 간다는 듯 다그쳐 물으셨다.

"뭐라고? 생판 모르는 엿장수 아저씨가 뭣 땜에 너한테 조금도 아니고 그렇게 많은 엿을 준단 말이냐? 엄마가 야단 안 칠 테니 사실대로 말해 봐라."

살살 달래는 어머니의 말에 나는 사실대로 털어놓았다.

"사실은 엄마가 그 솥단지를 세워만 놓고 안 쓰니까 못 쓰는 솥인 줄 알고 바꿔먹은 거야."

내 말에 어머니는 노발대발하셨다.

"도대체가 너는 살림에 보탬이 안되는구나. 당최 눈만 뜨면 사고를 저지르고 돌아다니니까 너 땜에 못살겠다. 저 솥 하나 마련하려면 돈이 얼마나 많이 드는지 아냐? 우리 집에 겨우 네 개밖에 없는 솥을 그래, 엿하고 바꿔먹니? 엉?"

어머니는 치미는 화를 참지 못하고 빗자루를 들고 와 냅다 나를 때리셨다. 나도 화가 나서 내리치는 빗자루를 꽉 잡고 대들었다.

"때리지 마. 엄마가 그 솥에다 밥을 해먹든지 국을 끓여먹었으면 안 바꿔먹었을 거 아냐? 안 쓰니까 내가 바꿔먹었지!"

나를 어떻게 해야 좋을지 대책이 안서는 어머니는 때리다 말고 힘이 부치는지 땅에 주저앉아서 우셨다.

"내가 어쩌다가 저런 년을 낳아서 이 모양일까. 맨날 동네사람들한테 미안하다고 빌러나 다니고, 난 도저히 못살겠다."
바로 위의 오빠가 어머니를 달래며 말했다.
"울지 마세요, 어머니. 이담에 또 그러면 내가 아주 저년을 패 죽여버리겠어요."
나도 다시 안 그러겠다고 약속했다. 어머니는 눈물을 닦고 고구마죽을 쑤어서 김치와 함께 주고 또 철야를 하러 가셨다.

 ## 옥수수 사이소, 옥수수!

3학년 여름방학 때였다.
못 먹는 데 한이 맺혀 있던 나는 어떻게 하면 좀더 잘 먹을 수 있을까를 궁리하던 끝에, 어머니를 따라다니며 장사를 돕기로 마음을 정했다. 그래서 방학 때마다 장사하기로 하고 어머니를 졸랐다.
"엄마, 엄마만 장사하지 말고 나도 좀 시켜 줘, 응?"
"네가? 너는 아직 어려서 안돼."
어머니는 어림없다는 듯 내 말을 귓등으로 흘려들으셨다. 그런데 나는 정말 장사를 엄마 못지않게 잘할 자신이 있었다.
"할 수 있어, 엄마. 나도 시켜주란 말야."
"어어? 얘가 참?"
막무가내로 우겨대자 어머니가 마지못해 고개를 끄덕이셨다.
하루는 어머니가 청천장에 옥수수 장사를 나가셨다. 찰옥수수 한 광주리를 쪄서 이고 가셨는데, 30리 되는 장에 나도 따라갔다. 어머니 옆에 지푸라기를 깔고 앉아서 지나가는 아저씨들에게 말했다.
"아저씨, 옥수수 좀 사세요. 두 자루에 1원인데 참 맛있어요. 절 봐서라도 좀 팔아 주세요."
아저씨들은 내 목소리에 놀라 걸음을 멈추고 돌아보며 물었다.
"아이고, 기특한 것! 너 대체 몇 학년이냐?"
"3학년요."
어린것이 장사하는 게 안돼 보였는지 아저씨들이 많이 팔아주었다. 그래서 장사를 잘해 30원어치나 팔았다. 어머니의 눈에도 대견해하는 빛이 뚜렷했다.
"너 오늘 장사를 잘했는데 뭐가 먹고 싶으냐?"
나는 평소에 이것저것이 고루 들어간 짬뽕이라는 게 그렇게 먹고 싶었다. 평소에는 엄두도 낼 수 없었는데 먹을 기회가 온 것이다.
"엄마, 나 짬뽕이 먹고 싶어."
"그럼 가자. 엄마가 사줄게."
김이 모락모락 나는 매콤한 짬뽕 한 그릇을 얼마나 맛있게 먹었는지 모른다. 어머니는 젓가락도 들지 않고 나를 바라만 보고 있었다. 철없는 나는 어머니에게 먹어보라는 말 한마디 안하고 혼자서 말끔히 짬뽕 한 그릇을 먹어치우고 말았다. 시장을 나오면서 보니 엿장수가 있었다.
"엄마, 엿도 하나 사줘"
"그래라. 옜다, 돈."
엿 5원어치가 얼마나 많은지 기분이 좋아 어머니와 손을 잡고 흥얼거리며 왔다.

이튿날, 엄마가 창내 장에 간다고 해서 또 따라나섰다. 안 사면 살 때까지 그 사람의 뒤를 졸졸 따라갔다.

"허허, 고놈! 참 끈질기기도 하구나."

그렇게 극성맞게 팔아서 오후 3시까지 25원어치를 다 팔았다. 기분이 몹시 좋아진 어머니는 웃으며 내게 이렇게 말씀하셨다.

"야, 너는 장사 체질이다야. 장사를 참 잘하는구나. 그걸 모르고 엄마가 널 어려서 주의 종으로 바쳐서 걱정이다야. 차라리 장사를 잘하게 해달라고 할 걸 잘못했나 보다."

어머니가 돌아오면서 맛있는 옥수수빵을 사주셔서 신나게 왔다. 장사에 취미를 붙인 나는 여름방학 내내 엄마를 따라다니며, 옥수수 장사·감자 장사·채소 장사를 열심히 했다. 장사를 해 보니까 너무 재미있었다.

"엄마, 나도 이담에 크면 장사를 해서 엄마한테 좋은 거 많이 해 줄 테니까 조금만 기다려."

"그래, 우리 딸래미가 속을 그렇게 썩이더니 인제 철이 들었구나. 어디 한번 기다려 보자."

어머니는 그래도 내 말이 흐뭇하신지 미소를 짓곤 하셨다.

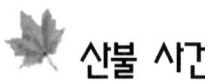 **산불 사건**

초등학교 4학년 때, 우리 집과 학교는 거리가 4킬로미터 정도 떨어져 있었다. 결코 가깝다고 할 수 없는 거리였다. 12월 초였는데, 하루는 아침에 그만 늦잠을 잤다. 헉헉거리며 열심히 뛰어

갔으나 지각을 하고 말았다.

교실에 들어서자 선생님이 지각한 이유도 묻지 않은 채 내 따귀 석 대를 때리는 것이었다. 그날 날씨가 얼마나 추웠는지 얼굴이 꽁꽁 얼어 있었는데, 언 얼굴을 때리니까 이루 말할 수 없이 아팠다. 화가 난 나는 그날 수업도 안하고 종일 복수할 방법만 생각했다.

'어떻게 복수를 할까?'

쉬는 시간에 우선 선생님에게 심술을 부리기로 결심했다.

당시 선생님은 출석부를 항상 작은 책상 속에 넣어두고 계셨었다. 쉬는 시간에 선생님이 잠깐 밖에 나가시고 안 계신 틈을 타서 나는 잉크를 출석부에 몰래 부어버렸다. 그리고 운동장에 나가서 친구들하고 한바탕 뛰어놀고 들어왔다.

내가 교실에 들어가자, 먼저 와 계시던 선생님이 물으셨다.

"누가 한 짓이냐? 출석부에 잉크를 쏟아부은 사람, 손 들어라."

선생님은 입으로는 반 전체 어린이들에게 말하고 있었지만, 눈은 오직 내게만 향해 있었다. 그러나 나는 딴청을 부리고 앉아 있었다.

"안 나오면 단체기합을 주겠다. 나는 누가 쏟았는지 다 안다. 그러나 본인을 존중하는 의미에서 본인이 스스로 말할 때까지 참고 기다리겠다."

그러든지 말든지 나는 상관 안했다. 방과 후에 집에 오면서 생각해도 뺨 맞은 분이 다 풀리지 않았다. 생각하면 할수록 울화가 치밀었다. 왜 늦었느냐고 한마디 묻고 나서 때렸다면 이렇게까지 화가 나진 않을 것이었다.

'어떡하면 통쾌한 복수를 해줄까? 아주 따끔하게 분풀이를 해주고야 말 테다!'

그러다가 나는 담임선생님인 심성구 선생님이 박씨네 집에서 하숙을 하고 있다는 데 생각이 미쳤다.

'아, 그래! 그럼 박씨네 종산에 불을 질러버리자! 그러면 하숙생인 선생님은 밥도 못 얻어먹겠지.'

생각이 짧았던 나는 복수에 마음이 팔려, 우리 언니가 박씨네 집 맏며느리로 시집 간 것을 생각지 못했다. 박씨네 종산은 바로 길가에 있었기 때문에 집에 가려면 어차피 그 길을 지나야 했다. 불을 지르려면 성냥이 필요해서 성냥을 얻으러 방앗간에 들어갔다. 들깨로 기름을 짜는 방앗간이었는데 아주머니에게 성냥을 한 개비 달라고 하자 이상하다는 듯이 물었다

"뭐하려고 그러니?"

"선생님이 난롯불이 꺼져간다고 빌려오라셨어요."

거짓말을 하고 성냥 한 곽을 얻어 주머니에 넣고 왔다. 마침 때가 늦가을인 12월 초라 나무들이 바짝 말라서 불이 잘 타게 생겼었다. 가랑잎을 긁어모아 불을 붙였다. 빨리 타라고 이곳저곳 마구 불을 붙였다. 당시에 리어카에다 양재기를 싣고 다니며 장사를 하던 박동명 집사님이 이 광경을 보고 소리를 질렀다.

"아니, 저놈의 계집애가 미친 짓을 하네?"

나는 여기저기 뛰어다니며 불을 붙여 놓고 냅다 도망쳐버렸다. 산불은 크게 번져 동네 사람들이 다 모여 불을 끄게 되었다. 아주 많이 탔다. 박씨네 종산 안에는 박씨 대소가 묘가 많았었는데, 묘를 태워서 조상의 혼들이 다 묘에서 나가버렸다고 야단이 났다.

사람들이 언니네 집을 찾아가 묘를 제대로 해놓으라고 닦달을 하자, 화가 많이 난 형부가 언니를 두들겨 패기도 했다고 한다. 박씨 집으로 시집 간 언니의 시집살이가 시작된 것이다.

나는 인제 정말 집에 들어갈 수가 없었다. 가을타작을 막 끝낸 논 가운데 짚을 많이 쌓아둔 게 있어서, 그 짚더미 속에 푹 들어가 위를 덮고 숨어버렸다.

저녁에 우리 집에 박씨네 사람들이 찾아왔다.

"이 묘들을 어떻게 할 거요? 묘를 다 태워서 조상들의 혼들이 다 나갔소."

오빠와 어머니는 잘못했다고 손이 발이 되도록 빌었다. 사람들은 어머니에게 골칫덩어리인 나를 찾아내라고 윽박질렀다.

이튿날 오빠들이 짚을 썰어서 지게에 지고 술을 사가지고 박씨네 종산에 갔다. 가서 묘마다 일일이 짚을 덮고 술을 부은 후 절을 했다.

나는 볏단 속에서 꽁꽁 숨어 절대로 안 나왔다. 3일을 숨어 지냈으나 시간이 얼마나 지났는지도 몰랐다. 죽을 정도로 배가 고파서 살짝 짚 뚜껑을 열어보니까 해가 떠 있었다. 아침인지 저녁인지도 모르고 틀어박혀 지냈다.

어머니가 걱정하는 소리를 들으면서도 겁이 나서 못 나갔다. 그러다가 너무나 배가 고파 고구마를 훔쳐 먹으러 부엌을 들어가다가 지키고 섰던 어머니한테 붙잡혔다.

"순진아, 널 건드리면 또 무슨 짓을 낼지 모르니까 안 때리겠다. 그런데 왜 하필 박씨네 집에 불을 질렀니? 네 언니가 시집살이가 심해서 살 수가 없다잖느냐. 묘마다 짚을 썰어서 다 덮고 술을 붓고 절을 해야 한다는데, 주범인 네가 가서 절을 해야 조상들이 화를 풀고 다시 돌아온다고 하니 제발 그렇게 하도록 해라."

"알았어, 엄마."

짚을 짊어진 두 오빠의 뒤를 따라 나는 박씨네 종산으로 갔다. 묘마다 여물을 덮고 막걸리를 뿌리고 세 번씩 절을 했다.

"순진아, 너도 절해."

오빠가 나한테도 무덤에 절을 하라고 시켰다.

"싫어. 내가 왜 남의 조상한테 절을 해?"

나는 끝끝내 절을 하지 않았다. 하는 수없이 오빠들 둘만 열심히 절을 하고 돌아다녔다.

"우리 애가 잘못했습니다. 그만 용서하시고 조상님들 부디 다시 묘 안으로 들어와 주십시오."

꼭 미친 사람들처럼 오빠들은 뭐라고 열심히 웅얼거렸다. 그러거나 말거나 나는 그냥 가만히 서 있기만 했다.

며칠 후 학교에서 교장선생님이 나를 부르시더니 물으셨다.

"네가 박씨네 종산에 불을 질렀느냐?"

"네."

"왜 불을 질렀니? 불을 지른 이유가 있을 게 아니겠니? 어디 그 이유를 말해봐라."

나는 주저하지 않고 마음에 품은 이야기를 거침없이 했다. 내 말에 교장선생님은 벌린 입을 다물지 못했다.

"넌 참 당찬 아이로구나. 그런데 앞으로는 그렇게 하면 안돼. 선생님한테 불만이 있으면 선생님한테 따져야지, 죄도 없는 남의 종산에 불을 지르면 어떻게 해? 안 그래?"

교장선생님은 몇 번이나 다시는 그러지 말라고 훈계를 하셨다.

"잘못했습니다. 다시는 안 그러겠습니다."
그리고 나서 교장선생님은 우리 담임선생님을 꾸짖으셨다.
"학생이 늦었으면, 무슨 사정이 있었는지 묻고 나서, 혼을 내든지 때리든지 해야 할 게 아닙니까?"
담임선생님은 교장선생님께 잘못했다고 말하고, 일일이 박씨네집을 찾아다니면서 용서를 빌었다. 그래도 선생님을 향한 내 감정은 풀리지가 않았다.
'흥? 이 정도로는 어림도 없어! 이담에 내가 커서 반드시 복수를 하고 말걸?'
어린 마음에 나는 계속 앙심을 품고 있었다. 그런데 며칠 후 선생님이 내게 이렇게 말했다.
"야, 내가 잘못했으니까 다시는 너, 사고 저지르지 말아라. 네가 한 번만 더 사고내면 내가 쫓겨나게 생겼다."
그 말을 들은 나는 뛸 듯이 기뻤다.
'와, 내가 한 번만 더 사고를 저지르면 선생님이 쫓겨난다구? 그럼 빨리 큰 사고를 저질러야겠는데, 어떤 사고를 저지르지?'
선생님을 쫓아낼 궁리에 골몰했는데, 그만 5학년이 되어 담임선생님이 바뀌는 바람에 복수할 기회를 놓치고 말았다.
나는 그 따귀사건 이후에 길에서 선생님을 만나도 절대로 인사를 하지 않았다. 선생님은 그런 나를 볼 때마다 혀를 끌끌 차며 말씀하셨다.
"넌 애가 어쩜 그렇게 독하냐? 이담에 크면 보통 문젯거리가 아닐 게다."

조를 풀로 착각하고

　6월 어느 날인가, 쇠바우 언니네 집에 놀러 갔다. 언니가 보고 싶은지 자꾸 놀러 오라고 해서 갔다.
　언니가 들에 일하러 나간다기에 나도 따라갔다. 언니의 일손을 덜어줄 요량으로 나는 언니의 뒤를 따라가며 풀을 뽑았다. 그때 언니네 밭에는 수수와 찰조를 심었었는데, 나는 그 둘을 잘 가려낼 수가 없었다. 나는 기왕이면 깨끗하게 해줄 생각으로 눈에 보이는 풀이란 풀은 모조리 다 뽑아버렸다.
　그런데 앞서서 한참 밭을 매던 언니가 뒤를 돌아보더니 기겁을 해 달려오는 것이었다.
　"아니, 순진아, 이게 웬일이냐? 어머나, 세상에! 넌 조와 풀도 구별 못하니?"
　"응? 뭐라고?"
　언니는 후닥닥 내 손을 잡아 끌어냈다.
　"얘! 너 일하지 마라. 일을 하는 게 아니라, 일을 내고 있구나. 이거 큰일났네."
　내가 그만 조를 풀인 줄 알고 다 뽑아버렸던 것이다. 언니는 낭패한 얼굴로 내가 뽑아 팽개친 조를 중간중간에 다시 심었다.
　"일 그만하고 집에 가자. 네가 자꾸 일을 저질러서 안되겠다."
　언니는 걱정스러운 표정으로 그만 집에 들어가자고 했다. 시어머니한테 혼날 것 같아서 걱정이 많이 되는 모양이었다. 언니네는 그래도 보리밥을 해먹고 살았다. 그래서 보리밥을 맛있게 한 그릇 얻어먹고 나서 밤에 집에 가겠다고 나섰다. 깜짝 놀란 언니가 나를 주저앉혔다.

"안돼. 이 밤에 어딜 가니? 길이 시오리나 되고 고개를 두 개나 넘어야 된단 말야. 가다보면 호랑이도 있어. 내일 가거라."

"괜찮아, 언니. 난 갈 수 있어."

심통이 난 나는 책보를 허리에 질끈 둘러메고 열심히 걸어서 한밤중에 집에 도착했다. 어머니가 너무 놀라 벌떡 일어나셨다.

"대체 이 밤중에 웬일이냐? 오다가 호랑이 못 만났니?"

나는 어이가 없어 웃음이 다 나왔다.

"엄마, 호랑이는커녕 쥐새끼 한 마리도 못 만났어!"

"아이고, 대단한 기집애, 너 극성맞은 걸 누가 말리겠니?"

어머니는 혀를 끌끌 차시면서도 벌어진 입을 다물지 못하셨다.

 못된 예수쟁이들

월룡리 100번지에 살 때였다.

내가 동네에서 말썽을 많이 피운데다가 오빠들도 계속 어머니의 속을 썩였다. 어머니가 예수를 믿는다는 것을 트집잡아 큰오빠는 술만 먹으면 엄마를 핍박하고 동생들을 두들겨 팼다.

견디다못한 어머니가 막내오빠와 나, 둘만 데리고 일영골 옥진네 집으로 이사를 갔다. 거기는 옥화리 일영골로 바로 옥화교회 밑에 있는 옥진네 집 사랑방이었는데, 방세 없이 그냥 얻어 갔다.

이사를 간 집에서 본교회를 가려면, 강처럼 큰 냇물과 큰 산을 하나 넘어야 했다. 보통 험한 길이 아니었는데도 어머니는 지성스럽게 신앙생활을 하셨다. 새벽 기도 한 번 빠지는 법이 없었고, 아무리 힘들어도 저녁에 꼭꼭 가서 기도를 하고 오셨다.

그러던 중에 월롱교회에 어떤 문제가 생기게 되었다. 그러자 옥화리 일영리에 사는 최 권사를 비롯한 몇 사람이 거기다 기도처소를 하나 세우기로 결정했다.

교인이 한 6, 7 가정이 되었는데 너무 멀기 때문에 그렇게 결정을 했다. 그런데 어머니는 모교회를 버리고 갈려나올 수 없다고 생각해서 계속 혼자서 본교회로 나가셨다. 우리 어머니는 고집이 좀 있으셨다.

그러다가 잊을 수 없는 일이 생겼는데, 내가 어린 마음에도 '예수 믿는 사람들 참 나쁘다.'고 생각하게 된 일이었다.

그해 여름에는 비가 참 잦았는데, 하루는 비가 엄청나게 내렸다. 갑자기 물이 많이 불어나고, 강에 다리가 없었기 때문에 교회에 가려고 나섰던 어머니가 센 물살에 밀려 죽을 뻔한 일이 있었다. 떠밀려가던 어머니는 간신히 물살에서 빠져나왔다.

그런데 그때 교회를 갈려나온 분들이 물가에 서서 이 광경을 보고 있었는데, 어머니에게 이렇게 빈정대는 것이었다.

"하나님이 붙들어줄 텐데 끝까지 건너가지 왜 돌아왔어요?"

그 말을 들으면서 나는 큰 충격을 받았다.

'예수를 믿으면서 저렇게까지 해야 하나? 예수 믿는 사람들이 너무 못됐구나.'

그 일을 겪으면서 나는 교회에 대해 상당히 부정적인 생각을 많이 가졌다. 강물이 불어서 교회에 가지 못하고 돌아온 어머니는 방안에서 무릎을 꿇고 예배를 드리셨다.

갈려나온 교인들은 그후에 옥진네 뒤에다가 교회터를 조금 구해서 교회를 짓고 난리법석을 떨었다. 그래도 어머니는 조금도 동요하지 않고, 낮에는 발이 부르트도록 돌아다니며 장사를 하고 밤에는 또 본교회에 가서 기도를 드리셨다.

우리 식구는 거기서 한여름만 나고, 풍덕골이라는 곳에 작은 슬레이트집을 사서 이사를 했다. 장리쌀도 얻고, 있는 돈을 다 모아서 5만원인가를 주고 샀다. 그 집의 수리를 말끔히 하고 어머니와 오빠, 나 이렇게 세 식구가 단출하게 이사를 갔다.

학교에 갔다오면 오빠와 나는 집 뒤에 있는 비탈산을 일구는 게 일이었다. 산 임자가 뒷밭을 일궈서 무엇이든지 심어 먹고 살라고 허락했기 때문이다. 우리 남매는 부지런히 쇠스랑으로 밭을 갈아서 옥수수도 심고 고구마도 심었다. 오빠는 나이가 어렸어도 장작을 많이 만들어 10리 길 되는 장에 지고 가서 돈 150원 정도를 받아 왔다.

그렇게 해서 겨우겨우 연명해나가는 우리 가정은 극도로 궁핍했다. 그래서 오빠는 돈을 벌겠다고 청주에 나갔다가, 돈벌기가 너무나 어렵다면서 빈손으로 되돌아왔다. 어떻게든 살 궁리를 해야 했기 때문에 하루는 전 가족이 모여 앞으로의 대책을 의논했다. 그러나 가족들이 아무리 머리를 맞대고 궁리를 해도 별 뾰족한 수가 없었다.

"정말 난 더 이상 장사를 하러 돌아다니지 못하겠구나. 발톱이 다 오그라들고, 비만 오면 머리가 아파 견디기가 힘들다."

그때 오빠 하나가 남의 종살이를 다 마치고 부산의 삼촌네 집에 가서 목수일을 배우기 시작했었다

그 오빠와 의논을 하니까, 모든 가족이 부산으로 이사를 오라

고 했다. 그렇게 되어 내가 초등학교를 졸업하자, 우리 집은 멀리 부산으로 이사를 하게 되었다.

제2부

주경야독으로 꿈을 심고

부산으로 이사하다 ▶ 75
돈 벌러 가요 ▶ 80
성미자루를 변소에 ▶ 86
대심방과 걸레빵 ▶ 89
다시 월룡리에 ▶ 92

부산으로 이사하다

바로 위의 오빠와 언니와 함께 우리 다섯 식구는 부산으로 이사를 왔다. 이사한 집은 감천에 있는 판잣집이었다.

그 판잣집의 주인은 중국인 할머니였다. 그 할머니는 중국에서 넘어와서 집을 한 채 가지고 있었는데, 피붙이도 일가붙이도 없어서 자기의 장례를 치러줄 사람이 아무도 없었다. 그러니까 누구든지 자기 집에 들어와서 그냥 살되, 자기가 죽으면 장사나 지내달라고 했다. 그래서 중국집 할머니는 안방을 차지하고, 우리는 윗방과 옆방을 차지해서 살게 되었다.

중국집 할머니가 병이 들자, 우리 어머니는 남인데도 그 똥오줌을 군말 없이 다 받아냈다. 예수 믿는 사람이 확실히 착하기는 착했다. 마치 시어머니를 모시듯 극진히 공경을 했다. 그 할머니가 돌아가시기 이틀 전에 우리 식구들을 모아놓고 집문서를 내주었다.

"하꼬방 집이지만 순진이네가 갖구려."

할머니가 돌아가시자 우리 가족은 공동묘지에 정성껏 장사를 지내주었다.

그런데 너무 살기가 힘드니까 아무도 날 중학교에 보낼 생각을 안했다. 공부가 꼭 하고 싶었던 나는 어머니를 졸랐다.

"엄마, 나 중학교에 다니고 싶어요."

어머니는 내 말을 콧등으로도 안 들으셨다.

"안돼. 맨날 사고만 치고 다니는데, 그냥 국으로 가만히 있거라. 도시에서는 사고를 저지르면 우리들까지도 못살게 되니까 안돼. 네 이름 석자만 쓸 줄 알면 됐어. 여자는 초등학교만 졸업해도 되니 꿈도 꾸지 말아라."

"싫어요. 난 중학교에 가야 돼요."

그 곳 감천에 야간 중학교가 하나 있었다. 내가 생각해도 야간중학교는 돈이 크게 들 것 같지가 않았다. 야간이니까 낮에 내가 일을 해서 학비를 벌면 되지 않을까 생각해 학교에 찾아가 물었다.

"중학교에 다니고 싶은데요. 어떡하면 입학할 수 있어요?"

"자, 원서를 줄 테니, 이것만 써 갖고 와라."

나는 학교에서 준 입학원서를 써서 어머니 몰래 냈다. 육성회비와 교복을 준비해 오라고 했는데, 교복을 구할 길이 없었다. 원서를 내고 학교를 나오는데, 마침 그 학교 언니 두셋이 운동장을 가로질러 나가면서 주고받는 소리를 듣게 되었다. 이야기를 들어보니 졸업생들이었다. 나는 쫓아가서 언니들 중 하나에게 말을 붙였다.

"언니, 졸업하고 나면 이 교복은 누구 줄 거예요?"

"아니. 줄 사람 없는데?"

"그럼 저 주시면 안될까요? 사실은요, 제가 공부는 하고 싶은데 집안이 너무 어려워서 어머니 몰래 입학을 했거든요. 언니, 그 교복 저 줄 수 없어요?"

그랬더니 그 언니가 크게 배를 잡고 깔깔 웃는 것이었다.

"야, 이 꼬맹아, 난 3학년이고 넌 인제 1학년인데 이 큰 교복을 어떻게 입고 다닐래?"

"괜찮아요. 주시기만 하면 아무리 커도 입고 다닐 수 있어요."

언니가 내 머리를 한 번 쓰다듬으며 말했다.

"그래, 그렇게도 학교를 다니려는 걸 보니 정말 기특하다야. 내 것을 주든지, 아니면 너한테 맞을 만한 작은 걸 알아봐 줄 테니까 집을 가르쳐 주라."

"네, 언니. 고맙습니다."

나는 언니에게 우리 집을 가르쳐주며 꼭 교복을 갖다줄 것을 신신당부했다. 그 언니는 꼭 갖다줄 테니까 걱정하지 말라면서 갔다.

입학금은 달비장사를 하는 막내삼촌에게 부탁해서 빌렸다. 막내삼촌은, "그래, 그럼 너 이담에 머릴 길러서 또 작은아버지 주는 거다?" 하며 빌려주셨다.

입학할 날짜는 하루하루 다가오는데 교복을 주겠다는 언니가 안 와서 나는 날마다 문 앞에서 맘 졸이며 기다렸다.

어느 날, 그 언니가 보따리 하나를 들고 골목을 들어서더니 이 집 저 집을 기웃거리고 다니는 게 보였다.

"언니, 여기요, 여기!"

얼마나 반가운지 뛰어가서 보따리를 받아들었다.

"내 친구 중에 키가 작은 애가 있어서 얻어왔어. 너, 우리 집에 잠깐 따라갈래?"

언니네 집은 참 좋았다. 시멘트로 지었는데 방도 여러 칸이고 안에는 2층도 있었다. 이것저것 먹을 것을 챙겨주며 언니가 물었다.

"얘, 공부가 그렇게 하고 싶니?"

"네, 꼭 하고 싶어요."

"그럼 낮에는 뭐할 거니?"

"낮에는 뭐든 일을 하고 밤에 학교에 다녀야겠지요."

"그럼 나 졸업하면 시곗줄 공장에 다닐 텐데, 같이 가 일할래?"

"네, 좋아요. 언니."

그래서 낮에는 언니와 함께 시곗줄 공장에 다녔다. 낮에 일자리가 마련되어 얼마나 좋은지 몰랐다. 어머니한테는 비밀을 지켜달라고 부탁했다. 그 언니의 이름은 선희였는데, 참 이쁘게 생겼었다. 언니가 챙겨다준 학용품과 가방을 집에다 못 갖다놓고 둘둘 말아서 창고에다 감춰두었다.

어머니는 항상 바빴다. 장사하고 틈이 나면, 또 시래기나 뭐라도 주우러 다니시느라 집안일은 잘 몰랐다. 그래서 나는 어머니가 나가신 후에 감쪽같이 교복을 차려입고 입학식에 갈 수 있었다. 그리고 다음날부터 선희 언니와 함께 시곗줄 공장에 다녔다. 바로 위의 언니가 너그러워 나를 이해해주었다.

나는 정말 열심히 공부했다. 어렵게 하는 공부라서 분초를 아껴가며 공부했다. 그런데 등록금 이외에도 학용품 살 돈이 꽤 많이 들어갔다. 시곗줄 공장에 나가는 것만으로는 턱없이 모자랐다. 아무리 열심히 일해도 한 달 벌이가 고작 5천원밖에 안되어 언니에게 상의했다.

"언니, 아무래도 한 달에 만원 정도는 벌어야겠어요. 딴 일거리가 더 없을까요?"

선희 언니는 잠시 생각하더니 내게 말했다.

"그럼 새벽 4시 반부터 벽돌을 이어 날라볼래?"

"네? 벽돌요? 나, 그거 할래요."

나는 그 길로 언니와 함께 벽돌집에 갔다. 벽돌집 주인 아주머니가 나를 보더니 시원찮다는 얼굴로 물었다.

"니가 대체 몇 장이나 여 나르겠노?"

"하루에 10장 정도는 나를 수 있어요."

나는 자신 있게 말했다. 그 다음날부터 어머니가 새벽기도에 가는 시간에 나도 따라 일어났다. 어머니가 나가시기를 기다렸다가, 나가시면 얼른 일어나 벽돌을 나르러 나갔다. 벽돌 2장을 이면 머리가 쑥 들어가는 것 같았다. 가파른 꼭대기를 올라갈 때면 너무 힘들어 그 자리에서 콱 꼬꾸라져 쓰러질 것 같았다 그래도 이를 악물고 하루에 10장씩을 이어 날랐다. 벽돌을 다 나르고 나면 아주머니가 수첩에 동그라미 도장을 찍어주었다. 돈은 모았다가 열흘에 한 번씩 주겠다고 했다.

어머니는 새벽기도를 오래 하셨기 때문에, 벽돌을 나르고 서둘러 돌아오면 먼저 집에 와 있을 수 있었다. 새벽에는 벽돌을 나르고, 낮에는 시곗줄 공장에 가고, 밤에는 학교를 다녔다. 그렇게 힘든 나날들이었어도 공부를 할 수 있다는 게 더없이 기뻤다.

하루는 엄마가 뭔가 이상한 낌새를 챈 듯 물어오셨다.

"얘, 넌 요즘 왜 그렇게 바쁘냐?"

"친구 집에 놀러 다니느라고 그렇지, 뭐."

얼마 후에 드디어 어머니한테 들키고 말았는데, 어머니에겐 나의 행동이 너무나 기특하게 여겨지신 모양이었다. 초등학교 때 그렇게 사고만 치던 말썽꾸러기가 180도 변해 공부를 하겠다고 별난 열심을 부리니까 말이다.

"인제부터 새벽일은 하지 말아라. 엄마가 중학교에 보내주마."

그래도 나는 아주머니와의 약속 때문에, 일이 없을 때는 몰라도 있을 땐 벽돌을 날라야 된다고 말씀드리고 열심히 일했다.

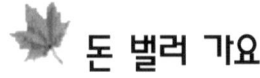 돈 벌러 가요

그때 어머니는 남의 식당에 가서 일을 하셨다. 집에 돌아올 땐 식당에서 남은 음식을 싸오시기도 하셨다. 아무튼 쪼들리는 생활을 해온 나는 어려서부터 돈에 한이 맺혀 있었다. 그런데 누가 서울에만 가면 돈을 많이 벌 수 있다고 했다.

'그래? 그럼 여름방학 때 서울 가서 돈을 많이 벌어와야지.'

그래서 여름방학이 되자마자 친구 두 명을 설득해 몰래 서울로 도망쳤다. 너무 걱정들 할까 봐 집에다 편지를 띄웠다. 서울에서 나쁜 짓 안하고 돈 잘 벌고 있으니까 걱정하지 말라고 썼다. 나랑 서울에 온 두 친구의 어머니들이 다 나를 원망했다고 한다.

"우리 애는 순진해서 그런 겁없는 짓 못해요. 다 고 여우 같은 순진이가 꼬셔서 데려간 거죠. 만약에 못된 길로 빠져 술집 같은 데 갔으면 순진이 엄마가 책임져요, 책임져!"

어머니는 날이면 날마다 이런 시달림을 받아야 했다. 막상 서울에 내린 우리들은 어디 갈 데가 없었다.

'어디로 가지? 어디로 가야 돈을 많이 벌 수 있을까?'

그때 우리가 내린 곳이 용산역이었는지 어디였는지는 정확하지 않다. 아무튼 인천으로 가는 버스가 있어서 타고 인천으로 갔다. 누구한테 일자리를 달라고 해야 할지 막막했다. 머리를 쥐어짜다가 생각해낸 것이 교회였다.

'아, 그래, 교회를 찾아가자. 틀림없이 우릴 도와줄 거야.'

근처를 두리번거리다가 숭의 감리교회가 눈에 띄어 찾아갔다.

놀이터도 있고 교회건물이 반듯하고 좋았다. 담임목사님을 찾아 뵙고 도움을 청했다. 부산에서 여름방학을 이용해 돈을 벌어 왔으니까 일자리를 좀 마련해달라고 사정했다.

"그럼 너희들은 교회에 다니느냐?"

다른 두 친구들은 아예 안 다니니까 대답을 못했고, 나는 어머니가 예수를 잘 믿으니까 그 빽으로 당당하게 대답했다.

"네, 다녀요."

"그래? 그럼 들어오너라."

우리는 목사님의 뒤를 따라 당회실로 들어갔다.

'내가 한 가지 물어보마. 테스트를 해보고 정말 예수를 믿는다면, 내가 일자리를 마련해주마. 구원은 받았느냐?"

"네, 받았어요, 목사님."

나는 또 자신만만하게 대답했다.

"어떻게 받았지?"

나는 잠시 망설였다. 쉬운 듯하면서도 대답하기 곤란한 질문이었다. 예전에 어머니가 교회에 다녀와서 이따금 집사님들과 윗방에 앉아서 하던 말들을 기억해보려고 애썼다. 그러자 오늘은 뭐 기도하는데 등어리가 화끈화끈하고 뜨거웠다거나, 갑자기 눈물이 확 쏟아져서 혼났다거나 하는 말이 떠올랐다.

'아, 맞아. 바로 그게 구원을 받은 걸 거야.'

그래서 나는 항상 들었던 그 이야기를 목사님에게 했다.

"네, 등어리가 화끈화끈하고, 뜨거운 눈물이 팍팍 쏟아졌어요.'

내 말을 들은 목사님은 이맛살을 찌푸리더니 말씀하셨다.

"넌 뭔가 잘못돼도 한참 잘못 됐구나. 예수를 그렇게 믿는 게 아니다. 구원은 믿음으로 받는 것이지, 성경에 등어리가 뜨끈

뜨끈하고 눈물이 콱 쏟아지는 그런 구원은 없다. 그런 구원이 어디 있느냐? 너, 교회도 안 다니는구나?"

"아녜요, 저 교회에 다녀요."

나는 목사님의 말을 극구 부인했다. 잘못하면 일자리도 못 얻게 될 거라고 생각하니까 마음이 조마조마했다.

"넌 신앙이 잘못됐으니까, 앞으로 성경공부를 많이 하고 다시 배워야 되겠다."

"열심히 배우겠습니다. 잘 좀 가르쳐주세요, 목사님."

"마침 우리 속장님이 식모를 구하는데 그일이라도 하겠느냐?"

"그럼요, 어떤 일이라도 다 할 수 있어요."

"한 달 동안 열심히 일하면 만 원을 주겠다."

"네, 고맙습니다."

소개를 받아 속장네 집에 갔다. 집이 얼마나 으리으리한지, 그렇게 좋은 집은 태어나서 처음 보았다. 나무로 2층집을 지었는데, 응접실이 너무나 크고 멋있었다. 가자마자 속장님이 집안 청소를 여기저기 시켜서 열심히 했다. 청소 후에 밥을 주는데 그때 나는 난생 처음으로 흰 쌀밥을 먹어보았다. 얼마나 맛이 있었는지 돈 안 주고 밥만 먹여줘도 일을 할 수 있을 것 같았다.

그 집에 7살짜리 딸이 하나 있었는데, 아주 버릇이 잘못 들여져 있었다. 그 애는 아침에 일어나면 세수시켜 달라, 치약 묻혀 달라, 시시콜콜 심부름을 시켰다. 하여튼 화장실에 가면 휴지 가져 와라, 와서 닦아주라, 별걸 다 부려먹는 것이었다. 하자니 더럽고 아니꼽고, 안하자니 쫓겨날 것 같아 기분이 나빴다. 주인 아주머니는 그저 자기 딸을 천사같이 받들어만 주라고 했다.

하루는 아주머니가 외출을 했는데, 화장실에 간 애가 또 소리를 질러 댔다.

"언니야, 휴지 갖다줘!"

그 말을 듣자마자 나는 바락 화가 치밀어올랐다. 그래서 화장실로 쫓아들어가 아이에게 사납게 쏘아붙였다.

"이놈의 계집애, 어디서 소리를 질러? 내가 네 종인 줄 알아? 앞으로 한 번만 더 휴지를 가져오라든지, 치약을 발라 달라든지 했다만 봐라. 이놈의 가시나, 당장 때려죽여 버릴 테니까!"

그리고 화장실 안에다 세 시간 동안 가두어 놔 버렸다. 그랬더니 이 아이가 완전히 겁에 질렸다. 저녁에 제 어머니가 오니까 방안에 따라 들어가더니 어쩌고저쩌고 몽땅 일러바쳤다. 두 모녀는 수군수군 얘기를 한참했다. 이야기의 결론은,

"엄마, 나, 언니하고는 다신 같이 안 있을 테야."

이것이었다. 그때부터 그 아이는 세수를 해도 자기 손으로 하고, 이를 닦아도 자기가 닦고 뭐 갖다달라는 소리를 전혀 안했다. 너무 혼쭐이 나서 그런 모양이었다.

어느 날, 속장님이 나를 부르더니 말했다.

"아이를 함부로 다루면 안돼. 넌 동생도 없니? 우리 집의 귀한 딸이야. 내가 너희들을 돈 주고 부릴 때는 이 아이 시중을 잘 들라고 부리는 거지, 혼내라고 부리는 게 아니잖아?"

"네, 잘 알았어요, 속장님."

그런데 우리가 아무리 청소를 공들여 깨끗이 해놔도, 한 번도 잘했다는 칭찬은 없고, 늘 잘못했다며 다시 하라고 했다. 너무 화가 나서 하루는 속장님이 없는 사이에 응접실에 놓인 귀한 도자기를 네 갠가 바짝 깨서 대문 앞 쓰레기통에다 다 처넣어 버렸다. 그리고 아이도 늘씬하게 때려주었다.

"이놈의 가시나야, 너 땜에 우리가 네 엄마한테 종 노릇 하게 생겼다. 너, 다시 또 엄마한테 이를 거야, 안 이를 거야?"

무섭게 엄포를 놓으며 저녁때까지 밥도 안 주었다. 아이를 고문한 셈이다. 나중에 아이는 제 어머니가 와도 울기만 하고 고자질을 못했다. 무슨 일이 있느냐고 아무리 속장님이 캐물어도 입도 뻥긋하지 못했다. 얼마 후에 속장님은 도자기가 없어진 것을 알아차리고 나를 불러 물었다.

"청소하다 깨뜨려서 쓰레기통에 버렸어요."

"후유, 너를 한 달 두고 일 시켜봐야 손해가 뻔해. 한 달치 돈을 지금 줄 테니 그냥 나가다오. 네가 있으면 애도 주눅이 들어 점점 이상해지니까 도저히 안되겠다. 너, 돈 얼마 주면 나가겠니?"

"2만원 주세요. 안 그러면 안 가요."

"알았다."

속장님은 두말도 안하고 2만원을 주었다. 그리고 그 자리에서 목사님한테 전화를 걸었다

"우리 집에 온 이 애들이 어떻게 애를 두들겨 패고, 도자기 비싼 것도 깨뜨려 손해가 막심해요. 더 데리고 있을 수 없어 2만원을 주고 오늘 보내기로 했으니 그런 줄 아세요, 목사님."

2만원을 받아서 나는 세 친구와 함께 완행열차를 타고 부산으로 돌아왔다. 우리 세 사람은 차비하고 남은 돈을 5천원씩 나눠 갖고 집에 돌아왔다.

친구들의 집에서는 한바탕 소동이 벌어졌다. 친구들의 어머니가 친구들에게 누구 꾐에 나갔느냐고 물었다. 친구들은 의리를 지키기 위해, 우리가 돈 벌려고 같이 나갔다고 대답했다.

"그럼 돈은 얼마나 벌어 왔누?"

"돈도 못 벌고 간신히 차비만 얻어 왔어요."

어머니는 한숨을 쉬며 나를 다그쳤다.

"네가 충청도에서도 그렇게 문제를 일으키더니, 그 버릇을 정 못 버리겠니? 여기까지 와서도 남의 집 참한 딸들을 꾀어 인천은 왜 갔니? 응? 왜 갔어?"

"왜 가? 돈 벌러 갔지, 뭐."

"그래서 돈을 얼마나 벌어 왔어?"

"벌어올 만큼 벌어왔지."

나는 절대로 돈을 내놓지는 않았다. 학교에 다니려면 돈이 있어야 했기 때문에 일부러 그랬다. 너무나 속이 상한 어머니는 또 발버둥을 치며 울기 시작하셨다.

"내가 여기서도 도저히 낯을 들고 살 수 없다. 어디서든지 너 땜에 망신을 당하니 어쩌면 좋겠니?"

"알았어. 인제부터 안 그러면 될 거 아냐. 좋은 뜻으로 돈 벌러 간 거지, 나쁜 뜻으로 간 게 아냐."

"그 동안 어디에 있었니? 술집에 있었니?"

나는 어머니의 엉뚱한 추측에 웃음이 다 났다.

"술집은 무슨 술집!"

어머니를 믿게 하기 위해 나는 할 수 없이 그동안 숭의 감리교회에 가서 있었던 일을 그대로 털어놓았다. 다 듣고 난 어머니는 그때부터 오해를 풀었다.

그후에는 얌전히 중학교를 착실히 다녀서 졸업을 했다. 졸업을 하기 전에도 나는 돈에 너무 한이 맺힌 사람이기 때문에 돈 벌 수 있는 곳은 어디든지 쫓아다니면서 부지런히 돈을 벌었다.

어머니가 시장에 시래기를 주우러 다니면 함께 가서 주워 팔고, 어머니를 도와서 장사도 같이 하곤 했다.

 ## 성미자루를 변소에

　내가 교회에 다니긴 했으나 믿음이 없었기 때문에, 매일 어머니가 교회에 가서 기도하는 것이 불만이었다. 우리는 밥도 못 먹는데, 주일이면 꼭 성미쌀로 좁쌀이나 보리쌀을 퍼서 자루에다 담아 가셨다. 조금만 좋은 게 생겨도 늘 주의 종이 먼저였다.
　그래서 주일 아침만 되면 성미쌀을 들고 가는 것이 눈꼴시고 아니꼬웠다. 내 눈에는 그 성미 자루가 마치 집 한 채라도 들어갈 만큼 크게 보였었다. 먹을 것만 생기면 주의 종부터 챙기고, 나뭇짐을 한 짐씩 해다 주는 것이 너무나 싫었다.
　'에이, 우리 엄마가 저놈의 전도사를 사랑하나?'
　이런 오해도 하고 욕도 많이 했다.
　"엄마, 우리 식구 먹을 것도 없는데 왜 주일날마다 성미쌀을 그렇게 많이 가져가는 거야? 하나님이 쌀 못 먹어서 우리에게 쌀 가져오래?"
　"밥 지을 때마다 식구들을 위해 몫몫이 기도하며 뜬 거라서 가져가야 해."
　그날은 금요일이었는데 성미자루를 보니 어지간히 차 갔다. 그래서 성미자루를 화장실에 갖다넣고 작대기로 휘휘 저어버렸다. 시치미 딱 떼고 있었는데, 주일날 아침에 어머니가 성미자루를 찾느라고 이방 저방을 다니며 난리가 났다.
"얘, 순진아, 너, 성미자루 못 봤니?"
"내가 성미자루를 뭐하는데 봐?"
"거참, 별일이네. 성미를 떠났는데 성미자루가 없어졌구나."
"난 몰라요."
급하면 성미자루를 안 가져갈 줄 알았더니 그건 내 오산이었다. 어머니는 딴 베를 찾아 듬성듬성 꿰매더니 훌딱 뒤집어 거기다 또 성미를 꽉 채워가는 것이었다.
'흥, 저놈의 자루, 내가 갔다오면 또 빠뜨려 버릴 테다.'
저녁때쯤 되어 어머니에게 물었다. 아무래도 너무 궁금했다.
"엄마, 도대체 그놈의 성미자루 걷어다 그 속의 쌀은 누가 먹어? 전도사 먹여 살려?"
"응. 이거 기도한 후에 주의 종님이 잡수신단다."
"그럼 주의 종이 거지야? 그런 걸 처먹게! 이담에도 자꾸 가져가면 성경책까지 태워버리고 말 거야! 식구들도 못 먹는데 지랄했다고 자꾸 쌀을 퍼다 줘?"
나는 화가 치밀어 어머니에게 마구 욕을 퍼부었다. 어머니는 딱하다는 표정으로 내게 말했다.
"너도 이담에 주의 종 되면 이런 걸 다 먹고 살 텐데, 왜 그렇게 욕을 하니?"
어머니의 그 한 마디가 내 분통을 터지게 만들었다.
"내가 미쳤냐? 저런 걸 얻어먹고 살게? 손발 멀쩡한데 일해서 먹고 살지, 한 사람 것도 아닌 이 사람 저 사람 것 걷어가지고 먹고 살아? 내가 거진 줄 알아? 난 절대로 그런 주의 종 안돼. 나한테 두 번 다시 그따위 소리 하기만 해봐. 가만 안둘 테니!"

어머니는 내 성질을 알기 때문에 아무 말씀도 안하셨다.

며칠 뒤에 어머니가 시금치 작업을 하러 간다고 나가셨다. 그 새에 어머니의 성경 찬송을 태워버렸다. 또 성미자루 속에 든 두 홉 정도 되는 쌀은 우리 쌀자루 속에 부어놓고 성미자루는 홀랑 다 태워버렸다. 밤에 어머니가 돌아오셨는데 난 모르는 척하고 있었다.

"저녁에 철야를 가야 하는데 내 가방 안에 성경책이 없구나."
"그래? 엄마가 교회에 갔다 놨겠지, 뭐."
"아냐. 분명히 새벽기도 끝나고 들고 왔단 말야."
"그럼 성경책 가방에 발이 달려 어디 감천 시장에라도 갔나?"
긴가민가하며 교회로 가셨던 어머니는 빈손으로 돌아오셨다.
"순진아, 혹시 네가 성경책 가방 갖다 버린 거 아니냐?"
"엄마, 성경책 가방·성미자루, 그 따윗 것은 보지도 못했으니까 묻지 마."

나는 펄쩍 뛰며 화를 내었다. 어머니가 강도사님한테 성경책 잃어버린 일을 말하자, 강도사님이 자기 성경책을 어머니에게 주었다. 글도 잘 모르는 노인네는 기뻐하며 그걸 들고 또 열심히 교회를 다녔다.

 대심방과 걸레빵

하루는 교회에서 대심방을 온다고 어머니가 집안을 구석구석

청소를 했다. 시끌벅적하게 한참 청소를 한 후 걸레빵을 찌기 시작했다. 심방 올 때마다 어머니는 우리에겐 안 해주는 걸레빵을 쪄서 대접하곤 했다. 어머니가 양은그릇에 밀가루를 얹어서 걸레빵을 찌는데, 듬성듬성 콩을 넣은 게 몹시 먹음직스러워 보였다.

"엄마, 나 좀 줘."

"안돼. 주의 종이 드시고 나중에 남으면 먹어라."

어머니는 내가 빵에 손도 못대게 하셨다. 그 말에 내 비위가 싹 상했다.

"주의 종은 무슨 말라비틀어진놈의 주의 종! 주의 종이 빵 얻어먹으러 온단 말야? 예배를 보러 오면 예배나 봐주고 가지!"

어머니는 내 말에 대꾸도 안하시고 바삐 손을 놀리시면서 작게 중얼거리셨다.

"오늘 대심방을 받으려고 하니까 마귀가 또 역사하는구나!"

"뭐? 내가 마귀라고?"

"아니, 됐다. 너하고 얘기하기 싫으니까 어서 나가 놀아라."

"나가 놀긴 어디 나가 놀아? 나도 걸레빵 좀 달라니까!"

"심방 끝나고 남은 건 다 네 거야. 그때 실컷 먹어라."

아무래도 어머니의 기세가 만만찮아 나는 기다리기로 했다.

'빵이 저렇게 수북하게 많은데 아무래도 다 먹진 못하겠지.'

조금 있으니까 강도사님과 집사님 대여섯 분이 오셨다. 강도사님은 가방도 너덜너덜 다 떨어지고 와이셔츠는 검은 건지 흰 건지 분간이 안 가게 꾀죄죄하고, 양복도 칼라 있는 데가 다 닳아, 보기에도 민망할 만큼 누추한 옷을 입고 있었다.

나는 윗방에 숨어 문종이에 침을 발라서 구멍을 내고, 예배드리는 것을 지켜보았다. 얼마나 빵을 많이 먹고 가는가 감시하느라 눈이 아플 정도였다.

예배가 끝난 다음, 어머니는 교인들 앞에 빵을 내다놓았다. 그러자 강도사라는 사람이 젓가락으로 예의바르게 집어먹는 게 아니라, "아이고, 이 빵 맛있게 생겼다!" 하면서 손으로 덥썩 집는 게 아닌가! 손도 씻지 않은 채 집어먹는데 모두들 환장을 하고 먹는 것이었다.

"아이고, 쯧쯧! 배를 곯고 거지 신세로 돌아다니는 모양이로구나! 남의 집에 와서 더럽게 손으로 집어먹고 무슨 지랄들이람! 저까짓 게 무슨 주의 종이야!"

한 조각, 한 조각, 먹기 시작하더니, 금세 걸레빵을 다 먹어치우는 것이었다. 문구멍으로 들여다보던 나는 속이 확 뒤집혔다. 몇 개는 남겨 놓고 갈 줄 알았는데 깨끗했다.

'아이고, 저런 거지새끼들! 빵 못 처먹어 뒈진 귀신들인가? 내 빵을 다 먹고 가네. 저 새끼들 가다가 체해서 다 뒈져버려라!'

그 빵을 다 먹고 나더니 일행은 간다고 집을 나섰다.

"아이고, 강도사님, 조심해 가세요. 오늘 너무 수고하셨어요."

어머니는 인사를 코가 땅에 닿도록 하셨다. 속이 바닥까지 뒤집힌 나는 안방에 내려와서,

"아이고, 세상에! 예수 믿는 것들이 그렇게 예의없는 것들이 어딨어? 그게 예수 믿는 것들이야? 옷은 몇 년 동안 빨아 입지도 않아 이가 버글버글하겠다. 그런 옷을 입고 다 떨어진 가방을 들고 와 예배를 보다니! 또 아무리 배가 고파도 그렇지, 손으로 집어처먹고! 인정없이 다 처먹고 가는 그런 거지발싸개들이 무슨 주의 종이야? 아이고, 못 먹고 뒈진 귀신이 붙었나 보다. 미친놈들이 밥 얻어먹으려고 별짓 다하고 다니네!"

오만 욕과 악담을 다 퍼부었다. 그래도 내 마음이 풀리지 않았다. 어머니는 나를 달래셨다.

"너도 이다음에 주의 종이 되어 심방 가면, 걸레빵보다 더 좋은 걸로 대접받을 테니까 그러지 말아라."

"나 그런 거 안해. 밥맛 떨어지니까 그따위 소리 말래도! 쌍놈의 늙은이, 자꾸 그런 소릴 하고 있어!"

욕을 있는 대로 퍼부었는데도 어머니는 계속 말씀하셨다.

"내가 하나님 앞에 너를 한 살 때 바쳤는데 네가 하기 싫다고 해서 안하게 되니? 하나님께서 이미 쓰기로 작정하셨고, 엄마는 밤마다 네가 하나님께 돌아올 것을 믿고 기도한단다. 그러니 주의 종을 비난하지 말아라. 그 죄값은 꼭 받는다."

"주의 종이 무슨 종의 종이야? 왕거지다, 왕거지! 그런 예수를 믿냐? 그런 거지 예수, 나 같으면 안 믿겠다! 아이고, 미친년들, 밥 먹고 돌아다니면서 별 지랄들을 다 하네!"

어머니는 더 이상 말해도 소용이 없자, 방으로 들어가시더니 방문고리를 안에서 걸어버렸다.

"문 열어! 빨리 걸레빵 쪄줘."

나는 문을 마구 흔들어대며 소리쳤다. 마지못해 어머니가 문을 열고 다시 나오셨다.

"밀가루가 없어서 오늘은 안되고 나중에 사다가 쪄주마."

"그럼 없는 밀가루를 왜 다 털어 쪄 먹여 보냈어? 응? 우린 사람도 아냐?"

어머니는 내 성깔을 이길 수 없는지, 집 앞 가게에 가서 작은 밀가루 한 봉지를 사다가 소다를 넣고 다시 걸레빵을 쪄주었다. 언니와 오빠와 내가 반쪽씩 먹었는데 별 맛이 없었다.

'이렇게 별로 맛도 없는 걸 한 쟁반이나 다 먹고 간 그 사람들은 도대체 며칠이나 굶었기에 그럴까? 예수 믿으면 그렇게 배가 고파서 집집마다 얻어먹으러 돌아다니는가?'

나는 도무지 이해를 할 수 없었다. 그런 후에 정나미가 떨어져서 더욱 주의 종을 욕하고 쳐다보기도 싫었다. 친구도 교회에 열심인 애들은 밥맛이 떨어져서 절대로 친하게 지내지 않았다.

 ## 다시 월룡리에

그러는 중에도 나는 낮에는 시곗줄 공장에 다니며 어렵사리 중학교를 졸업하게 되었다. 그래도 오빠들이 암암리에 많이 협조해줘서 야간학교에서 공부할 수 있었다.

그런데 그후, 얼마 안 있어 이상하게 다리가 자꾸 아파왔다. 여기저기 돈 벌러 다닐 때였다. 어머니와 함께 병원에 갔는데, 진찰 결과 두 다리의 신경에 이상이 있다는 진단이 나왔다. 당장 병원에 입원해 신경치료를 받아야 한다는데, 우리 집의 생활이 어려워서 그럴 수가 없었다.

어머니는 교회에 가서 강도사님에게 내 이야기를 했다.

"우리 순진이가 다리가 아파서 밤에 잠을 잘 못자네요."

그 강도사님이 기도하시는 분이었기 때문에 어머니의 말을 들으시더니 금방 이렇게 말했다.

"집사님, 김 선생은 제가 볼 때 사탄의 역사예요. 그렇게 성미쌀 갖다 내버리고 성경책을 불태우고 하니, 하나님께서 가만

두시겠어요? 그러니 회개하면 신경치료 안 받아도 낫습니다."
그 말을 들은 어머니는 내게 이렇게 말했다.
"순진아, 네 다리 낳으려면 회개해야 해. 우리는 돈이 없어서 아미동까지 다니면서 치료받을 형편이 못 되잖니? 그러니까 하나님 앞에 가서 회개해라. 그러면 하나님께서 고쳐주실 거다."
어머니의 말에 나는 또 펄쩍 뛰었다.
"내가 무슨 놈의 죄를 지었다고 회개를 하래?"
"주의 종한테 욕하고 성경책 불태운 게 다 죄지 뭐냐?"
"그 귀신 씻나락 까먹는 소리 좀 작작해."
나는 어머니의 충고를 한마디로 묵살해버렸다.

내가 시름시름 앓는 중에 우리 집은 다시 부산에서 살 수 없는 형편이 되었다. 그래서 도로 충청도로 이사를 오게 되었다. 어머니가 제사 때문에 삼촌네와 싸움이 벌어진 게 원인이었다. 삼촌네 집은 예수를 안 믿으니 제사를 지내고, 우리는 예수를 믿으니 제사를 안 지냈다. 우리가 큰집인데, 어머니가 제사음식조차도 일절 입에 대지 않자 작은아버지와 많이 다투었다.

'아, 예수를 믿으면 이렇게 불화도 많구나!'
내 눈에는 그런 것들도 부정적으로만 보였다.

아무튼 우리 가족은 도로 충청도 미원면 100번지로 돌아오게 되었다. 그 집은 노름을 하고 다니던 큰오빠한테 임시로 맡겨두었었다. 아픈 다리를 끌고 이사를 와서도 병원 말을 꺼내보지도 못했다. 뻔한 집안 형편에 병원에 가겠다는 말이 안 나왔다.

어머니의 삶은 오직 주님만을 신랑삼고 의지했기 때문에, 부산에서 살든지 충청도로 오든지 그 돈독한 신앙은 한결같았다. 더욱이 어머니가 충성을 많이 하고 옛날에 섬기던 모교회이기 때문에 부산에서 살다 왔어도 전혀 어색하지 않았다.

그런데 계속 내 다리가 시원찮았다. 걸으려면 힘이 없어서 못 걷겠고, 두 다리에 통증이 자꾸 왔다.

그러다가 동산교회의 어느 자매님의 소개로 청주 시내에 있는 남궁외과에서 무료로 진찰을 받게 되었다. 진찰 결과는 부산에서와 같았다. 신경에 이상이 있는 듯하니, 신경치료를 하라는 것인데, 돈이 없으니까 치료를 받지 못하고 계속 그냥 지냈다.

내 문제 때문에 어머니가 교회의 전도사님과 함께 며칠 동안 작정기도를 드렸다. 그 전도사님은 기도를 많이 하시는 분이었다. 하나님께서 보여주시는데, 내 두 다리를 구렁이가 친친 감고 있더라고 했다. 전도사님은 자신 있게 어머니에게 말했다.

"집사님, 따님이 회개하고 예수 믿으면 괜찮겠습니다."

어머니는 집에 돌아와서 그 얘기를 내게 전했다.

"내가 도대체 회개할 게 뭐가 있다고 난리야?"

당당한 내 말에 어머니는 어처구니없어하며 말했다.

"부산에서 네가 예수 잘 안 믿고 주의 종에게 욕한 게 다 죄란다. 그러니까 그런 걸 다 회개하면 고쳐주실 게 아니냐?"

"난 회개할 게 없어."

"네가 초등학교 다니면서 못된 짓 한 게 다 죄 아니니? 더구나 주님이 사용하시는 주의 종한테 무례하게 욕한 건 더 큰 죄라 벌을 받은 거야."

그 말을 들어도 나한테는 별로 마음에 와 닿지 않았다. 그런데 시간이 지날수록 다리가 너무 아팠다. 고통이 심해서 날마다 어려움을 당했다. 시골이라 나갈 데도 마땅찮아 답답하고도 막막했다.

성령의 나팔수

꿈에 만난 예수님 ▶ 97
산당산 기도원에서 ▶ 104
예수님께 미친 나 ▶ 114
과연 사명자일까 ▶ 116
신학교에 입학하다 ▶ 121

꿈에 만난 예수님

하루는 낮잠을 자고 있는데 꿈속에서 누가 찾아왔다. 너무나 선명한 꿈이었다. 너무 찬란하고 흰빛이 나는 옷을 입은 분이었다. 허리에는 태권도에서 우승할 때 받아 차는 마패 같은 금패를 달고, 얼굴은 안 보였다. 얼굴은 빛이 가득해서 눈이 부셔 바라볼 수가 없었다. 분명한 것은 한 손에 두꺼운 책 한 권을 들고 계셨다. 그분이 내게 다가오시더니 나를 만지면서 말했다.

"네 이름이 김손진이지?"

"네, 맞는데요. 아저씨는 누구세요?"

"나는 네가 미워하고 거지같이 걸레빵 많이 먹었다고 욕한, 네가 제일 싫어하는 예수 그리스도란다."

나는 깜짝 놀랐다. 걸레빵을 먹었다고 내가 욕한 사람은 전도사님인데, 예수님이라는 분이 나타나 '내가 그로라.' 하시니 이상할 뿐이었다. 우렁찬, 마치 시냇물이 흘러가는 듯한 위엄 있는 목소리를 가지신 분이었다. 그분이 두꺼운 책을 펴보시며 말씀하셨다.

"네가 정 나를 그렇게 싫어하고, 계속 앞으로도 싫어한다면 이 책에서 네 이름을 지워버리겠다. 네 나이 한 살 때 일찍이 네 어머니가 너를 주의 종으로 바쳐서 내가 너를 기억하고 있었는데, 네가 끝까지 나를 미워하고 저주한다면 이 책에서 너를 지우마. 그러나 네가 뉘우치고 돌이켜 회개하고 예수 잘 믿겠다고 하면 내가 네 다리를 고쳐주마. 그리고 내가 너를 낚아서 주의 종으로 쓰겠다. 말세에 크게 쓰려고 내가 너를 택했느니라."

그래서 나는 예수님에게 말했다.

"저는 주의 종들이 하고 다니는 게 싫습니다. 주의 종들은 밥도 제대로 못 먹고 사는 거지고, 옷도 꾀죄죄한 꼴로 돌아다니는데, 전 그런 건 딱 질색입니다. 그러면 제게 약속해 주실 수 있으시겠습니까?"

"말해 보아라."

"오로지 밥 최고로 잘 먹여주시고, 옷도 좋은 옷만 입혀주시고, 저는 돈벌어서 악세사리도 마음껏 하고 싶어요. 그렇게 해주시면 예수를 잘 믿겠습니다. 그리고 주의 일을 하겠습니다."

"네가 원하는 대로 다 해주마."

"주님께서 그렇게 약속만 해주신다면 앞으로 예수를 잘 믿겠습니다."

"알았다. 그러면 내가 너를 지켜보마."

그러고 나서 그분은 사라지셨다. 문을 열고 간 건지, 간다온다 말씀도 없이 사라져버리셨다. 그분을 보내놓고 생각하니 너무나 신기했다. 그 얼굴에서 뿜어져 나오던 눈부신 빛이 한동안 내 눈 안에 가득했다. 그러다가 눈을 떴는데 초라한 방에 덩그러니 나 혼자 누워 있는 것이었다.

"엄마, 엄마!"

나는 큰 소리로 어머니를 불렀다. 어머니는 그때 부엌에서 내게 먹일 달걀을 찌고 계셨다. 영양이 부실해서 다리에 힘이 없는가 해서였다. 방에 들어온 어머니에게 나는 다짜고짜 물었다.

"엄마, 예수 만나 봤어?"

"아니. 아직 예수님을 만나뵙진 못했지만, 하나님은 분명히 살아 계시단다!"
"아직까지 예수도 못 만나보고, 예수를 뭣하러 믿어?"
"하나님께서 만나주셔야 만나지. 날마다 말씀으로 만나는데 꼭 눈으로 봐야만 되냐? 근데 왜 그런 걸 묻니?"
"응, 지금 막 내 꿈에, 금패를 두르고 흰옷을 입고 휘황찬란한 빛이 나는 분이 내게 오셨거든. 얼굴은 햇빛 같아서 바라볼 수 없었는데, 이상한 책을 갖고 와서 내 이름을 부르시면서 그러시잖아. 한 살 때 주의 종으로 바쳐졌는데, 계속 네가 핍박을 하고 나를 미워하면 이 책에서 네 이름을 지워버리겠다고 말이야. 하여튼 꿈에서 이상한 사람을 봤어."
내 말이 다 끝나지도 않았는데, 어머니는 자리에서 벌떡 일어나시며 말씀하셨다.
"엄마 얼른 교회 갔다 올게."
"내 얘기를 다 듣지도 않고 왜 교회를 가?"
"들을 것도 없어. 네가 본 분이 바로 예수님이셔."
어머니는 그길로 10리 길 되는 교회로 달려가서 전도사님과 집사님들을 모셔왔다. 그분들은 나를 가운데 앉혀놓고 예배를 드리기 시작했다. 신앙고백을 하고 찬송을 부르고 울어대는데 차츰 기분이 나빠졌다. 마치 나 죽으라고 고사를 지내는 것 같았다.
전도사님이 내 다리에다 손을 얹고 통성으로 기도를 했다.
"나사렛 예수의 이름으로 명하노니 사탄아, 물러가라!"
그러자 내 기분은 더욱 나빠졌다.
'내가 뭐 마귀인가? 마귀도 아닌데, 왜 자꾸 사탄아, 물러가라고 한담! 쳇!'
그런데 사람들이 울며 기도하고 난 후, 내 다리에 전기가 통

하는 듯 저리고 짜릿짜릿한 이상한 감각이 느껴졌다.
'아니, 왜 이렇게 다리가 저릴까.'
통증이 서서히 없어지더니 차츰 뜨거워지며 감각이 이상했다. 뭐라고 표현할 수 없었다. 마치 전깃불로 지지는 듯했다.
"참 신기하네."
이렇게 느끼면서도 선뜻 입 밖으로 그런 말을 못했다. 기도를 다 끝내신 전도사님이 내게 말씀하셨다.
"구렁이 두 마리가 다리를 친친 감고 있더라구요. 대가리만 요렇게 내밀고 있었는데, 오늘 이 시간에 죽었어요. 사탄이 물러갔으니 다리가 다 나았어요."
신기하게도 정말 그후로 다리통증이 없어졌다. 마음껏 걷기도 하고 어디를 가도 아프지 않은 기이한 일이 일어났다.
"하나님의 은혜가 이렇게 귀할 수가 없구나. 네 다리는 인제 나았으니까 걱정하지 말아라. 네가 하나님 앞에 약속한 것만 지키면 도지지도 않을 거다."
속으로만 그런가 보다 해도, 앞으로 예수를 잘 믿을 게 큰 걱정이었다. 교회에 가서 고무신도 훔쳐왔고, 성미자루도 냅름 갖다가 변소에 빠뜨리고, 성경책도 불태웠고, 전도사님한테 걸레빵 먹는다고 거지라고 온갖 욕을 퍼부었기 때문이었다. 잘못을 너무 많이 해서 교회에 나간다는 그 일 자체가 몹시 두려웠다.
다른 교회를 가려고 했었는데 거기는 다른 교회가 없었다. 시골이어서 하나밖에 없었고, 다른 교회는 한 30리쯤 걸어가야 했기 때문에 엄두조차 못 냈다. 머쓱한 채로 주일날 낮예배 때 어머니를 따라 교회에 갔다. 그런데 그날 읽는 교독문의 내용이 날카롭게 내 마음을 찔렀다. 마치 나를 향해 읽는 듯 교독문 한

자, 한 자가 가시처럼 마음을 찔러서 기분이 안 좋았다.

'아, 내가 오늘 교회에 나오니까 나 들으라고 이런 교독문을 읽었나 보구나.'

또 하필 그날의 전도사님의 설교가 묘했다. 교회를 욕하고 주님에게 불순종하는 자, 부모에게 욕하는 자는 까마귀가 눈알을 파먹어야 된다는 게 아닌가!

그 말을 들으니 어찌나 분통이 터지는지 몰랐다. 우리 어머니를 오해한 것이다. 그 동안 부산에서 있었던 이야기를 다 전도사님에게 고자질했다고 생각했다.

'그래, 미리 전도사하고 짜고 이런 설교를 해달라고 부탁한 모양이다. 아무리 그렇다고 까마귀가 내 눈깔을 파먹으면 좋겠는가? 어쩌면 말을 그렇게 몰상식하게 하는가?'

속이 너무 상해서 기도하는 중에 나와서 집으로 와버렸다. 그런데 어머니는 안 오시는 것이었다.

"오기만 해봐라, 가만 안둘 테니!"

벼르고 있는데 한참을 기다려도 오시는 기색이 없다. 저녁예배가 끝날 때가 되었어도 어머니는 안 오셨다.

'나한테 지랄 맞을까 봐 안 오는 모양이구나.'

한참 후에 도란도란 주고받는 말소리가 들리면서 어머니가 집사들과 같이 이야기를 하며 왔다.

"당장 나가! 인제 교회 안 나가! 아무리 내가 엄마한테 잘못했기로 그걸 낱낱이 전도사한테 일러바쳐? 까마귀가 내 눈깔 빼먹었으면 좋겠냐? 어디 그런 새끼가 있어?"

어머니가 내 말에 놀라서 나를 달랬다.

"순진아, 너한테만 하신 게 아니고, 모든 사람 들으라고 설교하신 건데, 네가 왜 그 말에 오해를 해? 그런 오해는 하지 말아라."
그러나 내 마음에는 전혀 이해가 안 되었다.
"잔소리 말아. 내가 오늘 교회에 간다고 하니까, 전도사하고 둘이 미리 입을 맞춰서 그런 설교를 하라고 엄마가 이야기했잖아? 난 예수 안 믿고 평생 다리병신이 돼도 좋으니까 앞으로 예수 믿으라는 소리 하지 말어!"
오해를 풀라고 설득하시던 어머니는 내가 계속 포악을 부리자, 그 길로 다시 호롱불을 들고 10리 길 되는 교회로 달려가셨다.
"밤이면 전도사한테 미쳐서 한밤 내내 있고, 낮이면 장사해서 돈 벌어 다 전도사한테 갖다주고, 미쳐도 보통 미친 게 아냐!"
어머니는 밤새도록 철야를 했는지 아침에 눈이 퉁퉁 부어서 돌아오셨다. 들어오는 어머니에게 난 또 한바탕 퍼부었다. 어머니는 말 같지도 않은지 내 말에 대꾸도 안하고 부엌으로 들어가 보리에 쌀 한주먹을 얹어서 밥을 지어 내오셨다.
"니가 해주는 밥은 더러워서 안 먹는다."
나는 밥도 먹지 않고 심통을 부리고 있었다.
이튿날 어머니는 장사를 하러 나가셨다. 어머니는 그때 옹기장사를 그만두고 보따리 약장사를 하셨었다. 용이나 마이신·청심환 등을 들고 다니며 파셨다. 어머니가 나가시고 난 후 점심때쯤 되어서 전도사님이 나를 찾아왔다.
"김 선생, 집에 있어요?"
나는 꼴도 보기 싫어서 대꾸도 안했다. 그랬더니 내 방에 들어오더니 말했다.
"김 선생, 오해예요. 난 모든 사람들 들으라고 대중 앞에서 설교한 것이지 김 선생 들으라고 설교한 게 아니에요. 또 정순남 집사님이 그런 얘기를 뭣하러 내게 하셨겠어요?"

나는 한마디로 전도사님의 말을 딱 잘라버렸다.

"그런 소리 말아요. 듣기 싫으니 구차하게 변명하지 말라구요."

"이다음에 하나님 앞에 기도해보면 알겠지만, 내가 사람의 말을 듣고 설교하고 그러는 사람 아닙니다. 오해를 푸세요."

"오해고 육해고 나는 얘기조차 하기 싫으니까 얼른 가세요."

"그래도 하나님이 사랑하셔서 꿈에 만나주셨잖아요. 주님이 만나주셔서 나같이 거지같이 안 살게 하고, 옷도 잘 입히고 밥 잘 먹여 주시고, 하고 싶은 대로 하라고 허락해 주셨다면서요? 그렇게까지 약속도 받아놓고, 다리도 하나님께서 고쳐주셨는데 왜 그러세요. 김 선생이 교회에 나올 때까지 기도하겠어요."

"나 위해서 기도하지 말고 다른 사람들 위해서나 기도 많이 하세요. 그리고 저녁마다 정순남하고 붙어 온갖 계획 다 짜세요."

내 말에 전도사님은 너무나 서운한지, 말씀도 안하시고 일어나 문을 닫고 나가셨다. 보내놓고 곰곰 생각해보니까 새록새록 분하고 억울했다.

'왜 자기 가정, 자식 얘기를 일일이 고해 바쳤을까?'

예수 믿고 싶은 생각이 똑 떨어져 안 믿겠다고 결심했다.

 산당산 기도원에서

하루는 전도사님이 우리 집에 오시더니 말했다.
"김 선생, 나하고 등산을 갑시다."
"등산요? 어디로요?"
지금은 초정 약수터인데 그때는 그냥 약수터라고 불렀었다.
"약수터에 갑시다. 냄비랑 좁쌀 가져가 맛있게 밥 해줄게요."
등산을 무척 좋아했던 터라 앞뒤 생각 없이 나는 순순히 따라 나섰다. 그런데 등산을 간다는 사람이 담요 보따리도 챙겨들고 있었다. 냄비에다가 어머니가 밑반찬으로 무도 뽑아 무치고 고추장에 담갔던 마늘종도 빼서 담아줘 갖고 갔다.

미리 사전에 어머니와 전도사님이 짰던 모양이었다. 기도원에 가자면 갈 리가 없지만, 워낙 등산을 좋아하고 놀러 다니기를 좋아하니까 그렇게 한 것이었다.

청주 시내에서 얼마를 기다려 시내버스를 타고 가서 약수터에 내렸다. 하루에 세 번밖에 안 다니는 시내버스에 사람들이 유난히 많았다. 종점에서 사람들이 다 같이 우르르 내렸는데, 하나같이 보따리를 하나씩 들고 내리는 것이었다.

"왜 저 사람들은 보따리를 저렇게 많이 갖고 가요?"
"아마 여기가 집인가 보지요."
등산을 한답시고 산길로 올라가는데, 올라가면서 보니까 아까 시내버스에 탔던 사람들도 보따리를 든 채 다 올라가고 있었다.
"저 사람들은 도대체 어딜 가는데 저렇게 한결같이 거지 보따리를 싸들고 가요?"

보따리들은 대부분 누런 담요거나 군인 담요였다.
"아, 자기네 집에 가겠지요. 그런데 왜 그리 관심이 많아요?"
전도사님의 말에 '산 속에 사람도 많이 사네.' 그러고 말았다.
우리는 계속 산으로 산으로 올라갔다. 한참 올라가다 보니까 조그마한 교회가 하나 있는데 십자가가 붙어 있었다. 전도사님이 산밑 교회에서 멀찌감치 떨어진 곳에 방을 예약했는지 곧장 그 방으로 들어갔다.
"여기 누구 아는 사람 집이에요?"
"아니요. 그냥 등산객들이 오면 한 칸씩 빌려주는 거예요."
보따리를 다 끌러놓고 부지런히 나무를 주워다가 냄비를 걸고 도랑물에 좁쌀과 쌀을 씻어서 밥을 했다. 얼마나 밥이 맛있었는지 마늘장아찌랑 고추장하고 실컷 먹었다. 밥을 먹고 있노라니까 해가 너울너울 넘어갔다.
"김 선생, 오늘은 너무 늦어서 등산을 못하겠고 일찍 쉬어야 겠는데요?"
전도사님의 말대로 내일 일찍 산에 오르기로 하고, 방안에서 쉬고 있는데 교회에서 종을 치는 것이었다. 땡그랑, 땡그랑, 천당, 천당… 하면서.
"어째서 여기서 교회 종을 쳐요?"
"저 교회에 사람들이 모여 자기들끼리 예배를 드리나 보지요."
전도사님은 별일 아니라는 듯 남의 말 하듯이 말했다. 또 한참 있으니까 북소리도 나고, 찬송소리도 나고, 사람들이 많이 모였는지, 깊은 산속의 쬐끄만 기도원인데도 꽤 북직이는 깃처럼 시끌벅적했다. 궁금했으나 내가 먼저 가보자는 말은 못하고 있는데, 때맞춰 전도사님이 그러는 것이었다.

"김 선생, 우리도 기왕에 왔는데, 도대체 뭘 하는지 구경이나 한번 가보기로 합시다. 텔레비전도 없고 라디오도 없는데 방 안에 앉아 있어 봤자 뭘 하겠어요. 초저녁이라 잠도 안 오는데요."

"그래요, 가 봐요."

예배당 안은 사람들로 꽉차 있었다. 좁은 곳이었는데도 한 80명쯤 모인 것 같았다. 앉을 곳이 전혀 없도록 꽉차 있었다. 맨 뒤에 신발장이 하나 있었는데, 그 신발장 옆에 자리가 있기에 거기 앉아서 구경을 했다. 전도사님은 멀찌감치 저쪽으로 가고, 내 주변에는 아줌마들만 앉아 있었다. 찬송을 부르는데 어찌나 열렬히 부르는지 박수를 치고 난리가 났다. 머리를 흔들고, 고개를 흔들고, 몸뚱이를 흔들고, 얼마나 우스꽝스러운지 딱 미친 사람들 같았다.

'쯧쯧, 여긴 다 나사 빠진 미친 사람들만 오는 곳인가 보다. 내 체질에 안 맞으니까 일찍 들어가 잠이나 자야겠다.'

흥미가 식어버린 나는 전도사님에게 먼저 방으로 들어가겠다고 말했다. 그랬더니 전도사님이 나를 만류하며 말했다.

"아, 이왕 왔으니까 조금만 더 앉아 있다 갑시다. 금방 끝날 텐데 뭘 따로 가요?"

"그럼 그러지요, 뭐."

할 수 없이 신발장 옆을 지키고 앉아 있는데, 어떤 여자가 강단 위로 올라왔다. 보니, 까만 치마에 흰 저고리, 머리는 싸구려 검은 핀으로 틀어올려 질끈 묶었다. 아마 여전도사 같았다.

그 여전도사는 대충 송판때기로 초라하게 만든 강대상 앞에 서더니, '빈들에 마른 풀같이 시들은 나의 영혼'을 빠른 템포로 부르기 시작했다. 북을 치며 박수를 치며 정신없이 열심히들 불러젖혔다. 나는 찬송가를 봐도 부를 줄을 모르니까 여기저기 구경만 했다.

여전도사가 다 함께 통성으로 기도하자고 했다. 사람들이 마구 통성으로 부르짖으며 기도하기 시작하는데 기도를 못하는 나는 눈을 멀뚱히 뜬 채 이 사람 저 사람을 구경했다. 그런데 갑자기 그 여전도사가 종을 땅 치더니 그러는 것이었다.

"지금 여기 눈뜬 사람이 하나 있는데 그게 도둑년이에요. 도둑질하러 왔으니까 모두들 자기 가방을 꼭 붙들고 찬송하고, 통성기도할 때는 가방을 꼭 잡고 기도하세요."

그 말을 듣고 나는 '어디 눈뜬 사람이 나 하나일까! 다른 사람도 있겠지. 진짜 도둑년이 여기 왔나 보다.'고 생각했다. 다시 찬송가 '불길 같은 성령여'를 한바탕 부르고 난 사람들이 또 통성으로 한참동안 기도했다. 이번엔 한결같이 자기 앞에 있는 보따리와 가방들을 두 손으로 꼭 움켜쥔 채 몸을 흔들면서 기도하는 것이었다. 구경하는 내 눈에 이 모양, 저 모양들이 얼마나 우스운지 몰랐다.

그때 여전도사가 또 종을 땡 치더니 쌩한 음성으로 말했다.

"이번에 눈뜬 도둑년은 내가 잡아서 강대상에 끌어올릴 테니까 알아서 하시오. 한 번만 더 잡히면 가만 안두겠어. 가방을 가져가려고 계속 노리고 있는데, 이번엔 잡아 끌어올리고 말 테요."

말을 마치고 나서, '불길 같은 성령여', '이 기쁜 소식을' 등을 계속해서 열심히 부른 다음, 다시 힘써 통성기도를 시작했다.

그때 내 옆에 앉은 아주머니는 무슨 죄를 그리도 많이 지었는지 눈물·콧물을 있는 대로 흘려가면서 땅을 치며 기도를 해댔다. 눈물과 콧물이 한 발씩이나 처져서 달랑달랑하는 것이었다. 까딱하면 콧물이 내 옷에 묻게 생겼다. 나는 고개를 숙인 채 작은 목소리로 아주머니에게 알려주었다.

"아줌마, 아줌마, 코 닦고 기도해. 코가 내 옷에 묻으려고 해."

그랬더니 그 아주머니는 나를 향해 냅다 "사탄아, 물러가라!" 하고 고함을 치는 것이었다. 그 말에 난 어안이벙벙해져 버렸다.

'아, 이번엔 졸지에 내가 사탄이 되는구나. 교회에 첫날 갔더니, 부모한테 욕하는 건 까마귀가 눈깔을 파먹어야 된다더니, 여기서는 미친년들이 또 나를 사탄이라고 하는구나.'

기분이 얼마나 상하는지 몰랐다. 그런데 고개를 들 수가 없었다. 왜냐하면 여전도사가 눈 뜬 사람은 도둑년이라고 잡아 끌어 올린다고 했기 때문이다. 고개를 숙이고 보니까 아주머니 코가 아까보다 더 늘어져 있었다.

"아줌마, 아줌마, 코 닦고 울라니까! 코 닦고 기도하라구. 내 옷에 코가 다 묻게 생겼어."

내 말에 아주머니가 성질을 팍 내더니, "아이고, 재수없는 것, 오늘 별게 다 기도방해를 하네!" 하고 홱 방석을 나꿔채 다른 자리를 찾아 앞으로 비집고 들어가 버렸다.

그런데 내 옆의 어떤 젊은 새댁이 자꾸 기도를 하는데, 죄지은 내용이 나와 참 비슷했다. 고구마서리 해먹은 거, 참외서리를 해먹고, 남한테 거짓말하고 죄진 것을 회개하는 기도였다. 그 소리를 들으니까 신기하게도 너무 똑같아 나도 모르게 "나두유, 나두유!" 했다.

"고구마 서리해 먹은 거 잘못했습니다. 용서해 주세요"

젊은 여자가 그러면 나도,

"나두유."

하고 아예 후렴을 맞추듯 따라 했다.

통성기도가 얼마나 긴지 10탕이나 그 소리를 되풀이해도 끝나지 않았다. 지겨워서 환장을 할 지경이었다. 나가자니 도둑년으로 몰려서 끌려갈까 봐 고민이고, "나두유, 나두유."를 아무리 반복해도 사람들은 눈 뜰 생각도 안하고, 지겨운 여전도사는 종칠 생각도 안했다.

얼마나 시간이 흘렀을까. 한참이 지난 후에야 전도사님이 종을 땡 쳤다. 이어서 하나님의 말씀을 전하는데, 그 설교가 또 꼭 나한테 들으라는 설교였다. 한 마디부터 열 마디가 다 그랬다.

'아, 전도사가 아까 밥 먹고 쉴 때 화장실 간다고 기어나가더니, 저 여자를 만나서 의논을 했나 보다. 그러니까 저 여자가 나 들으라고 이야기를 하지, 안 그러면 어떻게 저 여자가 내 맘을 알겠어? 이따 끝나고 전도사한테 따져야겠다.'

설교가 계속되는데 그 하나하나가 민망해서 들을 수가 없었다. 점점 더 화가 난 나는 '예배만 끝나봐라, 내가 가만 두나.' 이렇게 이를 갈고 있는데, 다시 통성으로 기도를 시작했다. 말씀을 붙들고 기도하라고 했다. 그러면 하나님께서 오늘밤에 모든 잘못을 용서해주신다는 것이었다.

모두들 기도하는데, 눈을 뜨고 있자니 또 도둑년으로 몰릴 것 같아 나는 고개만 푹 숙이고 앉아 있었다.

그런데 이게 웬일인가! 내 눈에서 눈물이 흐르기 시작하는 게 아닌가!

'어? 이게 뭐지?'

너무 당황한 나는 누가 볼까 봐 얼른 손등으로 눈물을 훔쳤다. 그런데 정말 해괴하게도 닦고 나면 또 눈물이 나오고, 또 눈물이 나와서 정신을 못 차릴 지경이었다.

더 이상 앉아 있을 수 없어서 난 깔고 앉은 담요조각을 집어들고 나와 산으로 올라갔다. 온통 깜깜한 산 속을 무턱대고 올라갔다.

'아, 하나님께서는 살아 계시구나. 얼마 전에 내 꿈속에서 날 만나주신 그분이 정말 예수님이시구나. 내가 눈물 흘리는 병에 걸린 게 아니라면, 나더러 사탄이라며 울고불고 기도하던 여자한테서 옮은 게 아니라면, 이게 무슨 징조일 것이다! 오늘 이 밤에 내가 다시 한번 그분을 만나보면 확실한 해결이 날 것이다!'

나는 딱딱한 바위 하나를 깔고 앉아 소나무를 붙들고 밤새도록 기도를 했다. 기도를 제대로 할 줄 모르니까, 마음속에 있는 말을 그대로 털어놓듯 두서없이 이야기했다.

"얼마 전에 꿈속에서 만난 그분이 진짜 예수님이시라면 지금 다시 저를 만나주세요. 제 눈에서 눈물이 왜 쏟아지는지 모르겠어요. 저도 모르게 하염없이 눈물이 쏟아지는데, 혹 눈물 흐르는 병이 들었든지, 그게 아니고 예수님께서 정말 계시다면 이 밤에 제게 오셔서 말씀 좀 해보세요."

다급한 마음에 나는 간절히 기도를 했다. 한참 기도를 하는 중에 돌연 내 혀가 뚜르르 말려드는 것이었다.

'어? 내 혀가 왜 말려들지?'

그 순간, 내 입에서는 생각지도 못했던 이상한 미국말이 막 터져 나오는 것이었다. 그러더니 그 칠흑같이 깜깜한 한밤중인데도 눈앞에 컬러 화면이 한 면 한 면 펼쳐지기 시작했다. 그 당시는 아직 컬러텔레비전이 없을 때였다.

내가 어려서 못된 짓하고 말썽피운 게 필름의 한 장면으로 펼쳐지고 내가, "맞아요, 맞아요, 그것도 제가 잘못했어요." 그러면, 그 장면은 사라지고, 다음 장면이 철커덕 하며 이어져 나왔다. 그러면 또 그 화면을 보고 내가, "맞아요, 그것도 맞아요, 제가 잘못했어요." 하면서 밤새 계속하는 것이었다. 그런데 그 얘기를 우리말로 하는 게 아니라, 영어인지 뭔지 이상한 말로 계속하는 것이었다.

분명히 내 마음속에서는 '맞아유.'라고 하는데, 입에서는 이상한 말이 되어 나오는 것이었다. 나는 밤이 새도록 그 컬러 필름 앞에서 그 동안의 내 삶을 울며불며 다 회개했다.

그러자 어느덧 날이 밝아 해가 중천에 떠올랐다. 아직도 혀는 말려들어가 채여서 이상한 말이 마구 나오는데 절제가 안되었다. 인제 텔레비전 컬러 화면은 안 보이고 하얀 백지만 보였다.

마지막으로 그 백지에 "네 죄를 사하였느니라!"는 글씨가 보였다. 믿음이 좋은 어머니 덕분에 '예수님의 이름으로 기도합니다.' 하는 말은 기본으로 알고 있어서 "아멘!" 하고 내려왔다.

방에서는 전도사님이 아침밥을 해놓고 신이 나서 나를 기다리고 있었다. 그런데 나는 혀가 말려서 말을 할 수가 없었다.

내가 "다르르르, 다르르르…." 이렇게밖에 소리를 못 내자, 전도사님은 막 웃으셨다.

"전도사님, 웃지만 말고 빨리 어떻게 좀 해주세요."

내가 애가 타서 혀를 손가락질하면서 말하는데 내 입에서는 "아따다다, 랄랄라라…." 이렇게 나오는 것이다.

전도사님은 금세 방언의 은사를 받고 절제가 안된다는 것을 아셨다. 내 어깨에 손을 얹고 전도사님이 기도를 하자, 혀가 딱 멈추면서 풀렸다.

그 신기한 은혜의 체험을 첫날 하고 난 나는 너무 기뻤다. 왠지 모르게 기뻤다. 바람이 불어도 나한테 축하한다고 하는 것 같고, 나뭇잎도 내게 축하한다고 하는 것 같았다.

너무 기뻐서 아침을 먹고 종소리가 들리자마자 한걸음에 교회로 달려갔다. 기도할 줄 모르는 기도지만 방언으로 열심히 기도하고 찬송을 불렀다.

수요일 저녁, 시간마다 말씀의 은혜를 받고 예수님이 분명히 살아 계시다는 것을 체험했기 때문에 의심을 안했다. 전도사님은 수요예배 때문에 내려가시고 나는 혼자 남았다.

맨 앞자리에 앉아서 찬송을 부르고 기도를 열심히 하는데 갑자기 교회의 지붕이 활짝 열리는 것이었다. 뚜껑이 열리면서 동그란 주먹만한 불이 차츰차츰 나 있는 데로 내려왔다. 그 불은 나 있는 곳에서 한 500미터쯤 떨어진 데서부터는 점점 커지는 것이었다.

"어, 어!"

나중에 그 불은 큰 바윗덩어리만큼, 집채만큼 크게 변해 나를 향해 내려왔다. 나는 어찌할 바를 몰라 크게 소리를 질렀다.

"으악! 저 불, 저 불! 불이 내려온다!"

소리를 지르는 순간, 집채만한 그 불은 나를 위에서부터 확 뒤집어씌웠다. 나는 너무 뜨거워서 감당하지 못하고 미친 사람처럼 데굴데굴 뒹굴었다.

"아이고, 뜨거워, 나죽겠네! 나 좀 살려줘!"

그래도 아직 믿음이 약하니까 하나님 소리가 안 나왔다. 그런데 그런 나를 사람들이 모두 빙 둘러 구경하는 것이었다.

"제기랄! 뜨거워 죽겠는데 그렇게 구경만 히기야? 빨리 물 좀 끼얹어 주란 말야!"

불이 계속 얼마나 나를 뜨겁게 하는지 나는 마치 풍뎅이처럼 빙빙 돌았다. 너무 뜨거운 나머지 사람들에게 마구 욕을 하면서 돌았다. 불은 몇 시간이나 나를 태우며 돌았다.

한 차례 크게 소리를 지른 나는 어딘가 모르게 끌어올려지는 기분을 느꼈다. 구름 속인지 어딘지로 들어가는 기분이 들었다. 그러다가 그만 지쳐서 잠이 들고 말았다.

뜨거움이 가라앉고 난 다음, 나는 한참동안이나 엎드려 있다가 깨어났다. 그때까지 나를 지켜보던 사람들은 내가 깨어나자, 부러움을 감추지 못하며 말하는 것이었다.

"세상에, 얼마나 좋을까!"

"그렇게 큰 불을 내게도 좀 나눠주지, 혼자만 다 받았어요?"

그런데 나는 대답할 기운도 없었다. 몇 시간을 뜨겁다고 뒹굴 때 하도 소리를 질러대서 목이 다 쉬어버렸다. 그리고 이제는 하나님이 너무 무섭고도 두려웠다.

'하나님께선 어젯밤에 밤새도록 컬러텔레비전을 틀어 내 죄를 보여주시더니, 왜 오늘은 날 뜨거운 불로 뒤집어씌워 뒹굴게 만드실까. 앞으로 하나님께서 날 또 어떻게 하시려는가?'

마음속에 걱정이 되었다.

 **예수님께 미친 나**

그 일이 일어난 후부터 내 마음은 마냥 기쁨으로 충만했다. 잘 모르면서도 찬송을 부를 때면 샘솟듯 기쁨이 솟구쳤다. 걸음을 걸어도 기쁘고, 밥을 먹어도 기쁘고, 앉아도 기쁘고, 서도 기뻤다. 온 종일 기쁨이 말할 수 없이 펑펑 솟구쳐 나오는데, 그 기쁨은 이루 형용할 수 없이 컸다. 그 기쁨 때문에 내 얼굴은 싱글벙글했고 내 마음속에는 강한 확신이 왔다.

"하나님, 저도 인제 주님의 복음을 전하겠어요. 이렇듯 하나님이 절 사랑하시고, 확실히 택해 주셨다면, 은혜 갚을 길은 주의 종이 되는 수밖에 없어요. 그러니 아버지, 저를 써주세요. 그런데 딱 한 가지 조건이 있어요. 제게 옷 잘 입혀주시고, 먹을 것 잘 먹여주신다고 약속하셨는데, 저는 악세사리를 많이 하는 게 소원이에요. 귀고리랑 목걸이랑 반지를 많이 하고 싶은데 괜찮을까요? 하나님께서 허락해주신다면 최선을 다해 주의 일을 할게요."

그러자 내 마음속에 곧 응답이 왔다.

"내가 네 원대로 다 해준다고 하지 않았느냐?"

그때는 그게 응답인지도 잘 몰랐다. 다만 강물 같은 평강이 임해 마음이 그렇게 편하고 감사했다. 내 영이 얼마나 하나님 앞에서 열려 있었는지, 내가 "하나님!" 하고 부르면, 옆에서 "오냐." 하시는 것 같았다. 그 은혜를 체험하고 나서 나는 정말 기쁨이 무엇인지, 은혜가 무엇인지를 깨닫게 되었다.

하나님의 은혜가 너무 감사해서 그후부터 나는 낮밤을 가리지 않고 교회에 가서 기도했다. 밤새워 교회에서 철야하고, 낮이면 전심으로 성경을 보았다. 한겨울에도 홑이불 하나 들고 교회에 가서 몸이 꽁꽁 얼면서도 밤을 꼬박 밝히며 기도했다. 영혼을 사랑할 수 있는 마음을 달라고 기도드렸다.

'어찌하면 내가 하나님의 뜻대로 살 수 있을까? 내가 어찌해야 주님의 길을 좇을 수 있을까? 내가 어찌해야 주님의 소원을 이루어드릴 수 있을까?'

그 생각에 골몰하면서 나는 너무나 행복했다.

'하나님, 제가 어떤 심부름이라도 다 해드릴 테니까 일꾼으로써 주시기만 하세요.'

완전히 하나님께 미친 나는 밤이면 밤마다 낮이면 낮마다, 열심히 전도사님의 일을 돕고 기도했다. 시골이니까 주일학교 선생님이 없었다. 그래서 공과공부를 열심히 읽고, 어찌해야 아이들을 잘 가르칠 수 있을까 날마다 기도하고 공부했다.

예수 그리스도를 바로 만나고 나니까, 충성해야겠다는 마음이 절로 우러났다. 전도사님이 강변에 가서 밤새워 기도하면 나도 강변에 따라가고, 공동묘지에 가서 기도하면 나도 공동묘지에 따라가서 기도드렸다. 일영굴 가는 도중에 강이 하나 있는데 전도사님은 달이 밝을 때면 그 강변에 가서 기도를 많이 하셨었다.

당시 그 전도사님은 정식으로 신학교를 안 나오셔서 신학교를 가려고 준비 중에 계셨다. 그래서 나도 신학교에 가려고 준비를 했다. 날마다 성경을 보고 주일학교에서 아이들을 가르치고, 30리, 12킬로미터 되는 길을 걸어서라도 집회가 있다면 기어이 참석을 해서 은혜를 받았다. 밤새도록 철야를 한 후 새벽기도를 끝내고 아침에 또 30리 길을 걸어오면서도 마음은 기쁘기만 했다.

길가에서도 사람을 만나면 이렇게 말을 붙였다.
"예수님이 얼마나 좋은지 아세요?"
교회에서도 물불을 가리지 않고 최선을 다해 충성했다. 그러다가 몇 년 후에 신학교에 입학하게 되었다.

 ## 과연 사명자일까

신학교를 들어가기 위해 나는 하나님 앞에 80일 작정기도를 시작했다. 하나님께 받은 은혜가 너무 감사해 분명히 전하긴 전해야 하는데, 공부도 별로 못한 나를 하나님께서 과연 쓰실까 의아했다.
'내가 과연 사명자일까?'
그 기도제목을 놓고 나는 밤이면 호롱불을 켜놓고 성경을 보면서 철야를 했다. 그런데 작정기도를 시작한 지 한 50일쯤 지난 어느 금요일 새벽 2시경의 일이었다.
기도를 하는 중 비몽사몽간에 잠이 들었다.
갑자기 꿈속에서 사방이 캄캄한 흑암으로 변하는 것이었다. 하늘은 검은 구름으로 다 덮여서 빛이 전혀 없는데, 엄청난 큰 무리의 사람들이 끝도 안 보이는 그 흑암 속에서 갈 길을 모르고 머리들을 서로 처박으며 갈팡질팡하고 있었다.
그런데 그 흑암 속으로 손가락만한 구멍이 하늘로부터 뚫리면서 빛이 확 내려왔다. 그 빛은 나만 따라다녔다. 나는 너무 무서워 그 빛을 피해서 사람들 속, 어두운 데로 숨어들었다. 그래도 그 빛은 계속 나만 따라다니는 것이었다. 그 구멍이 점점 커지면서 빛이 굵어지더니 이젠 라이트를 비추는 것처럼 나를 따라다녔다. 빛을 피하고 싶어 사람들 틈에 납작 엎드려도 빛은 계속 나를 따라왔다.

그러자 사람 하나 들어갈 길이 열리면서 큰 마이크로 누가 내 이름을 불렀다. 하얀 바지저고리를 입은 분이 나타나더니 내 곁으로 다가와 말했다.

"당신 이름이 김손진이지요?"

"네, 그런데요."

"저 위에서 주님이 당신을 기다리고 계세요. 곧 운명하시려고 하는데 지금 빨리 갑시다."

"싫어요. 난 무서워서 안 가요."

"당신이 지금 가야만 예수님이 평안하게 운명을 하십니다."

"예수님이 어디 계시는데요?"

"저 위에 계십니다."

나는 겁이 나서 갈 수가 없었다. 그래서 그분에게 가지 않게 해 달라고 사정을 했는데 소용이 없었다. 나를 데려오라는 명령을 받고 왔으니까 명령대로 따라야 한다는 것이다. 빛이 그분을 안내하는 대로 따라 올라가 가만히 서 있으니까 뭔가가 날 쭉 끌어올리는 것이었다. 어두운 데서 빛을 따라 올라와 보니까 거기는 너무나 밝고 환한 곳이었다. 어둠이라고는 조금도 없이, 햇빛보다도 더 눈이 부시게 밝았다.

거기에 있는 사람들은 전부 흰옷을 입었는데, 얼굴이 아기피부처럼 해맑고 착해 보였다. 사람들만 쭉 서 있는 길을 그분의 안내를 받으며 계속 따라갔더니 예수님이 십자가에 못박혀서 돌아가시는 장면이 펼쳐졌다. 통나무로 된 십자가에 매달린 예수님께서 내 이름을 부르고 계셨다.

"내 사랑하는 딸 손진이 왔느냐?"

나는 너무 두렵고 무서워서 그 앞에 무릎을 꿇었다.

"예수님, 왜 절 부르셨습니까? 너무 무서워 말도 안 나옵니다."

우렁찬, 엄청나게 큰 앰프 시스템을 갖춰놓은 듯한 우렁우렁한 목소리로 예수님이 말씀하셨다.

"너는 지금 내가 말하는 것을 잘 듣고 앞으로 지키도록 해라."

주님은 지치고 힘없는 모습이셨다. 예수님은 날 인도해온 그 흰옷 입은 분에게, 금으로 생긴 큰 나팔 두 개를 내게 전해 주라고 하셨다. 날 데리고 갔던 흰 옷 입은 분이 이 세상에서 볼 수 없을 만큼 엄청나게 큰 나팔 두 개를 가져왔다. 겁에 질린 나는 무서워서 안 받겠다고 했다.

"받아라."

"그러면 하나만 받겠어요."

"이 두 개는 다 네 몫이니 받아라."

내 눈에 두 개의 황금나팔은 어마어마하게 무거워 보였다. 내 힘으로는 들지도 못할 것 같았다.

"두 개는 무거워서 못 들고 다녀요."

"네가 보기엔 무거워 보여도 일단 받고 나면 가벼워지느니라. 내가 같이 들어주면 되지 않겠느냐? 받아라."

나팔 한 개를 오른손에 받아든 나는 또 한 손으로 다른 나팔 한 개를 마저 받았다. 막상 들어 보니 생각보다 무겁지 않았다.

"사랑하는 딸아, 오른쪽에 있는 것은 불지 말고 왼쪽에 있는 나팔을 먼저 불어라."

"불 줄을 모르는데요. 어떻게 불어요?"
"그냥 입에 대고 불면 되느니라."

그래서 나는 그냥 '푸…' 하고 불었다. 그랬더니 거기서 설교가 흘러나오는 것이었다. '상한 갈대를 꺾지 아니하시고, 꺼져가는 등불을 끄지 아니하시는 하나님, 누구든지 주 예수를 믿으면 다 구원함을 받을 수 있느니라…'는 힘있는 말씀들이 계속 나오는 것이었다. 그런데 그 나팔을 부는 것과 동시에 희한하게도 어디에선가 양떼들이 몰려오는데, 머리가 터지고, 상하고, 몸뚱이가 찢기고 상처입은 양들로, 성한 양은 단 한 마리도 없었다.

"계속 불어라!"

내가 계속 불었더니 울려 퍼져 나가는 나팔소리에 따라 양들이 끝도 없이 몰려왔다.

"그만 불어라."

나는 나팔 불기를 멈추었다.

"흑암 아래서 갈 길을 찾지 못하는 이 양들이 다 네 말을 듣고 구원받을 양들이다. 이다음에 큰 기도원도 세워 많은 영혼을 치료하는 주의 종으로 너를 쓰려고 내가 예비해 놓았느니라. 어쨌든 네 손에 들려준 나팔을 잘만 불면 많은 영혼들이 네 나팔소리를 듣고 구원을 받고 치료를 받는 놀라운 역사가 일어나리라."

그리고 이어서 말씀하셨다.

"오른쪽에 있는 나팔은 잘 보관하거라. 지금 불면 안된다. 마지막 날에 큰 산(무슨 산인지는 지금껏 잘 모르겠으나)을 두 개 넘어 다급할 때 불어라. 그때도 이 나팔소리를 듣고 수많은 주의 종과 수많은 백성들이 따라와서 많은 백성들을 구원

시키리라. 말세에 사람들이 어디로 가야 될지 모를 때, 이 나팔소리를 듣고 갈 길을 정할 것이니라. 그때까지 잘 보관해서 큰 산 두 개를 넘을 때까진 불지 말아라. 불라고 명령할 때 그때 불어라."

"네, 저는 주님이 원하시는 대로 순종만 열심히 하겠습니다."

나는 주님에게 한 가지 물어봐도 되겠느냐고 여쭈었다.

"주님, 저는 어렸을 때부터 돈에 한이 맺혔거든요. 옷 잘 입고, 잘 먹는 게 소원이고요, 귀고리·팔찌·목걸이 하고, 손톱에 매니큐어 예쁘게 칠하는 거 좋아하는데, 그런 거 해도 주의 종이 될 수 있나요?"

"네가 기도할 때 이미 허락하지 않았느냐? 목걸이고 반지고 귀고리고 많이 해도 싫어하지 않을 테니까 마음대로 해라. 그러나 절대로 딴 길로 가지 말고 이 나팔만을 잘 보관하면서 나팔을 잘 부는 충성스러운 종이 되거라."

그 말씀을 듣고 나서 나는 예수님 앞에서 약속을 드렸다.

"알았습니다. 제게 귀한 사명을 주셨으니, 나팔을 잘 간수했다가 주님이 시키시는 대로 꼭 하겠습니다. 안녕히 계십시오."

나팔 두 개를 받아든 채 예수님께 인사를 드리고 눈을 번쩍 뜨니까, 새벽 4시 30분이었다. 두 시간 반을 비몽사몽 중에 있었던 것이다. 나는 감격을 해서 얼마나 울었는지 모른다.

"나같이 무식하고, 나같이 죄 많고, 나같이 쓸모없는 자를, 그래도 하나님께서는 택하셔서 이렇게 귀한 나팔을 주셨군요. 주님, 제가 이 나팔을 잘 불게 하시고, 불 때마다 주님이 함께하셔서 많은 영혼을 구원할 수 있게 하옵소서."

나는 그제서야 내가 확실한 사명자라는 확신을 갖고 신학교에 입학하기로 결심했다.

신학교에 입학하다

1969년 3월, 나는 청주 탑동에 있는, 우리 충북노회에서 운영하는 청주 성서신학교에 입학했다. 그때 당시만 해도 우리 충북노회 안의 모든 유명한 목사님들이 거의 다 성서신학교를 거친 분들이었다. 대전 신학교가 있었지만 거리가 너무 멀었고, 주의 일을 하는 데 별 지장이 없다는 말을 듣고 마음을 정했다.

어떤 어려움이 있어도 참고 견딜 각오가 되어 있었는데, 오빠들이 반대를 했다. 어머니는 나를 주의 종으로 바친 서원이 있었기 때문에 뼈가 부서지고 가루가 되어도 내 뒷바라지를 하실 각오가 되어 있었다. 그런데 워낙 가난했기 때문에 그 당시 기숙사에 들어가는데 제일 얇은 여름 이불 하나만 들고 갔다. 3월에 입학을 했는데 너무나 추웠다. 기숙사가 연탄을 사다 때게 되어 있었는데, 어머니는 연탄을 딱 열 장만 사놓고 가셨다.

"힘들어도 네가 학비를 벌어 쓰도록 해라. 대줄 힘이 없구나."

"네, 알았어요."

입학을 한 후 며칠 동안 나는 일자리를 얻으려고 돌아다녔다. 성서신학교에 들어오는 골목입구에 과자공장이 하나 있었다. 나는 거기에 가서 사람을 쓰느냐고 물었다. 가정집에서 과자를 구워내는데 밤에 와서 일을 하라고 했다. 밤 7시부터 10시까지 하루에 세 시간씩 일하기로 했다. 월급은 얼마 안되었지만 열심히 일했다. 그런데 그 돈으로는 연탄값도 기숙사비도 어림없어서 여기저기 수소문해 더 나은 일자리를 알아봤다.

마침 청주의 어느 고등학교 교감선생님의 딸이 해산을 했는데, 그 수발을 해줄 수 있겠느냐고 했다. 말이 수발이지 식모나 다름없었지만 나는 뭐든지 다 할 수 있다고 했다. 그래서 아침이면 식모살이, 남의 집 빨래, 저녁이면 과자공장에 다니며 공부를 시작했다. 그런데 교감선생님의 딸은 산후처리 피빨래를 고무장갑도 안 주고 맨손으로 다 하게 하는 것이었다. 맨손으로 피빨래를 주물러서 연탄불에 삶고 깨끗이 손질해 말려주는 일을 다 했다.

하루는 그 댁 친정어머니가 다니러 오면서 고등어와 갈치를 사왔다. 고등어를 구워 상을 차려 방안에 들여주고, 버리기 아까워 고등어와 갈치 대가리를 바짝 구워 부엌에서 찬밥에 먹었다. 그 사모님이 부엌에 나오다가 그 광경을 보더니 노발대발했다.

"계집애가 일할 생각은 않고 염치도 없이 그 생선대가리를 처먹는 게야? 저런 게 무슨 신학생이야? 주인에게 물어보지도 않고 예의도 없이 생선대가리를 먹어?"

그 이야기를 듣고 나니까 너무 분했다. 정말 예수 믿는 집사라는 분이 이럴 수 있을까 싶었다.

"미안합니다. 예의가 없어서 그랬습니다. 잘못했습니다."

생선대가리 하나 먹고 그날로 해고당하면서 나는 깨달았다.

'아, 예수를 믿는다고 다 믿는 건 아니로구나. 사람을 보고 믿으면 자칫 실망하겠구나. 사람을 보고 믿으면 절망하겠구나.'

과히 큰 잘못도 아닌, 생선대가리 하나 먹고 해고당한 내가 참 비참했다. 그 집 살림 다 들어먹는다는 구박을 받으니 억울하기 짝이 없었다. 그날 내내 수업을 받으면서도, 공부를 하면서도 안간힘을 쓰며 쏟아지려는 눈물을 참았다. 저녁에 과자집에 가서 일을 하는데 너무 한이 맺혀 눈물이 자꾸 솟구치는 것이었다.

10시까지 과자를 굽고 나서 산당산 기도원에 올라갔다. 막차를 타고 올라가 밤새도록 성전 안에서 눈물을 뿌리며 울었다.

"하나님, 저 밥 잘 먹여주고 옷 잘 입혀준다고 하시더니 왜 거짓말하세요? 오늘 교감선생님 딸네 집에서 생선대가리 하나 구워먹고 예의없다고 욕 실컷 얻어먹고 해고당했잖아요. 제가 이렇게 비참하게 살아야 됩니까? 이렇게 처참하게 공부해야 합니까? 너무나 앞이 캄캄합니다. 하나님, 말씀해 주십시오."

그랬더니 마치 주님께서 내 등을 툭툭 두들겨주시는 듯한 포근함을 주시면서, "인내로 참고 견디는 자가 큰 영화를 볼 것이니라."라는 말씀을 주셨다. 인내하라고 하셨다.

밤새도록 기도하면서 큰 위로를 받고 내려왔다 그런데 새벽일이 없어지니까 정말 살기가 어렵게 되었다. 연탄도 떨어지고 쌀도 떨어졌다. 어머니한테 무슨 돈이 있겠는가 싶어 연락을 할 수가 없었다. 완전 냉방에 이불 하나는 깔고 하나는 덮고 오들오들 떨며 지냈다. 추워서 잠이 들지 못하니까, 이불을 뒤집어쓰고 기도하다 보면 땀이 났다.

어느 때인가, 보리쌀이 뚝 떨어졌다. 누구한테 이야기할 수도 없고 해서 밀가루를 한 봉지 사다가 수제비를 만들어 아침저녁에만 먹었다. 20일 동안을 먹고 나니까 코에서도, 입에서도 밀가루 냄새가 나서 밀가루가 꼴도 보기 싫었다. 그러면서도 자존심이 있어서 우리 기숙사 애들한테 밥 먹고 싶다는 말을 못했다.

그 당시 내 옆방에 있던 애들은 가정이 넉넉해서 편안하게 지냈다. 그 애들은 항상 밥을 지어 먹었다. 난 그럴 처지가 안되니까 놀림이라도 받을까 봐 그 애들이 없을 때 얼른 국수나 수제비를 끓여먹고, 그 애들이 밥해 먹을 때면 밖에 나와서 돌아다니다가 들어가곤 했다. 지금 생각해도 참으로 감사한 것은 그 어려운 생활을 통해서, 밤이면 잠자지 않고 밤새도록 기도하게 하신 것이다.

'기숙사에서 덜덜 떨며 지새느니, 차라리 밤마다 산당산기도원에 올라가 철야해야 되겠다.'

그런 맘을 먹고 나는 밤이면 산당산 기도원에 가서 밤새워 하나님께 철야로 기도하고 아침에 내려왔다.

하루는 기도원에서 집회를 해서 너무 은혜를 받고, 밤이 새도록 기도하다가 새벽기도를 끝내고 어둠침침할 때 기숙사로 내려왔다. 그런데 학교 기숙사 문이 잠겨 있었다. 할 수 없이 우리들은 가시망을 넘어서 기숙사 안으로 들어갔다. 그러자 목사님이 소리를 빽 지르면서 당장 오늘로 퇴학이라고 했다.

"저희는 기도원에 가서 철야하고 오는 길인데요."

목사님은 우리들의 말을 믿지 않았다.

"하나님은 귀먹지 않았어요. 잔디밭에서도 묵상으로 기도하고 집에서도 묵상으로 기도해요. 그렇게 요란하게 예수 믿는 것들 중에 잘된 것들이 하나 없어요."

목사님의 말씀에 수긍할 수 없었기 때문에 다시 내가 말했다.

"하나님은 부르짖는 자의 하나님이시라고 하셨습니다. 물에 빠진 사람이 살려달라고 고함칠 때 체면 차리면서 살살 부릅니까? 소리를 질러 자기 처지를 알려야 건져줄 게 아닙니까? 저는 지금 끼니도 간데없고 연탄도 떨어졌어요. 그래서 밤새도록 부르짖고 온 건데, 어째서 목사님은 화를 내십니까?"

"그럼 이번만 용서해줄 테니까 다음부턴 그런 데 가지 말아요."
"놀러라도 다닌다면 잘못이지만, 기도하러 가는 데 못 가게 막으시는 이유를 이해할 수 없습니다."
끝끝내 간다고 우기고 교장실을 나왔다.

그 당시, 동산교회에 사찰 집사님이 한분 계셨다. 지금도 그 집사님의 이름을 모르는데, 새벽기도를 갑자기 그 교회로 나가게 되었다. 기숙사에서는 못 부르짖게 하니까 그렇게 되었다.

하루는 기도를 오래 하고 새벽에 뒤늦게 나오는데 사찰 집사님이 불렀다.

"혹시 신 김치라도 좀 드릴까요?"
"신 김치가 아니라 썩은 김치라도 주신다면 감사히 먹지요."

그러자 그 집사님은 신 김치를 한 통 주시는 것이었다. 또 꼭 한번 주고 싶었는데 기회가 없었다며 성미쌀도 한 말 주셨다.

'아, 하나님께서는 내 부르짖음과 기도를 들으시고 이렇게 쌀과 김치를 주셨구나!'

밥을 못 먹은 지 20일 만에 나는 하나님의 은혜로 쌀밥을 먹게 되었다. 동산교회에 다니면서 성가대로 봉사하다가 뒤에는 은광교회 성가대로 옮기게 되었다.

제4부

햇병아리 목회시절

첫 목회 ▶ 129 / 담임선생님을 만나다 ▶ 136
두 번째 목회길 ▶ 140
선풍기 바람에 날아간 원고 ▶ 143
한얼산 기도원 망신 ▶ 145
지옥에서 만난 아버지 ▶ 150
첫 시체를 보고 ▶ 154 / 두 번째 시체 ▶ 157
성도의 방언 망신 ▶ 162
짝사랑 ▶ 165 / 꿈에 본 교회 ▶ 167
세 번째 교회에 부임하다 ▶ 169
예수가 최고! ▶ 172
40일 금식-한 알의 밀알이 되어라 ▶ 178
장을 잘라내다 ▶ 184 / 세마포와 면류관 구경 ▶ 187
첫 번째 기적-이법사네 가정 ▶ 190
두 번째 기적 ▶ 196 / 이어지는 기적들 ▶ 201
나도 용서받을 수 있을까요 ▶ 201
갑자기 난 배탈 ▶ 204 / 꿈 때문이야 ▶ 207
철장 기도원에서의 사탄의 역사 ▶ 211

 첫 목회

고생 중에도 2년 동안 성서신학교를 무사히 마치고, 기쁜 마음으로 졸업식을 갖게 되었다. 졸업식날 너무 감사해서 많이 울었다.
"하나님, 어디서든지 주님이 시키시는 대로만 할 테니까 제게도 목양지를 허락해 주세요."
그 동안 그 기도를 참 열심히 해왔었다.
졸업 한 달 전쯤인 1972년 12월이었다. 목사님이 아주 약한 교회가 하나 있는데 가보겠느냐고 물으셨다. 충북 청원군 미원면 용곡리에 있는 용곡교회인데 논 가운데 있다고 했다. 작은 흙벽돌 건물인데 몇 평 안되고 교인도 몇 명 없지만, 첫 목회니까 경험삼아 맡는 게 어떻겠느냐는 것이었다.
"하나님께서 원하신다면 어디든지 갈 결심이 되어 있어요. 소개해 주세요."
"네, 그럼 소개해 드리지요."
그래서 졸업을 한 달 앞두고 첫 목회지를 찾아가 보았다. 목회지에 가보니까 너무나 황당했다. 교회는 자그마한데 논 가운데 있었고 사택도 없었다. 생활은 권찰님네 윗방에서 해야 된다고 했다. 이미 고생할 각오가 되어 있었고, 하나님께 내가 약속한 것도 있어서 마음을 결정했다. 나는 설교집 세 권과 주석 한 권, 간단한 세면도구만 챙겨 그곳으로 갔다.
가 보니 오 권찰님네 안방에서는 두 내외가, 윗방에서는 오 권찰님네 노인네하고 나하고 둘이 지내기로 되어 있었다. 오 권찰님네 며느리는 체구가 자그마했는데 아직 자녀가 없었다. 교인은 그 집 식구들을 포함해 대여섯 명인데, 진짜 교인은 몇 명도 안 됐다. 그 마을의 특이한 점은 마을터가 몹시 드세다는 것이다. 절이 여러 개가 있고 유난히도 무당들이 많았다. 목회자들이 그 교회에 부임했다가도 먹고 살 게 없으니까 오래 견디지 못하고 떠나갔다. 아마 그래서 하나님께서는 혼잣몸인 날 이곳에 보내셨나 보다고 생각했다.

신학교를 졸업한 후, 나는 교회에 정식으로 부임을 했다. 첫 예배를 드리는데 교회에는 마루가 없고, 그냥 맨 흙 위에다 가마니와 멍석을 깔아놓았다.

나는 그곳에 부임하자마자 편한 잠을 자지 않기로 마음먹었다. 밤이면 철야로 교회에서 엎드려 기도하고, 낮에만 잠깐 권찰님네 방에 들어가서 몸을 녹일 생각이었다.

"하나님, 엎드려 기도합니다. 하나님께서 뜻이 있으셔서 저를 이 곳에 보내주셨으니까, 첫 목회를 도와주세요. 아무것도 모르는 제게 용기와 힘을 주세요."

나는 그전에 설교를 해본 적이 없었다. 설교할 생각을 하면 딱 호랑이가 들어오는 듯했다. 얼마나 설교하기가 싫고 힘든지 몰랐다. 금세 새벽예배를 드리고 오면 또 금세 다음날 새벽이 되고, 금세 수요일이 되고, 또 금세 주일이 돌아오곤 했다. 그저 노트에다 남의 설교집을 옮겨 적어 국어책 읽듯 줄줄 읽는 게 고작이었다.

그때 신 선생이라고 충북대학교에 다니는 학생이 있었는데 참 똑똑했다. 하루는 이렇게 핀잔을 주는 것이었다.

"전도사님 설교는 설교가 아니에요. 그게 달달 국어책 읽는 거지 무슨 설교예요?"

"그, 그렇지요?"

신 선생의 말을 수긍하면서도 어떻게 할 도리가 없었다. 내 능력이 그것밖에 안되는데 어쩌겠는가. 밤에 하나님 앞에 무릎 꿇는 일 하나는 아주 잘했는데 그걸 뺀 다른 일은 못했다. 참으로 힘들고 어려웠다. 그곳에서 밤에 40일 작정기도를 시작했다.

어린 청년들을 한밤에 동원해서 외송나무를 베어다가 송판으로 마루를 깔기로 했다. 성전 바닥이 마루가 아니라서 성도들이 예배를 못 드리겠다고 해서였다. 지금은 목사가 된 신재구 선생하고 신장휴, 신오휴 등 청년들이 한밤중에 지게로 나무를 베어왔다. 베어온 나무는 교회 안에다 몰래 숨겨 놓았다.

그때는 산을 관리하는 산감이라는 분이 있었는데, 나무를 베다가 산감한테 들키면 징역을 살았다. 우리들은 나무를 베어낸 표시를 안 나게 하려고 갖은 머리를 다 짰다. 며칠 동안 베어 나른 나무를 톱으로 켜고 대패로 밀어 마루를 희한하게 깔았다. 그러고 나서 거기서 기도를 하니까 하나님의 은혜가 너무나 감사했다. 그러자 그 마을에서 한 명 한 명 예수를 믿기로 하고 영접하는 역사가 일어나기 시작했다.

그런데 내가 그 오 권찰님 댁에서 살 수 없는 형편이 생겼다. 한두 달 있으니까 오 권찰님이 며느리와 자꾸 싸우는 것이었다. 고부간 갈등이 심해 며느리의 불평이 많았다. 나중에는 내 밥마저 차려주기 싫어하는 눈치가 보여 밥을 먹는 일도 떳떳지 못하게 여겨졌다. 하루에 잘해야 한 끼 정도를 얻어먹었는데 그것도 눈칫밥이니 받아먹는 나 역시 꺼림칙하기는 마찬가지였다.

그래서 생각다 못해 내가 사택을 옮겨야겠다고 말하자, 신재구 청년이 밤송골 할머니 댁에 찾아갔다. 가서 사랑방 하나 전도사님한테 빌려 줄 수 없느냐고 물었다.

당시에 그 할머니는 미신을 끔찍이 섬기고 있었다. 그래서 일이 조금만 잘못되어도 부정을 탔다고 그러는 할머니인데, 성령께서 움직이셨는지 쾌히 승낙하고 자기 집 사랑방을 내게 내주었다. 밥도 할머니네 부엌에서 그 집 솥에다 같이 해먹기로 했다. 그런데 교회에서 한 달에 성미쌀 한 됫박밖에 안 주었기 때문에 노상 죽을 끓여먹어야 했다.

언젠가는 또 쌀이 떨어져서 며칠을 굶고 있었는데, 신재구 청년과 오휴가 그걸 눈치챘다. 그때가 그 마을에 형광등이 막 들어왔을 때인데, 둘이서 형광등 껍데기에다 쌀을 훔쳐서 담아왔다.

형광등을 들고 오는 것처럼 해서 가져온 쌀로 밥을 지어 청년들과 먹었다. 그러자 그 어머니가 전도사가 쌀을 훔쳐오라고 시켜서 애들이 쌀을 훔쳐 나른다고 핍박을 하는 것이었다. 억울한 소리를 들어도 어쨌든 청년들이 쌀을 훔쳐왔던 것은 사실이니까 할 말이 없었다. 그래서 청년들에게 다시는 형광등 껍데기에다 쌀을 훔쳐오지 말라고 엄하게 주의를 주었다.

그때 중학교·고등학교에 다니던 청년들이 한창 은혜를 받기 시작해, 교회에 청년들이 북적북적했다. 방언도 받고 불이 붙으니까 목회자를 사랑하는 마음도 애틋해 자기들이 밥을 먹을 때마다 내가 걸리는 것이다. 저희들은 먹는데 나는 못 먹으니까 마음이 아픈가 보았다. 그래서 밥사발에다 몰래 밥을 퍼오기도 하고, 고구마도 가져오고 해서 그 덕분에 많이 굶지는 않았다. 며칠에 한 번씩은 밥을 먹었고, 신재구 선생이 애들이랑 솔방울을 주워다 줘서 근근히 불도 때고 살았다. 그렇게 살면서도 예수의 사랑이 뭔지, 굶는 것을 굶는다고 생각지 않고 1년 가까이를 살았다.

그런 후에 신재구 선생의 어머니가 예수를 믿기로 했다. 그 아주머니가 남편에게 나도 예수 믿어도 되느냐고 묻자, '믿어도 적당히 믿지, 미치지는 마라.'는 조건으로 허락을 했다. 그 아주머니가 예수를 영접하고 나서 얼마나 열심인지 새벽기도·저녁예배에 한 번 빠지는 일이 없었다. 인차교회에 조 목사님이 오셔서 부흥회를 했는데 어머니가 그때 은혜를 크게 받았다. 은혜를 받고 나서 너무 열심히 믿으니까, 그 남편이 적당히 믿으랬더니 왜 미쳐서 난리냐고 따졌다. 그러니까 아주머니가 내게 와서 물었다.

"전도사님, 우리 남편이 적당히 믿으라고 하는데 어떤 게 적당한 거예요?"

"지금이 적당한 거예요. 원래 기본이 새벽기도 나오고 수요일 나오고, 주일 낮·밤 예배 나오고 금요철야 나오는 거예요. 미친 것은 교회에 하루 종일, 24시간 나와서 사는 것을 말하지요. 지금 성도님의 신앙생활은 지극히 정상이에요."

남편이 또 핍박을 하자, 아주머니는 내가 했던 말을 그대로 했다. 그러자 남편이 발끈했다.

"그래? 그게 적당한 거래? 그럼 안 적당한 것은 어떤 거래?"

"안 적당한 것은 없대요."

이미 몇 개월이 지나 아주머니는 하나님 살아 계심을 분명히 믿었다. 어지간히 해서는 소용이 없다는 것을 알자 그 아저씨는 본격적인 핍박을 하기 시작했다. 옛날, 시골에서는 거름으로 쓰기 위해 오줌통에 오줌을 받아 놓았었는데, 아주머니가 새벽에 기도를 하고 집에 가면 아저씨는 오줌을 훌떡 뒤집어씌웠다. 온몸에 오줌세례를 받은 아주머니는 "오줌세례를 주셔서 고맙습니다." 그랬다. 아주머니가 밥상을 갖다주면 냅다 밥상을 집어던지고 갖은 핍박을 다 했다. 그래도 아주머니는 흔들리지 않았다.

하루는 신재구 동생이 밤에 막 울면서 나를 찾아왔다.
"왜 그래? 무슨 일이야?"
"전도사님, 엄마 무릎이 다 부숴졌어요. 아버지가 예수 믿는다고 맷돌로 쳐서 무릎이 다 으스러졌어요."
"뭐?"

정신없이 그 집에 가 보니, 정말 맷돌로 아주머니의 무릎을 으스러뜨려 놓았다. 피가 사방에 튀어 처참하기 짝이 없었다.
'세상에, 이럴 수가!'

기가 막혀 말이 나오지 않았다. 아주머니의 다리를 붙들고 얼마나 울며 기도했는지 모른다. 신재구의 아버지는 술을 먹으러 나가고 없었다. 우선 아픈 다리를 묶어서 응급조치를 간단히 하고 우리 집으로 데려가 피신을 시켰다.

그후로도 남편은 술만 먹으면 소리소리 치고 아내와 아이들까지 예수에 미쳤다고 두들겨 패고 행패를 부렸다. 그러자 동네분들이 그 일들을 모두 내 탓으로 돌리고 몰아세웠다.

"저 젊은 전도사년 오고부턴 무당들이 굿만 하면 십자가가 가슴에 박혀 신대가 안 내린대. 저년이 들어오더니 동네가 망했어."

무당들과 짜고서 나에 대한 핍박이 더 심해졌다. 그러거나 말거나 나는 하나님 앞에 기를 쓰고 매달려서 밤이면 밤마다 더욱 기도에 힘썼다.

하루는 낮인데 비가 많이 내렸다. 무슨 장화소리가 쿵쿵 나기에 문을 열었더니, 신재구의 아버지가 작대기를 들고 오는 것이었다. 문이 하나밖에 없어서 피할 데도 없었다. 사방으로 작대기를 휘두르며 나를 후려패는 것이었다.

"이년! 네가 들어오고 나서부터 우리 마누라도 버리고, 이 동네 사람들이 굿도 못하고 망했다. 당장 떠나가거라, 엉!"

피할 길이 없어서 난 고스란히 그 작대기 매질을 다 당했다. 그래도 하나님 앞에 엎드려서 기도할 수밖에 없었다. 안 믿는 사람 같으면 분김에 병원에 가서 진단서라도 끊어서 고소를 했겠지만 그럴 수도 없었다. 병원에 가서 약을 지어먹고 치료를 받았다.

또 금요철야 때였다. 눈이 많이 내렸는데, 신재구의 아버지는 아내가 시집올 때 해온 솜이불 한 채와 고구마 한 자루를 지게에 지고 와서,

"이년들아, 이거 처먹고 절대 집구석에 기어들어오지 말아라." 하고 쾅 내던지고 가는 것이었다.

그래도 자기 아내를 생각해서 얼어죽지 말라고 이불을 갖다주고, 굶어죽을까 봐 고구마 갖다주니 얼마나 감사한가. 아주머니가 그저 고맙다고 "감사해요, 감사해요." 하고 중얼거렸다. 아직 집에 안 가고 있던 아저씨는 아주머니가 뭐라고 웅얼거리니까, 궁금해 들어보았다. 고맙다는 말에 와락 성질이 난 아저씨가 다시 작대기를 들고 들어와 행패를 부렸다.

신재구의 아버지는 그야말로 끊임없이, 가족에게 말할 수 없는 핍박을 가해 왔다. 그후에도 예수 믿는다고 집에 불을 질러서 집을 다 태워버리기도 했다. 그러더니 결국에는 허리를 많이 다

쳤는데, 죽을 때는 예수님을 영접하고 세상을 떠났다고 한다. 그 아들인 신재구 선생은 지금 목사가 되어 있다.

 담임선생님을 만나다

그 교회에서 잊지 못할 일이 또 하나 있었다. 내가 그 교회에 처음 부임했을 때, 초등학교 시절 내 따귀를 때렸던 담임선생님을 거기서 만났다. 담임선생님은 그 교회의 재정집사로 계셨었다. 나는 보자마자 즉시 초등학교 때 선생님을 알아보았지만 전혀 내색을 안했다. 선생님은 나를 알아보지 못했다. 얼마 안 있어 그 선생님이 청주로 발령이 나게 되어, 이사를 한다고 하기에 그 집을 찾아갔다. 칼국수를 만들어 줘서 먹었는데 맛이 있었다. 나는 식사를 하며 집사님에게 물었다.

"집사님은 그 동안 어디어디 학교에서 교편을 잡으셨어요?"
"아, 미원 근방은 다 돌아다녔지요."
"그럼 금관 초등학교에도 계셨었나요?"
"그럼요, 물론 거기서도 근무했지요."
"그럼 혹시 금관 초등학교에서 근무하실 때 제일 기억에 남는 애는 누구였어요?"
"아, 그 기집애, 그 쌍놈의 기집애는 생각도 하기 싫구만요."
갑자기 집사님의 얼굴이 붉으락푸르락해졌다.
"글쎄, 내가 뺨 서너 대 좀 때렸다고, 박씨네 종산에 불을 질러서, 교장한테 혼나고 내가 박씨네 집집마다 사과하러 다닌

걸 생각하면 이가 다 갈린다니까요. 아주 생각하기도 싫어요."
"아, 그런 일도 있으셨군요."
고개를 설레설레 내두르시던 선생님은 인상을 쓰며 물었다.
"근데 전도사님은 어디서 학교를 다니셨어요?"
"네, 저는 부산에서 다녔어요."
"그렇죠? 걔가 눈웃음 살살 치고 그러는 게 좀 비슷하거든요."

양심은 좀 찔렸지만, 내가 바로 박씨네 종산에 불낸 제자라는 말은 안했다. 그냥 저녁을 먹고 이야기하다가 집에 돌아왔다.

그 이튿날, 새벽기도를 막 끝냈는데 선생님이 우리 집에 찾아오셨다.

"아니, 이렇게 일찍 웬일이세요?"
"밤새 생각했는데, 혹시 전도사님이 바로 그 사람 아닙니까?"
"아니에요, 집사님. 전 금관 초등학교에 안 다녔어요."
"아, 그러셨어요? 누구랑 이름이 좀 비슷해서요."

이장 아저씨가 잘못 출생신고를 해주시면서 이름을 '손진'으로 올린 것 때문에 선생님은 나를 같은 사람으로 알아보지 못했다. 선생님은 나를 '순진이'로만 아셨을 테니까. 내가 아니라고 하자 선생님은 얼굴에 수심이 가득해 돌아가시는 것이었다. 내 마음도 편안하지 않았다. 그래서 며칠 있다가 선생님이 이삿짐을 다 싸 놓은 후에 먹을 것을 좀 사가지고 선생님 댁을 찾아갔다.

"아이고, 어서 오세요, 전도사님."
선생님은 나를 반갑게 맞아주셨다.
"선생님, 사실은 선생님 생각이 맞았어요. 바로 그 애가 저예요. 선생님이 당황해하실까 봐 제가 말씀 안 드린 거예요. 인제 이사하시니까 말씀드립니다."
그랬더니 선생님이 기절초풍을 하시는 것이었다.
"세상에! 이렇게 전도사님이 되실 줄 알았더라면 그때 따귀를 안 때렸을 텐데요. 내가 왜 그런 실수를 했는지 모르겠네요. 용서해 주세요, 전도사님."
"선생님이 무슨 잘못이 있으세요? 다 제가 나빴지요. 선생님께서 외려 저를 용서해 주세요."
그랬더니 선생님이 막 웃으시는 것이었다.
"너무 훌륭한 제자를 둬서 정말 기분 좋습니다."
좋은 인연으로 선생님과 헤어지게 되어 마음이 가뿐했다.
그 이후에도 용곡교회에서의 생활은 너무 고생이 심했다. 물만 들이켜고 굶기를 밥먹듯 하는 나날이 계속되었다. 그러면서도 하나님께 불평을 단 한 번도 해보지 않았다. 하나님께서 인내로 잘 견디라고 하셨기 때문에, '이것도 훈련이로구나.' 생각하고 출애굽기를 읽으면서 큰 은혜를 받았다.
'아, 출애굽 때, 이스라엘 백성이 원망불평을 해서, 일주일이면 가는 길을 수십 년 동안 훈련시키셨구나. 나는 어떤 어려움이 있어도 절대로 하나님을 원망하지 않을 테다. 내가 원망하면 나를 더 많이 굶기시고, 더 어려움이 따를 것이다. 광야생활을 하는 듯해도 하나님께서 함께만 하신다면 얼마든지 굶을 수 있다!'
그런 다부진 각오로 밤마다 기도하고 낮이면 성경을 보았다. 밥을 못 먹으면, 밥 먹는 시간에 성경을 읽는 것으로 육신의 식사를 대신하는 일이 한두 번이 아니었다. 그러면서도 집에 갔을 때, 어머니가 밥 잘 먹느냐고 물으시면 배불리 잘 먹는다고 대답했다. 하나님 앞에 눈물을 많이 흘리며 기도를 하면서도 집에 가서는 평안히 목회 잘한다고 어머니를 안심시켜 드렸다.

나는 나이 들어 보이게 하려고 머리를 틀어올리고 다녔다. 옷도 긴 치마저고리를 입고 다니며 철없는 목회를 했다. 그 당시에는 내 설교에 은혜를 받았다는 사람이 하나도 없었다. 아예 책을 읽는 게 낫겠다는 둥 비평들을 했다. 그래도 교회 안에 성령의 역사가 뜨겁게 일어났다. 모든 성도들이 살아 계신 하나님을 체험하는 일들은 꾸준히 일어났다. 그래서 더욱더 열심히 기도했는데, 하나님께서는 내게 더 좋은 길을 열어주셨다.

하루는 교역자회에 갔더니 영동시찰에서 목회를 하시는 목사님들이 영동시찰로 오지 않겠느냐고 물으셨다.

"네, 자리만 있으면 가지요."

"그럼 영동군 양산면 누교리 교회를 소개해 줄까요?"

"교인은 몇 명이나 되는데요?"

"교인은 그래도 한 20명 정도 되고, 밥은 굶지 않습니다."

"그럼 가겠습니다."

약속을 해놓고 하나님 앞에 기도를 드리니까, 1차 훈련을 잘 참아서 조금 나은 곳으로 보내주시겠다는 응답이었다. 응답을 받은 후 결심을 하고 교회에 정식으로 사표를 냈다. 그랬더니 교회가 온통 뒤집혔다. 중고등부·청년부들이 그때 한참 정이 들어서 물불을 모르고 주님을 섬길 때라서 울고불고 야단들이었다. 마음을 굳혔기 때문에 떠날 준비를 하는데 트렁크와 책을 청년들이 감추고 안 내주는 것이었다. 할 수 없이 며칠을 더 머무르게 되었는데, 슬픔을 이기지 못한 심재구 선생이 밤에 변소에서 울다가 그만 밑으로 빠져버린 소동도 일어났다.

"제비가 새끼를 낳아 기르지도 않고 새끼를 버리면 그게 어미겠습니까?"

그러며 청년들이 우는 것이었다. 그런 청년들을 떼놓기가 힘들었지만 살기가 너무 힘들어 부득이 옮기지 않을 수가 없었다.

두 번째 목회길

1973년 가을, 충북 영동 누교리 교회로 옮겼다. 답사할 때 이미 한번 가봤지만 정말 산골짜기였다. 첫 목회지에는 그래도 전깃불이 들어왔는데 두 번째 임지에는 전기도 없었다. 공사를 하는 중이어서 곧 들어온다고 하였다.

교회는 열댓 평쯤 되었는데 블록 건물이었다. 바닥은 시멘트였고, 창은 유리 대신 문종이로 발라 놓았다. 교회 안에는 방석 몇 개가 놓여 있었고, 강대상으로 쓰는 책상이 하나 있었다. 사택은 흙집이었는데 지붕은 초가였다.

두 번째 목회지에 접어들면서 나는 하나님 앞에 이렇게 기도드렸다. 첫 번째 무릎 꿇고 한 기도였다.

"하나님, 여기서 제 고생이 어느 정도 될지는 몰라도, 그 어떤 고생도 잘 참고 훈련을 잘 받게 해주시옵소서."

그때까지 나는 아직 전도사 시취를 안했었다. 그런데 목사님들이 이왕이면 전도인으로 있지 말고, 전도사 고시를 보라고 하셔서 73년도 11월 노회 때 시험을 봤다. 일반상식·성경시험·영어, 이런 것을 간단하게 봤는데 합격하였다.

73년 11월 19일, 충북노회 전도사 자격증을 받는 날, 정말 너무 감격스럽고 감사했다.

그런데 나이어린 처녀라고 해서 동네사람들이 나를 얕잡아보는 일이 종종 있었다. 자기 딸 같다고 하며 말을 툭툭 놓고 반말을 해서 괴로웠다. 또 젊은 청년들이 데이트 신청을 하는 등 집적대기도 해서, 아예 머리를 짧게 커트하고 양복에 넥타이를 매고 다니면서 심방을 했다. 그리고 심방을 할 때는 꼭 자전거를 타고 다녔다.

그곳에서도 교인이 얼마 안되니까 하나님께서 밤이면 성전에서 온전히 기도하게 하셨다. 날마다 눈물의 기도를 드리자, 그 교회 안에 놀라운 역사가 많이 일어났다.

금요일날, 온 교인들과 철야기도를 하는데 교인들이 은사체험을 하기 시작했다. 방언을 하고 여러 가지 은사체험을 하자, 당회장 목사님과 이웃 교회들이 나를 보고 이단이라고 했다. 정상적인 목회자가 아니라고 몰아세우면서 지금이 어느 땐데 방언을 하느냐고 했다. 1973년도 그 당시에는 방언을 하면 이단으로 간주했었다.

당회장 목사님이 나를 불러놓고 말씀하셨다.

"김 전도사, 듣기에 이상한 짓들을 한다고 하는데 그러지 마세요. 방언은 2천 년 전에나 있었지 지금 할 게 아닙니다."

앞으로도 계속 그렇게 나간다면, 우리 통합측에서는 목회일 못하고 쫓겨나가야 된다는 것이었다. 그래서 내가 말했다.

"고린도서에도 보면, 방언의 은사가 분명히 나옵니다. 목사님이 못하신다고 해서 하나님께서 주시는 은사를 부인하십니까. 방언하는 게 이단이라고 규정하는 성경말씀을 제게 보여주세요. 그러면 안하겠습니다."
"어쨌든 우리 통합측에서는 방언하는 목회자를 이단으로 취급하니까 조심해 주세요."

당시에는 용문산 바람이 많이 불었었다. 용문산 기도원의 나운몽 장로한테 가면 다 이단으로 취급했다. 당회장 목사님의 권면의 말씀을 듣고 나니까 마음속에 갈등이 생겼다.

'정말 당회장 목사님의 말에 순종해야 되나? 아니면 하나님의 뜻대로 주시는 은사를 계속 밀고 나가야 되나?'

나는 다시 하나님 앞에 엎드려서 기도를 했다. 하나님께서는, "내가 하나님을 기쁘게 하랴, 사람을 기쁘게 하랴. 만약에 내가 사람을 기쁘게 했다면 내가 하나님의 종이 아니니라"는 사도 바울의 말씀을 떠올리게 해주셨다.

'아, 맞구나. 나는 인간의 말을 듣지 않을 테다. 하나님을 기쁘시게 하는 종이니까 하나님의 말씀대로만 살아야 되겠다.'

이후부터는 목사님들의 눈치를 보지 않고 담대하게 소신대로 밀고 나갔다. 그랬더니 목사님이 그때부터 나를 곱게 보시지 않게 되었다. 어른들의 말에 순종하지 않는다는 것이 그 이유였다. 그전에 이웃교회에 있던 목사님들은 다 얌전한 거룩파였다. 여성적이고 내성적인데다 은사 같은 것은 전혀 없었다. 그러니까 목사님들은 내가 순종하지 않는다고 내켜하지 않으셨다.

그러던 중 성전 수리를 하게 되었다. 사택이 초가집이었는데 슬레이트로 올리기로 하고, 성전에 새 페인트도 칠하기로 했다. 그런데 초가지붕을 슬레이트로 바꾼다고 하니까, 대구의 어떤 권사님이 부조를 보내왔다. 지붕을 슬레이트로 올리고 하니까 예상보다도 성전수리를 하는 데 돈이 더 많이 들었다.

그때 당시의 교회 재정은 여상현 집사님이 혼자 관리하고 있었다. 대구에서 부조가 와도 그 집사님이 다 관리했다. 사택이 흙집이었기 때문에 일단 손을 대기 시작하니까, 부엌까지 고치게 되어 돈이 예상보다도 많이 들었다. 그러자 부조해주신 분들이, 돈이 착오가 난다며 전도사가 돈을 유용한 게 아니냐고 억울한 소리를 했다. 너무 기가 막힌 나는 여상현 집사한테 말했다.

"집사님, 모든 재정관리를 집사님이 다 하셨는데, 이런 말을 제가 들어야만 합니까? 하나님께서는 제 마음을 아십니다."

그러자 그 집사님이 나중에 부조해 주신 분들한테 해명을 해주었다. 그랬더니 모두들 수긍을 하며 이해가 간다고 말했다. 주의 일을 하면서 보조받는 게 좋지 않다는 걸 실감했다. 돈을 조금 지원해주고 얼마나 시집살이를 시키는지 몰랐다. 인원을 적어 보내라, 이런저런 보고를 해라, 또 추수감사절이 지나면 깨 같은 거라도 보내야 그나마 다달이 2만원씩이라도 보조를 해주었다.

"하나님, 저 보조 안 받겠습니다. 보조 끊게 해주십시오."

그 다음부터 우리 교회에 오는 일체의 보조를 거절했다. 죽을 먹더라도 없는 대로 살 각오를 했다. 그랬더니 하나님께서는 필요를 채워주시는 놀라운 축복을 주셨다.

선풍기 바람에 날아간 원고

사실 그전까지는 내가 말씀의 맛을 잘 몰랐다.
시골이라 일손이 딸려서인지 심방을 자주 가도 반가워하지 않았다. 돌아다니면 전도사가 일이 없으니까 돌아다닌다고 흉을 봐서 함부로 돌아다닐 수도 없었다. 그래서 밤이면 기도하고 낮이면 사택에 틀어박혀 성경 보는 일이 내 생활의 전부였다.

나는 교인들에게는 아무 말도 안하고, 20일 금식기도를 작정했다. 창세기부터 말씀을 읽어나갔는데, 이게 웬일인가!

성경책이 드라마로 내 눈에 보이는 것이었다. 마치 실제의 연극드라마처럼 창세기의 모든 과정과 태초에 하나님이 천지를 창조하신 그 이후의 모든 일들이 생생하게 드라마로 내 눈에 보였다. 이스라엘 백성이 출애굽을 하고 홍해바다를 건너가고, 이런 일들이 실제 영화를 보는 것처럼 성경책을 읽으면 내 눈 속에서 펼쳐졌다. 그 말씀의 맛이 얼마나 좋은지, 얼마나 꿀송이같이 단지, 그때 나는 말씀의 맛에 완전히 미쳐버렸다.

'와, 이렇게 기가 막힌 말씀이 있구나. 성경은 참역사요 살아 있는 드라마다!'

그 어떤 인기 연속극도 그렇게 재미있게 볼 수는 없을 것이다. 성경의 맛을 알고 나서 밤낮으로 성경 보는 일을 절대로 게을리하지 않았다. 성경을 창세기부터 계시록까지 줄줄이 꿰면서 읽었다. 그러면서도 딱하게도 여전히 설교를 못했다. 남의 설교집을 노트에 쭉 옮겨서 읽는 버릇이 몸에 배어서였다

어느 무더운 여름날이었다. 설교원고를 종이 몇 장에 깨알같이 베껴서 들고 강대상으로 올라갔다. 전기가 막 들어와서 불이 들어오니 너무나 밝아 좋았다. 벽돌집이고 슬레이트 지붕이라 엄청나게 더웠다. 그래서 교인들이 나를 위해 선풍기를 강대상이 있는 쪽에다 하나 달아주었다.

원고 넉 장을 들고 가서 읽는데, 선풍기 바람에 푸르르 다 날

아가 버리는 게 아닌가! 눈앞이 캄캄했다.

'이걸 어떡하나? 큰일났네!'

딴 도리가 없어 창피를 무릅쓰고 얼른 가서 주섬주섬 원고를 주워들고 다시 강대상으로 왔다. 그러나 이미 콩당콩당 뛰기 시작한 가슴과 당황한 마음에, 설교를 어디부터 시작해야 할지 갈피를 잡을 수가 없었다. 마음만 급해지고, 더 정신은 없어지고, 횡설수설 우물쭈물하다가 그만,

"이삭이 아브라함을 낳고…."

라는 대실수를 저지르고 말았다.

설교를 대강 마쳤는데 무슨 설교를 했는지 기억도 안 났다. 주기도문을 하고 끝내고 나니, 내가 생각해도 한심스럽기 짝이 없었다. 하나님의 말씀은 드라마로 계속 꿀같이 보여주시는데, 설교만큼은 죽을 쑤는 것이었다.

'설교를 원고 없이 할 수는 없을까? 국어책 읽듯 읽지 않고 할 수는 없을까?'

이게 고민 중의 고민이었다. 이것 때문에 작정기도를 계속 드렸다. 10일 금식, 20일 금식을 하나님께서 수없이 시키셔서 순종하였다.

 ## 한얼산 기도원 망신

굳은 결심을 하고 74년 4월, 한얼산 기도원에 올라갔다.

'내가 기도원에 가서 분명히 하나님 앞에 해결을 봐야 할 일

이다. 전도사가 되어가지고 설교 하나를 제대로 못해서 맨날 노트 보고 설교하고, 이런 망신이 어디 있을까?'

선풍기 사건 이후부터는 그나마 설교에 대한 자신이 사라져 버렸다. '또 원고가 날아가면 어떡하나?' 하는 그런 두려움이 마음 한켠에 항상 도사리고 있었다.

한얼산 기도원 입구에는 등록실이 있었다. 나는 평신도로 등록을 해서 평신도 명찰을 달고 들어갔다. 그때는 대성전이 없었고 소성전만 있었는데 소성전은 아주 자그마했다.

그때 당시 사람들이 한 200명 정도 앉으면 성전이 꽉차서 더이상 앉을 자리가 없었다. 그런데 이상하게도 집회 시간시간마다 그렇게 졸리는 것이었다. 이천석 목사님은 조는 꼴을 못 보시는 분인데도 너무나 참을 수 없이 졸렸다. 안 졸려고 이를 악물고 꼬집고 별짓을 다해도 또 졸렸다.

화요일 밤이었는데 이천석 목사님께서,

"어떤 고등병신 같은 년은 저 시골 충청도에서 기어와 가지고 시간마다 조는데, 그런 고등병신 같은 년이 왜 밥을 처먹고 사는지 모르겠구만!"

하시는 것이었다.

끄덕끄덕 졸던 나는 그 말에 정신이 번쩍 났다.

'에이, 충청도에서 온 사람이 뭐 나 하나일까? 또 지금 조는 사람이 나 하나만은 아닐 테고…. 설마 나보고 그러시는 건 아니겠지.'

그러고도 나는 또 졸았다. 그러자 다시 이천석 목사님이,

"그 고등병신 같은 년은 전도사 생활을 하다가, 얼마나 개떡같이 주의 일을 했으면 전도사 딱지도 안 붙이고 평신도 딱지

를 붙이고 기어와 가지고, 밥값을 못하고 맨날 시간마다 졸고 그 지랄을 하는구만. 그런 년이 있는 교회는 참 보통 문제가 아니여. 왜 안 뒈지고 사는지 모르겠어."

하고 마구 욕을 퍼붓는 것이었다.

나는 또 졸면서 그 소리를 언뜻 듣고, '나는 아닐 테고 누가 조나?' 하고 옆과 뒤를 한 바퀴 돌아다보았다. 그랬더니 목사님이 벽력같이 소리를 질렀다.

"아니, 저년이 제가 졸더니 어딜 뒤돌아봐? 너, 이년! 자리에서 썩 일어나 봐!"

그때 나는 노란 티셔츠에다 청바지를 입고 있었다. 나는 전혀 난 줄 모르니까 그대로 앉아 있었다.

"거기 노란 티셔츠 입은 사람 일어나!"

아까 뒤돌아볼 때 얼핏 보니까 내 뒷줄 뒷줄에 노란 티셔츠를 입은 사람이 보였었다.

'아, 그 사람보고 그러나 보구나.'

그래서 그 사람 쪽으로 다시 뒤돌아보는데 목사님이,

"너, 이년아, 너 말이여, 너! 너 일어나라구!"

하셨다. 깜짝 놀라서 내가 물었다.

"저, 저요?"

"그럼 너말고 누가 또 있냐? 썩 일어나지 못해!"

하면서 계속 소리치셨다. 도리없이 나는 엉거주춤 일어났다.

"아, 저게 평신도 딱지를 달고 들어온 년이여. 저게 저레 뵈도 하나님이 이다음에 크게 쓰실 일꾼인데, 꼴불견 같지도 않은 게 평신도 딱지를 붙이고 들어왔어. 그러면서 시간마다 졸고 밥값도 못하고 있는 거여! 오죽 목회를 꼬라지 있게 했으면 저 지랄하고 딱지부터 평신도 딱지를 달고 왔겠어!"
 망신도 그런 망신이 없었다. 쥐구멍에라도 들어가고 싶었다. 이 목사님은 한참 더 질타를 퍼부으시더니 앉으라고 했다.
 "내일부터 네가 찬송인도를 해. 이다음에 크게 쓰실 그릇인데, 하나님이 저거 붙들어 앉히시느라고 속깨나 끓이셨어."
 그 당시 이천석 목사님은 정말 영안이 밝았다. 나에 대해서 전혀 알지 못하는데 내 처지를 줄줄이 이야기할 때 깜짝 놀랐다. 그 망신을 당하고 난 후에는 설교시간에 안 졸았다.
 밤 예배가 끝나 소성전 밖으로 나오니 사방이 고요했다.
 '내가 이러고 있을 때가 아니다!'
 나는 담요와 플래시를 하나 들고 산속으로 개울을 따라 올라갔다. 한참 올라가다 보니까 계곡이 나오고 가파른 낭떠러지가 있었다. 그때 칡뿌리가 많이 있었는데, 칡뿌리가 있는 소나무에다 양쪽 손을 달아매 묶고서 나는 기도를 시작했다.
 "하나님, 저 이렇게 망신시키실 거예요? 제게도 이왕이면 이천석 목사님이 받은 그 은사를 다 주세요. 아버지, 아시지요? 저 설교하다가 원고도 선풍기에 날아가고, 그 망신을 다 당했잖아요. 더 이상 이대로는 목회를 못하겠어요. 아버지께서 저를 쓰시려고 생각하신다면 제게도 설교를 잘할 수 있는 능력을 주세요. 머릿속에서 필름처럼 솟아나는 그런 말씀의 은사를 주시고, 이천석 목사님처럼 영안이 열려서 사람의 마음을 꿰뚫어볼 수 있는 능력을 주세요. 또 제게 방언을 주신 지가 몇 년이 넘었는데 아직 통변도 못하니 병신 중 상병신 아닙니까? 어떻게 하시렵니까?"
 벼랑으로 구를까 봐 양손을 소나무에 묶은 채 나는 필사적인

기도를 드렸다. 능력도 못 받고 그렇게 한심한 목회를 할 바에는 차라리 죽는 게 낫다는 생각이 들었다

"하나님, 은혜 안 주시면 차라리 죽는 게 낫습니다. 이대로는 목회일 안할랍니다. 바닥이 다 드러나서 더 이상 지탱할 밑천도 없어요."

정말 밤새도록 부르짖었다. 심장이 거꾸로 솟고, 내 속의 내장이 다 뒤집히는 듯한 피를 토하는 처절한 기도였다. 이 한밤의 기도에 나는 내 생 전체의 무게를 올려놓았다. 기필코 끝장을 봐야 할 문제였기 때문이다.

그런데 내가 방언으로 부르짖고 있는데, 언제부터인지 머릿속에서 우리말이 계속 떠오르는 것이었다. 정신 못차리게 말씀이 계속 이어지는데, 방언으로 기도하면 또 한국말로, 또 방언으로 기도하면 또 한국말로 계속 응답을 주셨다. 통변은사가 임한 것이었다. 게다가,

"앞으로 폭포수와 같은 말씀을 주리라!"

고 하시는 것이 아닌가! 하나님께서는 너무너무 분명한 확신을 주셨다. 나는 응답받은 게 너무 감사해서 "아멘!" 하고 눈을 떴더니 내 머리 위에 아침 해가 훤히 빛나고 있었다.

시계를 보니 10시 30분이었다. 내려가 보니 낮예배를 시작하려고 막 준비찬양을 시작하고 있었다. 세수를 하고 소성전으로 들어가자, 기도원의 전도사님이 마이크에 대고 말했다.

"어제 망신당한 전도사님 계십니까? 나오셔서 찬송인도 하세요."

어제 그런 망신을 당하고, 사람의 생각으로는 차마 앞에 나가지지가 않았다. 그러나 하나님께서 어젯밤에 내게 큰 은혜를 주

신 것이 한량없이 감사해 순종했다. 앞에 나가 찬양인도를 30분 했더니 이천석 목사님이 나오시며 말씀하셨다.

"어제 욕 한번 얻어먹더니 찬양인도 참 잘하는구먼? 찬양도 잘한다고 욕 한번 더 얻어먹으면 설교도 잘하겠네?"

그러더니 또 놀라운 말씀을 하시는 것이었다.

"저게 그래도 배짱은 있어서, 어젯밤에 그렇게 망신을 당하고 가더니, 졸까 봐 양손을 소나무에 묶고 기도했구먼? 하나님 앞에 땡깡을 부리더니, 말씀은사도 받고 통변은사도 받았어. 어, 투시은사도 받고 내려왔네?"

목사님은 지난밤에 나와 하나님 사이에 있었던 일들을 마치 눈으로 본 것처럼 다 아셨다.

'야, 정말 하나님은 예리하시구나. 어쩌면 이럴 수가 있을까.'

그후부터 이루 형용 못할 만큼 굉장한 은혜가 시간시간마다 내렸다. 얼마나 기쁨이 충만한지 없는 돈에 교통비를 들여서 온 본전을 찾았다는 생각이 들 정도였다.

지옥에서 만난 아버지

금요일날, 낮집회를 마치고 하나님 앞에 간절히 통성기도를 하는데 갑자기 온몸이 마비가 되는 것이었다. 온몸이 뻣뻣해지면서 엎드려졌는데 그 순간, 몸이 하늘로 붕 뜨는 느낌을 받았다.

구름을 타고 어디론가 한참 올라갔다. 흑암의 세력이 뒤덮인 곳을 통과해 올라가자 빛이 보이는데 정말 투명하도록 밝은 빛이었다. 또 한참을 올라가자 온갖 꽃이 만발해 있었다. 무슨 꽃인가 생각하는데 또 한참 구름을 탄 채 끌어올려지는 것이었다.

그렇게 한참을 더 올라가니까 휘황찬란한 황금보석으로 꾸며진 웅장한 천국의 입구가 눈앞에 펼쳐졌다. 황금보석으로 길을 온통 깔아놓았는데, 밟으니까 꼭 고무 스티로폼처럼 촉감이 말랑말랑했다. 길 전부가 황금 아스팔트였다. 걷지 않고 가만히 서 있는데도 길이 마치 에스컬레이터처럼 쭉 움직여 나갔다.

한참 동안을 더 가니까 청색·홍색 등 여러 가지 색깔의 큰 문이 나오는데 문 위에 진주가 붙어 있었다. 그 문이 하나가 자동으로 열리고 나면, 또 하나가 열리고, 또 하나… 이런 식으로 계속 다 통과를 했는데 세어 보니 열두 개였다. 그 열두 진주문을 지나 입구에 갔다.

거기서 한 천사가 나를 안내하게 되었다. 아주 온화하게 잘생긴 남자분인데 피부가 참 해맑았다.

"댁은 누구세요?"

내가 물었더니 그분이 대답했다.

"나는 김 전도사를 안내해 주러 온 천사예요."

나는 그 천사의 안내를 받아서 천국의 입구에 갔다. 거기에 옛날에 우리 월롱교회에서 개척하던 김마리아 권사님과 안 권사님이 함께 있었다.

김 권사님이 나를 보더니 깜짝 놀라며 소리쳤다.

"아니, 김 전도사, 아직까지 올 때가 안됐는데 왜 여길 벌써 왔어요?"

"네, 여기 오고 싶어서 온 게 아니라요, 구경을 하는 건지 어쩌다 보니 오게 됐어요."

"그럼 빨리 구경만 하고 가. 아직 올 때가 안됐으니까 오래 있으면 안돼요. 주의 일을 더 많이 하고 다음에 주님이 부르시면 와."

권사님들이 환영해주는 양옆으로 흰옷을 입은 사람들이 들러리로 쭉 서 있었다. 그런데 한 남자분 뒤로 천사들이 따라다니는데, 그 남자분의 머리에는 왕관 같은 것이 몇 개나 층층으로 씌워져 있었다. 정말 대단한 위용이어서 그분이 누군지 궁금했다.

"저분이 누구세요?"

내가 묻자 그 천사가 대답해 주었다.

"저분이 주기철 목사님이에요. 한국의 순교자 목사님이시지."

그 얼굴 모습이 사진에서 본 것과 너무 똑같았다.

"네, 그런데 머리에 무슨 왕관이 저렇게 많아요?"

"주님 위해 목회일하다 순교했기 때문에 저런 엄청난 면류관을 쓰신 거예요. 저 목사님은 아주 으리으리한 좋은 곳에서 영화를 누리며 계시지요."

천국이 얼마나 넓은지 끝이 보이지를 않았다. 한동안 다니는데, 초대교회 교인인지 성도들이 아주 많았다.

"시간이 많이 지났으니 잠깐 지옥 구경만 하고 가시오."

그 천사가 내게 말했다. 가만히 서 있는데 이번에는 또 뭐가 엘리베이터처럼 나를 데리고 어디론가 쑤욱 내려가는 것이었다. 지옥이라는 곳에 다다랐는데, 널따란 광장이 끝이 없이 펼쳐져 있었다. 조그맣고 시퍼런 가스불이 온 땅 위로 올라오고 있었다. 눈을 감아버리고 싶을 만큼 너무나 끔찍한 광경이었다. 그런데 거기서 누가 내 이름을 부르는 것이었다.

"순진아, 순진아!"

목소리가 들리는 쪽으로 고개를 돌리자, 온몸이 새카맣게 탄 처참한 몰골의 사람이 나를 부르고 있었다.

"순진아, 나 좀 살려다오."

"네?"

놀란 나는 천사에게 그 사람이 누구냐고 물었다.

"김 전도사의 육신의 아버지예요."

그 말을 듣고 나는 소스라치게 놀랐다. 태어난 지 한 달도 못 되어 아버지를 여의었기 때문에 나는 아버지의 얼굴도 몰랐다. 그래서 내 평소의 소원이 아버지의 얼굴 한 번 보는 것이었을 만큼 아버지를 그리워했었다. 그 아버지가 무서운 불길 속에서 숯검댕이처럼 탄 몸으로, 내 이름을 부르는데 억장이 무너졌다. 그 무서운 광경 앞에 나는 부들부들 떨기만 했다. 한없이 울고만 있자, 천사가 시간이 됐다고 했다. 어디인지 엘리베이터 같은 데로 끈을 달아서 툭 밑으로 떨어지면서 나는 눈을 번쩍 떴다.

나는 온몸이 굳어진 채로 8시간 정도를 누워 있다가 깬 것이다. 그 지옥 광경을 보고 온 후, 그 충격 때문에 며칠을 밥을 못 먹고 밤마다 많이 울었다. 가슴에 에이는 듯해 가슴을 부여잡고 몸부림을 치며 번뇌했다.

'아, 내 육신의 아버지가 저렇듯 비참한 모습으로 지옥에서 헤매다니! 우리 아버지가 주님을 믿었으면 결코 지옥에 가지 않았을 텐데…. 아, 내가 어떻게 해야 한 영혼이라도 더 지옥에 가지 않고 구원할 수 있을까? 어떻게 이 영혼들을 바로 인도해야 우리 아버지처럼 지옥에 가지 않게 할까. 그래, 한 영혼이라도 지옥에서 구원해내는 이 일에 내 생명을 걸자!'

나는 비장한 각오를 갖고 목양지로 돌아왔다. 신기하게도 그때부터는 말씀을 들고 단에 서기만 하면, 말씀이 필름이 돌아가는 것처럼 샘솟아 나오고 생명력이 느껴졌다. 지옥과 천국에 대한 확신을 얻고부터는 말씀에 대한 메시지가 완전히 달라졌다. 그전에도 물론 내가 주님을 의심한 것은 아니었지만, 내가 직접 보고 느낀 후의 메시지는 너무나 힘이 있었다.

내가 이 메시지를 바로 전하지 못하면 많은 영혼들이 천국에 갈 수 없고, 우리 아버지가 계시는 처참한 지옥에서 영원한 고통을 당해야 한다는 것을 알았기 때문에, 그때부터 영혼을 구하는 일에는 내 생명을 아끼지 않게 되었다. 나는 다시 첫 목회를 시작한다는 새 마음과 새 사명을 갖고 새 출발을 했다.

 ## 첫 시체를 보고

그후, 처음으로 시체를 보고 크게 놀라는 일이 생겼다. 가을이었는데, 하루는 길 집사님이 밤 11시경에 불쑥 찾아오셨다.

"전도사님, 우리 애가 죽었어요."

낳은 지 25일밖에 안된 아들이 죽었다는 것이다. 그 말을 듣는 순간부터 내 가슴이 울렁거리며 뛰기 시작했다. 그때 당시 나는 한번도 시체를 수습해본 적이 없을 뿐만 아니라, 죽은 사람을 직접 본 적도 없었다. 처음 당한 일이라 눈앞이 캄캄하고 덜덜 떨렸다.

'아기는 장사를 어떻게 지내지?'

떨리는 마음을 채 가라앉히지도 못했는데, 집사님이 자기 집에 같이 가자고 하셨다. 시체를 본다는 게 아직 어린 내겐 너무나 무서웠다. 그러나 전도사 처지에 안 간다고 할 수는 없는 일 아닌가! 어떻게 할지를 전혀 몰랐기 때문에 그저 암담하기만 했다. 그래서 마음속으로 하나님께 기도만 했다.

'하나님, 제가 경험도 없이 첫 시체를 봐야 하는데요, 아무리 아기라 해도 무섭고 떨립니다. 담대함을 주셔서 마음을 강하게 붙잡아주세요. 어떤 순서로 진행해야 될지 지혜를 주세요.'

늦은 밤이었기 때문에 당회장 목사님께 전화드리기가 망설여졌지만, 그래도 당회장님이기 때문에 전화를 드렸다. 목사님은 주무시다가 놀라서 일어나셨다.

"목사님, 밤 늦게 죄송합니다. 태어난 지 25일 된 아기가 죽었는데요, 수습을 어떻게 하는지 잘 몰라서 전화드렸습니다."

내 말에 목사님은 이렇게 대답하셨다.

"아무렇게나 그냥 하세요. 아기기 때문에 상관없어요."

그래도 그렇지, 아무렇게나 하는 것에도 순서는 있는 법이다. 나는 무거운 발걸음으로 집사님을 따라 집사님 댁에 갔다.

집에 가보니 홑이불을 뜯어 죽은 아기를 덮어놓았다. 아기가 너무 예뻤기 때문에 시체에 대한 무서움은 전혀 없었다. 어떻게 하나, 생각하다가 덮어놓은 홑이불로 둘둘 말아야겠다는 생각이 들었다. 그래서 홑이불로 아기를 감쌌다. 남편 되시는 분이 가마니를 가져와 거기에다 아기를 말아 지게에 지고 내게 말했다.

"전도사님, 산으로 가시지요."

산으로 가자는데 또 눈앞이 캄캄해지면서 식은땀이 솟았다.

"네, 어, 어서 가시지요."

아기를 둘둘 만 가마니를 아기아빠가 지게에 지고 세 사람이 밤에 산에 올라갔다. 등불과 플래시를 들고 산을 올랐는데, 갈 때는 내가 호야를 들고 맨 앞에 갔다. 왜냐하면 산으로 들어가는 길을 밝혀줘야 했기 때문이다. 그래서 별 무서운 생각 없이 갈 수 있었다. 중턱쯤에 아저씨가 삽으로 땅을 파고 아기를 묻었다.

흙으로 덮고 돌아오는데, 산을 오를 때는 나더러 앞장을 서라더니, 내려갈 때는 자기들이 불을 들고 앞장을 서면서, 나더러 맨 뒤에 따라오라고 했다. 전도사 체면에 앞장서겠다고 할 수가 없어, 뒤따라가는데 자꾸 뒤에서 뭐가 잡아당기는 것 같았다.

'주님, 담대함을 주시옵소서. 제가 이렇게 작은 일을 가지고도 무서워하면 어떡합니까?'

아무리 기도를 해도 무서웠다. 온몸에서 진땀이 버적거렸다. 나는 찬송가 '주 안에 있는 나에게 딴 근심 있으랴'를 큰 소리로 불렀다. 그런데 마음이 다급하니까 찬송도 잘 안 불러졌다. 그래서 무서움 반, 찬송 반이 범벅된 찬송을 불렀다. 그러다 보니 발걸음까지 점점 처져 집사님 부부와 상당한 거리가 벌어졌다.

간신히 사택에 왔는데, 잠을 잘 수가 없었다. 뒤에서 뭐가 잡아당기는 듯하던 그 공포와 죽음을 본 심란함이 어우러져 밤을 뜬눈으로 새웠다. 혼자 교회에 가서 기도를 하려 해도 무섬증 때문에 자신이 없어지는 것이었다.

그래서 사택에서 문을 꼭 걸어잠그고 찬송부르고 기도하다가 새벽예배 시간을 맞았다. 그때에야 교회에 나가 종을 치고 불을 켜니까 교인들이 오기 시작했다.

🍁 두 번째 시체

첫 번째 시체를 보고 놀란 가슴이 채 진정되기도 전에 두 번째 시체를 보게 되었다. 1974년 8월 15일, 낮 오후 2시경이었다. 총각집사인 김태수 집사한테서 연락이 왔다. 딸만 넷인 집의 외아들인 집사님이셨다. 그 집사님의 어머니는 원래 무당이었는데, 예수님을 영접하고 자궁암으로 사망했다는 것이었다. 그날은 폭우가 내렸다. 아직 전기가 가설이 안 되었을 때였다.

"전도사님, 어머니가 돌아가셨습니다."

그 말에 겨우 진정되어가던 내 가슴이 심히 쿵쾅거리기 시작했다. 인제는 죽은 당사자가 어른이니까 더했다. 그 자리에서 당회장 목사님에게 전화로 물었다.

"대강 알아서 해요. 장례식 예배는 내가 가서 드려줄 테니까."

염도 할 줄 모르는데 대충 하라니, 참으로 난감하기 짝이 없었다. 소나기가 그칠 줄 모르고 무섭게 쏟아지는 길을 교인들을 데리고 갔다. 먼저 교인들과 간단히 예배를 드렸다.

집에 가서 보니 여름이라 시신이 벌써 부패해가고 있었다. 자궁암으로 돌아가셨기 때문에 악취나는 분비물이 많이 흘러나왔다. 숨떨어지자마자 부패하기 시작한 것이다. 집사님의 아버지가,

"전도사님, 사다리를 놓고 그 위에 비닐을 깔고 시신을 올려놔 보는 게 어떨까요?"

도무지 어떻게 할 엄두가 안 나는데 그렇게 의견을 말해주니 고맙기 그지없었다.

"네, 네 그러지요."

그래서 사다리를 놓고 그 위에 비닐을 깔고 위에 시체를 올려놓았다. 묶을 끈이 없어서 문종이를 접어서 손을 간단히 묶고 발도 간단히 묶었다. 그리고 아저씨와 함께 솜으로 입과 코를 대강 막았다. 병풍이 있기에 그 병풍을 쳐서 가려놓고 준비할 게 있어서 나는 사택으로 돌아왔다. 꽃상여를 만들어 드려야겠다는 생각이 들었기 때문이다. 서둘러서 청년들한테 습자지를 사다가 꽃을 한 300개만 만들라고 했다. 목회 일을 시작한 후 처음으로 성도가 돌아가셨기 때문에, 꽃상여에 태워서 보내드리고 싶었다.

청년들을 도와 꽃을 만들다가 저녁이 되어 다시 상갓집에 들렀다. 교인들 몇 분도 일손을 돕기 위해 함께 갔다. 총각 집사님의 아버지가 내게 말했다.

"전도사님, 방에 좀 먼저 들어가 계시지요. 의논할 게 있어서 그럽니다. 제가 지시 좀 해놓고 뒤따라 들어가겠어요."

시체가 있는 방에 혼자 들어가기가 정말 싫었지만 어쩔 수 없이 들어갔다. 호롱불을 켜놨는데도 소나기가 쏟아지는 밤이라서 불이 가물가물하고 안개가 낀 것처럼 흐렸다. 방문을 열고 들어가서 앉는데 머리털이 곤두서며 등줄기가 섬뜩했다. 아무도 없는 시체방에 혼자 있으려니 눈이 자꾸만 병풍 있는 데로 가는 것이었다. 안 보려고 애를 써도 눈이 자꾸만 가는 것이었다. 그런데 병풍 아래로 다리 하나가 쑥 나와 있는 게 아닌가!

'아이고, 하나님!'

얼마나 놀랐는지 나는 아주 정신을 놓는 줄 알았다. 그러나 명색이 전도사라서 비명을 지를 수는 없었다. 방 밖으로 나오려고 하는데 뒤에서 시체가 나를 잡아끄는 것 같았다. 입 밖으로 소리도 안 나고, 발도 방바닥에 붙은 듯 안 떨어졌다.

나는 하얗게 질린 채 엉금엉금 기어나오다시피 하여 방에서 나왔다. 나와서도 말을 잃고 한참을 그냥 앉아 있었다. 너무 놀라서 완전히 얼이 빠져 버린 것이었다. 비지땀을 뚝뚝 흘리고 앉아 있자, 총각 집사님의 작은아버지라는 분이 다가와서 물었다.

"전도사님, 어디 몸이라도 편찮으세요?"

나는 입이 잘 떨어지지가 않아 간신히 대답했다.

"아, 아뇨, 몸이 불편한 게 아니라…."

나는 시체방의 사정을 이야기했다.

"방 안의 병풍 아래로 아주머니의 발이 나온 것 같아요."

"네에? 시신의 발이 나와요?"

내 말에 작은아버지가 기절초풍을 하는 것이었다.

"혼자 들어가지 마시고 누구를 좀 데리고 들어가 보세요."

작은아버지는 큰소리로 사람들을 여럿 불렀다. 시체방의 얘기를 듣자, 남편 되시는 분도 그 방에 안 들어가려고 했다.

동네 어른들과 함께 들어가 보니까, 다리가 완전히 병풍 밑으로 쑥 빠져나와 있었다. 그럴 수밖에 없는 것이, 사다리를 놓고 비닐을 깔고 문종이로 살짝 시신의 손발을 묶어 놨기 때문에 습기로 문종이가 눅어 처져버린 것이다. 밑으로 발이 쑥 빠져나올 수밖에 없는 형국이었다. 가슴이 벌벌 떨렸다. 집안 어른들이 다시 시신을 손보고 그 밤에 바로 염을 하기로 했다.

"전도사님, 염을 해보셨어요?"

"아니, 못해 봤는데요."

"그럼 기독교식은 어떻게 합니까?"

한 번도 제대로 하는 것을 본 일이 없어서 나는 말을 얼버무렸다.

"법칙이 뭐 따로 있나요, 뭐."

옷을 갈아입을 때는 누구나 다 일어나 앉아서 갈아입지, 누워서 갈아입는 법은 없다. 한 번도 시신에게 옷을 입혀본 일이 없었지만, 나는 남편 되시는 아저씨에게 말했다.

"아주머니를 안고 일어나 앉혀보세요. 바지를 입혀보게요."

"아니, 일어나 앉히고 어떻게 바지를 입힌대요?"

그러면서도 아저씨가 내 말대로 일어나 앉혀 바지를 입혀보려고 안간힘을 쓰는데, 아무리 애를 써도 안되었다. 그때 동네 아저씨들이 와서 보더니 기겁을 하며 달려들었다.

"무슨 놈의 염을 그렇게 상무식하게 해요? 예수 믿는 사람은 염도 제대로 할 줄 몰라요?"

막 화를 내며 달려붙더니 시신을 뉘어서 척척 염을 해주는 것이었다. 내 눈에도 정말 숙련된 훌륭한 솜씨였다.

염을 마친 후, 밤에 집에 돌아왔는데, 그날 밤부터 내 심장에는 큰 이상이 생겼다. 심장 뚜껑을 확 닫았다가, 확 열었다가, 또 확 닫았다가, 열었다가 하는 듯한 그런 느낌이 계속 반복되었다. 얼굴은 퉁퉁 부어오르고 숨은 쉴 수가 없었다. 눈을 감으면 그놈의 시체 다리가 병풍 밑에 쑥 나와 있는 게 보이곤 했다. 밤을 꼬박 뜬눈으로 새우고 이튿날, 새벽기도가 끝난 후부터 상여에 꽃을 달았다. 당회장 목사님이 오셔서 장례식 예배를 드리고 꽃상여로 무사히 장사를 지냈다.

장례식 후, 심장의 이상이 심해졌다. 밤이고 낮이고 숨을 제대로 못 쉬고 호흡곤란이 왔다. 그래서 하나님 앞에 기도드렸다.

"하나님, 나이 어린 저를 택하시고, 이렇듯 제게 담대함을 주시지 않으면 제가 어떻게 목회를 합니까? 제게 담대함을 주시고 숨이 멎으려고 하는 이 호흡곤란을 없애 주시옵소서."

아무리 밤이 새도록 기도를 해도 도저히 치료가 안되었다. 밥도 잘 못 먹고, 잘 자지도 못하고, 숨도 잘 못 쉬니까 몸이 야위기 시작해 허리가 26인치까지 내려갔다. 한 3개월을 심하게 고생했다. 기회가 있어 친구 어머니에게 이야기를 했더니, 시체를 보고 놀라서 그렇게 되었다고 했다.

"시체 보고 놀란 데는 약도 없다는데, 그래도 일단 유명한 한의사한테 가 봐요."

그래서 대전에 있는 약전골목을 찾아갔다.

"흠, 너무 크게 놀라서 간이 뒤집히기 직전입니다."

나를 진맥한 한의사는 이렇게 말했다. 나는 '간이 뒤집힌다'는 말을 그때 거기서 처음 들었다. 그러면서 한의사는 내 머리에 큰 손바닥만한 침을 놓아주었다 청심환과 한약을 지어줘서 돌아와 약을 달여 먹었다. 그러자 조금 숨을 쉬기가 부드러워지는 것 같았다. 그래도 여전히 숨을 쉬면, 숨쉬는 뚜껑을 뭐가 계속 덮었다가 열었다가 하는 듯한 해괴한 느낌은 없어지지 않았다.

그러나 전도사라서 시체 때문에 놀라서 병이 생겼다는 말을 그 가정에 할 수 없었다. 전도사가 믿음이 없으니까 시체 보고 놀랐다고 그 가정이 시험들까 봐서였다. 혼자 끙끙 약을 먹으며 지냈다.

우리 어머니가 내가 시체 때문에 놀랐다는 말을 듣고 기가 막히셔서, 좋다는 약은 다 구해 와서 먹어 3개월 만에 좀 가라앉고 숨도 좀 수월하게 쉬게 되었다. 3개월을 천년같이 힘들게 보냈다. 시체 때문에 놀란 후 나는 이런 기도까지 드렸다.

"하나님, 전 다른 건 다 할 수 있어요. 하나님께서 하라시면 뭐든지 할 수 있어요. 굶는 것도 할 수 있구요, 매 맞는 것도 할 수 있구요, 어려운 시험도 이길 수 있어요. 그러나 시체만큼은 정말 싫어요. 제발 제 평생에 더 이상 안 만나게 해주세요. 제가 가는 교회마다 사람이 죽지 않게 해주세요. 제가 목회하는 동안 제발 성도들이 죽지 않게 해주세요. 앞으로 장사 한 번만 더 지내라고 한다면 정말 전도사 안할랍니다."
정말 그것 때문에 노이로제에 걸릴 만큼 고생했었다.

성도의 방언 망신

누교리 교회는 시골 교회지만 뜨겁게 기도하는 교회였다. 금요철야 때마다 20명도 모이고, 30명도 모였는데, 여귀일이라는 평신도가 방언을 받았다.

그때가 막 모내기를 할 때였는데, 여 성도는 철야를 끝내고 집에 가서 자고 다음날 다른 집 일을 품앗이해 주러 갔다. 가서 열심히 모내기를 하고 점심을 먹은 후, 어젯밤 철야를 했기 때문에 몸이 너무 피곤해 잠깐 눈을 쉬려고 앉아 있었다.

그런데 여 성도가 생각하니 아무래도 어젯밤에 방언받은 것이 너무나 기뻤다. 은혜는 받아본 사람만이 그 기쁨을 안다. 여 성도는 초등학교 입학도 못한 사람인데, 너무 유창한 영어가 자기의 입에서 나오니까 감탄할 수밖에 없었다.

'혹시 하룻밤 지난 새에 방언을 잊어버린 건 아닐까?'

갑자기 여 성도의 마음속에 꼭 방언을 잊어버렸을 것만 같은 불안한 생각이 들었다. 그래서 모를 심으면서 방언을 해보려고 '할렐루야'를 시작했다. 연습삼아 한 번 해보려고 했던 것이다.

"할렐루야, 할렐루야…."

그때부터 일이 벌어졌다. 다시 방언이 나오면서 진동까지 겹쳐 왔다. 그러니까 같이 모내기를 하던 사람들이 놀라지 않을 수 없었다. 이게 대체 웬 난리고, 웬 이상한 소리인가?

"어이, 어이. 왜 그러나?"

사람들이 물어도 대답도 하지 못했다. 여 성도는 방언이 너무 강하게 나오니까 절제도 못하고, 진동으로 몸을 떨고 하니까 모내기를 하다 말고 논에서 소동이 일어났다. 이상한 말을 지껄이며 흙범벅이 된 맨발에, 두 손에는 모를 들고 방방 뛰니 정말 해괴한 광경이었을 것이다. 그분이 워낙 방언 은사를 열렬히 사모하던 끝에 받았기 때문에, 절제를 하려고 해도 쉽게 안되었다.

그때 모내던 장소에서 교회가 오리쯤 떨어져 있었는데, 그 길을 여 성도가 방언을 하면서 뛰어왔다. 기도를 마치고 잠깐 눈 좀 붙이고 있는데 사택 앞이 웅성거리고 부산스러웠다. 웬일인가 나가 보니, 동네 사람들이 우르르 떼를 지어 몰려와 장을 섰다.

여귀일 성도가 양손에 모내기하던 모를 들고, 바지는 둥둥 허벅지까지 걷고, 흙은 사방에 묻고, 얼굴은 흙으로 연지곤지를 찍고, 방언을 하느라고 눈을 홀떡 뒤집어뜬 채 2킬로미터를 왔으니 가관이 아닐 수가 없었다.

"예수 믿고 사람이 완전히 미쳤구만? 돌아버렸어!"

이 희한한 구경거리를 보려고 동네 사람들이 여 성도의 뒤를 따라 사택으로 몰려온 것이었다. 사택 마당 안이 사람들로 꽉 찼는데 정말 창피했다. 그래서 여귀일 성도를 크게 꾸짖었다.

"하나님께서 주신 은사를 절제도 못하고 써서, 이렇게 망신을 당하는 경우가 어딨습니까?"

내 말에 여귀일 성도가 다급한 목소리로,

"아라라라, 어라라랄…."

하며 손짓발짓으로 자기 좀 빨리 어떻게 해달라고 애원을 했다.

나는 여귀일 성도의 손을 붙들고 절제하게 해달라고 하나님께 기도를 드렸다. 기도가 끝나고 나니까, 방언이 딱 멈추었다. 한숨을 길게 한번 내쉬더니 여 성도가 말했다.

"아이고, 어젯밤에 방언받고, 혹시나 잊어버렸나 걱정되어 시작했다가 된통 혼났네!"

그러면서 내게 잘못했다며 용서를 빌었다. 사람들은 처음에 예수 믿고 미쳤다고, 누교리 교회에 다니더니 미쳤다고 비난했지만, 2킬로미터를 따라와서 그 광경을 보고는 감동을 받았다.

'야, 예수를 믿고 나니까, 초등학교도 못 다닌 사람이 저렇게 유창한 영어를 하는구나. 나도 믿으면 저렇게 될 수 있을까.'

방언 때문에 망신은 당했지만, 그 사건은 안 믿는 동네 사람들의 마음속에 새 도전을 주었다. 그들의 말에 여귀일 성도는 신이 나서,

"누구든지 믿어만 봐요. 나같이 무식한 사람도 하나님 믿고 나니까, 기도 많이 하라고 이런 귀한 은혜를 주셨다오."

하고 간증을 하고 다녔다.

그날 우리 사택에 따라왔던 사람들 중에 그날 그 일로 예수를 믿기로 작정한 가정이 몇 가정이나 있었다. 하나님께서는 전화위복을 시켜주신 것이다. 하나님의 영광을 가릴 줄 알고 걱정했는데, 오히려 그 일을 통해서도 예수를 영접하는 사람들이 생기는

것을 볼 때 참 놀랍고도 감사했다.

 짝사랑

우리 교회에 여 집사라는 총각 집사님이 한 분 있었다. 나는 전혀 몰랐었는데, 몇 년을 하루같이 새벽마다 내 방의 불을 때주었다. 당시 우리 사택은 연탄보일러를 놓지 못해서 불을 때야 했었다. 군불을 때고 자면, 새벽 2시쯤에는 방이 식게 마련인데, 이상하게도 새벽 무렵부터는 오히려 방이 뜨끈뜨끈해지곤 했다. 숨어서 내 방의 불을 때주고, 물을 길어다 놓고, 또 부엌에 나가 보면 몰래 먹을 것을 갖다 놓곤 했다. 또 저녁마다 꼭꼭 철야를 했는데, 나는 기도하는 것을 성도의 본분으로 여겼기 때문에 별 염두에 두지 않았었다. 나도 항상 밤이 새도록 기도하고 잠깐씩만 자는 생활을 해서 집사들이 기도하는 것을 그러려니 했다.

아침에 부엌에 나가면, 먹을 것을 챙겨다가 바가지로 덮어놓고, 별미 반찬을 갖다 덮어놓고 했었는데, 귀한 것들을 많이 갖다놨어도 나는 아무 낌새도 못 챘다.

한번은 성산교회에서 시무하시는 박영래 목사님을 모시고 집회를 하게 되었다. 그런데 총각 집사님이 목요일날 내게 와서 강사 목사님께 상담할 일이 있다고 했다. 그럼 그렇게 하시라고 했더니, 목요일날 밤예배가 끝나고 총각 집사님이 박 목사님에게 상담을 한 모양이었다.

"목사님, 제가 전도사님을 4년째 사랑하고 있습니다. 그런데 전도사님은 전혀 반응이 없어서 미치겠습니다. 목사님이 오신 김에 중매 좀 서 주십시오. 꼭 전도사님과 결혼해야 합니다."
총각 집사님의 말을 들은 목사님은 기가 막혔다. 이 문제를 어떻게 처리해주고 가야 될는지 고민이 되었다. 그 목사님은 내 성격을 너무 잘 알고 계시기 때문에, 아무 말씀 안하고 계시다가 금요일날 저녁집회를 마치고 나서 나를 부르셨다.

"놀라지 마세요, 전도사님. 사실은 이 교회의 여 집사라는 분이 전도사님을 4년 동안 짝사랑해 왔답니다. 더 이상 못 참겠으니까 중매를 서달라고 내게 목을 매는데 어떡하면 좋지요?"
난 무척 놀랐지만 내색하지 않고 단호히 목사님께 말씀드렸다.
"절대 안됩니다. 목사님. 한 교회에서 목자와 양이 결혼한다는 게 말이나 됩니까? 제 상식으론 생각해본 적도 없습니다. 아무리 제가 어려도 담임 교역자고 목자입니다. 그 일은 제가 알아서 할 테니 목사님은 모른 척하고 그냥 돌아가십시오."
목사님이 집회를 끝내고 돌아가신 바로 그 이튿날, 주일예배를 마친 후 총각 집사님을 불렀다. 좀 보자고 했더니 총각 집사님의 얼굴이 함박꽃처럼 환하게 피어났다. 집사님은 방에 들어와 내 앞에 무릎을 꿇고 앉았다.
"집사님, 한 교회에서 목자와 양은 결혼할 수 없습니다."
내 첫마디가 떨어지자 집사님의 얼굴이 점점 어두워졌다.
"이미지가 안 좋기 때문이기도 하거니와, 미안하지만 전 집사님을 제 결혼상대자로 상상해본 일조차 없습니다. 전 지금 결혼할 마음이 전혀 없는 사람입니다. 오직 예수 위해서 살다가 정말로 혼자 버티기가 힘들면, 10년이나 20년 후쯤 그땐 한번 생각해 볼지 모르겠지만 지금은 아닙니다. 그러니까 아예 기대도 마십시오. 만약 집사님이 계속 그런 감정을 정리하지 못한다면, 전 이 교회에 사표를 내겠습니다."
그렇게 말해놓고 월요일날 대전에 있는 영주 기도원에 갔다.

 꿈에 본 교회

영주 기도원에 간 나는 사흘을 금식하며 하나님께 기도드렸다. "하나님, 저를 이 교회에 보내주셨을 때는 뜻이 있으셨고, 저도 이 교회를 위해서 할 만큼 했습니다. 인제 제게 좋은 길을 열어주셔서 다른 임지를 허락해 주십시오. 아버지, 한 사람이 상처를 받고 서로가 불편한 가운데서 목회를 할 수는 없지 않습니까. 제가 모르면 괜찮지만 일단 알고서는 일하기가 힘듭니다. 제가 이 교회에서 사명을 잘 감당했다고 생각하시면 옮겨주세요."

물 한 모금도 먹지 않고 단식기도를 드렸다. 그런데도 아무런 응답이 없었다. 그래서 교회에 3일 예배를 드리라고 통보를 해놓은 다음, 토요일까지 연장해서 일주일 동안 하나님 앞에 단식하면서 기도를 계속했다. 바위에서 기도하다 잠깐 엎드려 잠을 잤는데, 꿈에 하나님께서 교회 하나를 보여주셨다.

교회는 어느 산 밑의 넓은 터에 자리잡고 있었다. 흰색 건물이었는데, 터도 넓고 사택도 좋았다. 앞에는 큰 강과 큰 도로가 있었고 마을의 호수도 꽤 되어 보였다.

'아, 하나님께서 교회를 보여주시는 걸 보니 목양지를 옮겨 주

시려나 보다.'

나는 응답을 받았기 때문에 "아멘, 할렐루야! 믿습니다!" 하고 토요일날 교회로 내려왔다. 그런데 이웃 교회의 김창수 목사님이, 그때는 전도사님 시절이었는데 그러시는 것이었다.

"지금 마포교회가 하나 나왔는데, 교역자들이 6개월을 못 버티는 데랍니다. 가족이 있는 분은 먹고 살 길이 없어서 그렇지요. 전도사님은 아직 혼잣몸이니까 가볼 맘은 없습니까?"

"일단 제가 그 교회를 답사해보겠습니다. 제가 꿈에 교회를 하나 봤는데, 그 교회인지 아닌지 궁금하네요."

"그러면 일단 같이 가 봅시다."

그래서 김 전도사님과 함께 그곳에 살짝 가서 보았는데 정말 신기했다. 그곳의 광경이 꿈에 본 그 교회와 너무나 똑같은 것이었다. 산 밑에 흰색 건물의 교회가 있었는데 터는 넓고 사택도 괜찮았다. 또 앞에는 봉곡으로 넘어가는 강, 금강 줄기인 큰 호수가 있었는데, 배를 타고 가게 되어 있었다.

'아, 이곳이 하나님 뜻이로구나.'

나는 하나님께서 인도해주신 교회라고 확신했다.

"교인은 몇 명 안돼요. 실망하지 마세요."

"교인이 많고 적고는 상관없어요. 저는 머릿수 보고 목회하는 사람이 아니에요. 그런 것은 상관 안해요. 하나님께서 보내신 곳이라면, 하나님께서 인도만 하신다면 가겠습니다."

그 교회에 부임하기로 마음을 굳힌 나는 그 교회의 중직 집사님들 서너 명을 만났다. 그쪽에서 좋다고 해서 가기로 결정했다. 돌아와서 주일날, 교회에 사표를 냈다. 그랬더니 교인들이 놀라 소동이 벌어졌다. 총각 집사님은 더욱더 놀라 어찌할 바를 몰라

했으나 나는 결심을 굽히지 않았다. 그리고 날짜를 바로 잡아서 교회를 옮기게 되었다. 사표내고 이사 가기로 한 날, 용달차가 짐을 실으러 왔는데 교인들이 싣지 못하게 가로막고 나섰다.

"짐 못 실어요, 짐 못 실어! 어디 짐만 실어 봐요!"

교인들이 죄없는 용달차 기사의 멱살을 투려잡고 소란을 피웠다. 전 교인들이 아우성을 치니 도저히 짐을 가져갈 수가 없었다. 아무리 좋은 말로 설득을 해도 안되었다. 할 수 없이 이사를 안가겠다고 하고, 밖으로 낸 짐을 다시 사택 안으로 들였다.

교인들에게 믿음을 줘서 늦은 밤에 교인들이 집으로 돌아가자, 한밤중에 김 전도사님과 부임할 교회의 재정 집사님들 몇 분이 용달차를 불러와 은밀히 이사를 하게 되었다.

김 전도사님 사택은 우리 마을에서 한 4킬로미터 정도 떨어져 있었는데, 그 전도사님이 소개했다는 것을 알고 며칠 있다가 또 시끄러운 소란이 일어났다. 잘 있는 사람을 충동질해서 빼돌렸다는 원망 때문이었다. 청년들이 작대기를 들고 와서 농성을 부리는 바람에, 전도사님이 피해 다니는 웃지 못할 일도 있었다.

세 번째 교회에 부임하다

1975년 8월에 세 번째 목양지인 마포교회에 부임했다.

이사를 오자마자 한 집 한 집 교인의 가정을 돌며 인사를 했다. 와서 보니까 교인들은 몇 명 안됐지만, 하나님께서 나를 이곳에 보내셨다는 확신을 가져서인지 낯설지가 않았다.

그 교회에 박 집사님이라는 63세 된 노인 집사님이 있었는데, 그 가정에 문제가 있었다. 첫 인사차 그 집을 방문했을 때, 박 집사님이 내게 물었다.

"전도사님은 아브라함을 어떻게 생각하세요?"

박 집사님의 갑작스러운 질문에 나는 좀 당황이 되었다.

"네? 어떻게 생각하다니요?"

"아브라함이 자식이 없자 대를 이으려고 첩을 얻었잖습니까."

"하갈을 얻어 이스마엘을 낳긴 했지만, 결국은 하나님의 기업을 물려받을 자가 아니라고 해서 내쫓았지요. 그런데 왜 그러세요?"

"아브라함이 첩을 얻어 대를 이은 것처럼 제게도 작은부인이 하나 있거든요. 제가 딸만 하난데 아들을 보려고 작은부인을 얻어 지금 임신 중입니다."

그 말을 듣는 순간, 가슴이 철렁 하며 크게 실망이 되었다.

'아이고, 큰일났다! 아버지가 무슨 뜻이 있으셔서 날 이곳에 보내셨을까? 이 일을 어떻게 처리해야 하나?'

마음에 큰 염려가 되었지만, 드러내지 않고 말을 계속했다.

"아, 집사님, 그런 일이 있으시군요. 그런데 성경을 그렇게 이용하시면 안되지요. 아브라함은 하나님께서 하갈과 이스마엘을 버리라고 하실 때 버렸지요?"

내 말에 박 집사님은 펄쩍 뛰며 손사래까지 치는 것이었다.

"그거야 아브라함은 믿음이 있으니까 버렸지만 난 못 버려요."

보통 문제가 아니었다. 나는 동네 인사를 한 바퀴 다 하고 들어 와서 박 집사님을 불러 정색을 하고 말했다.

"집사님, 저는 모르면 몰라도 알고는 그냥 못 있겠네요. 작은

부인을 얻은 분을 재정집사님으로 시무하게 할 수 없습니다."
"이 교회는 내가 기둥인데 누가 뭐라고 하겠어요?"
"교회를 살리기 위해서 집사님이 희생하셔야겠습니다. 작은부인을 끊든지, 집사님이 떠나시든지 둘 중에 하나를 택하세요."
강경한 내 말에 그 집사님은 몹시 당황해하였다.
"젊은 전도사라 이해할 줄 알고 말했는데 이럴 수 있습니까?"
그래서 내가 말했다.
"집사님, 저는 죄에 대해선 굉장히 무섭습니다. 그러나 의에 대해선 끝까지 도와드립니다. 집사님께서 죄에 대해 제게 도움을 청하는 일은 있을 수 없는 일입니다. 집사님 한 사람의 생명보다 이 마을 주민들의 생명, 그 많은 영혼들이 구원받을 것을 생각한다면, 집사님과의 문제는 분명하게 해야겠네요."
집사님은 마음이 몹시 상했는지 식사도 안하고 그냥 돌아가버렸다. 그래서 여전도회장과 집사님들 몇 분을 불러 물어보았다.
"이 마을에서는 박 집사님이 작은부인을 얻은 걸 다 압니까?"
"네, 다 알고말고요. 그래서 교회를 연애당이라고 비웃으며 예수 믿을 사람이 안 믿는답니다. 재정집사가 작은부인을 얻었는데 무슨 덕이 되겠어요. 그러니 교회가 부흥이 안되지요."
그날 밤부터 나는 하나님 앞에 무릎을 꿇고 성전에서 떠나지 않고 기도하기 시작했다.
"오직 하나님만이 하실 수 있습니다. 어찌하시렵니까?"
저녁마다 마음이 아파서 울면서 기도했다.
"왜 이런 문제 있는 교회에 절 부르셨나요? 하나님이 해결해 주셔야 합니다. 이왕이면 서로가 상처받지 않고 해결받게 하옵소서."

그런 후에 박 집사님을 불러 진지하게 몇 차례 다시 권면했다. 그리고 당회장 목사님에게 보고해서 권면을 받게 해도 듣지 않았다.

"본부인은 버려도 작은부인은 절대로 못 버려요. 본부인은 애를 못 낳는 여자니까요. 난 무슨 일이 있어도 대를 이어야 합니다."

그러면서 계속 고집을 부렸다.

"정 그러면 집사님을 치리하겠습니다."

"그렇게 하시든지요."

당회장 목사님과 몇 차례 면담을 하면서 몇 개월 지켜보는 시간을 가졌다. 그 동안에 박 집사님의 작은부인이 애를 낳았는데 또 딸이었다. 그래도 박 집사님은 노상 작은부인 집에만 가서 살고 본집에만 오면 큰부인을 두들겨 패는 것이었다. 도저히 덕이 안돼서 당회장 목사님이 오셔서 치리를 하는 아픔을 겪었다.

치리를 한 후 그분의 가정에 어려움이 끊이지 않았다. 내가 그 교회를 떠난 후에 소문을 들으니, 박 집사님이 결국 미쳐서 돌아다니다가 객사를 했다고 했다. 그 말을 들었을 때 너무나 가슴이 아팠다. 내겐 아주 깊은 상처를 남겼던 사건이었다.

 예수가 최고!

원래 이 마포교회가 무당터라 기가 센 탓인지 저녁이면 사탄의 역사가 아주 심했다. 전임 교역자들도 해만 지면 무서워서 화

장실을 못 가고, 사모님들은 아예 문밖출입을 안했다고 한다. 처음 부임해서는 그 말을 믿지 않았는데, 차츰 지내면서 사탄들이 정말 희한한 짓들을 많이 한다는 것을 알게 되었다.

'음, 이건 기도로밖에 이길 수가 없겠구나.'

가끔 가다 목매달아 죽는, 숨넘어가는 끔찍한 소리가 그렇게 생생히 들려올 수가 없었다. 날이 궂을 때나 비가 올 때면 더 심한데 꼭 감나무 근처에서만 났다. 그때 사택 주위에는 사택을 빙 둘러 감나무 여섯 그루가 심겨져 있었다.

'참 이상도 하다. 왜 꼭 감나무 근처에서만 그 소리가 날까.'

하루는 비가 내리는 저녁 무렵이었는데, 내가 감나무 근처에 있는 화장실에 가려고 방문을 열었다. 방문을 열고 나서는 순간, 감나무에 여자 하나가 목을 매고 죽어 있는 게 아닌가!

눈에 확 들어오는 그 광경에 소스라치게 놀라 후닥닥 방안으로 다시 들어와서 어머니에게 말씀드렸다. 그랬더니 어머니가 얼른 밖에 나와 두루 살펴보시더니 말씀하셨다.

"아무것도 안 보이는데, 뭘 봤다고 그래?"

참으로 이상한 일이었다. 아무튼 날만 궂고 비가 오려고 하면, 가끔 가다 감나무 근처에서 여자의 통곡 소리와 목매달아 죽을 때의 그 숨떨어지는 단말마의 비명이 들려오곤 했다. 나무에 목매달린 여자의 모습을 보고 나서 내게 이상한 생각이 들었다. 그때 사택의 옆집에는 그 마을의 토박이 아줌마가 살았는데 온갖 미신을 신봉하는 반 무당이었다. 그래서 내가 물어보았다.

"혹시 예전에, 여기 감나무에서 무슨 일이 없으셨나요?"

"아, 그전에 무당이 살았었는데, 처녀 하나가 그 감나무에서 목매달아 죽었지요."

그 말을 듣고 그때서야 나는 깨달았다.
'아, 그랬구나. 사탄이 그 형상을 입고 가끔 심술을 부리는구나.'

그때부터는 하나님 앞에 사탄과 싸우는 기도를 드리기 시작했다. 밤만 되면 소리소리 지르면서 부르짖는 기도를 드렸다. 외딴 시골이었기 때문에 얼마든지 마음껏 부르짖고 기도할 수 있었다.

이 교회도 누교리 교회와 같이 뜨거운 금요 철야예배를 드리고 있었다. 교인들이 북 치고 찬송하고 부르짖으며 철야예배를 드리고 있는데, 아랫집 아저씨가 잠옷 바람으로 와서 욕을 퍼붓는 것이었다.

"미친년들이 한밤중인지도 모르고 맨날 북치고 떠들어 잠 못 자게 하고 있어! 저년, 똥이나 싸고 뒈져버려라!"

그 아저씨는 욕을 있는 대로 다 우리에게 퍼부었다. 듣다못해 내가 아저씨에게 말했다.

"아저씨, 아저씨가 정신에 이상이 있네요. 저희들은 옷이나 다 입고 와서 찬송을 부르지만, 아저씨는 지금 잠옷 바람이잖아요. 어딜 그러고 와서 누구한테 정신이 나갔다고 하세요?"

그 아저씨는 내 말을 듣더니, 자기 모습을 한 차례 훑어보았다. 그러더니 자기 눈에도 희한하다고 여겨졌는지 그냥 돌아갔다. 그런데 그후에 정말 그 아저씨가 똥을 있는 대로 싸고 사경을 헤매게 되고 말았다. 그날 밤에 연탄가스를 마셔서, 자기가 우리 교회에 와서 한 악담 그대로 된 것이다.

이튿날, 아주머니한테 이야기를 전해듣고 나는 다시 깨달았다.
'아, 우리 하나님께서는 그가 입 벌린 대로 갚아주셨구나!'

그런 경험을 한 이후로 그 아저씨는 다시는 예수 핍박을 하지 않았다. 한 번 혼쭐이 난 다음에는 상관을 하지 않았다.

더 신기한 것은 바로 옆집에 살던 반 무당의 딸이 물에 빠져 죽었는데, 오기를 닦아준다고 대법사를 불렀다.

마침 그때 우리 교회는 작정기도 중이었다. 옆집에서 굿한다는 말을 듣고 우리도 온 교인이 비상기도를 시작했다. 목요일날 온 교인을 불러서 이야기했다.

"옆집에서 굿을 하니까 우리도 하나님 앞에 기도를 드립시다. 그 집은 몇 시부터 굿을 한답니까?"

"7시 30분부터 한답니다."

"그럼 우린 7시부터 전 교인이 모여 하나님께 기도드립시다."

그래서 전 교인이 7시부터 모여 북을 치면서 하나님 앞에 찬송과 기도를 드리고 있었다. 7시 30분이 되니까 옆집에 대법사라고 불리는 여자 무당 두 명이 와서 굿을 하기 시작했다. 요란하게 꽹과리를 치면서 굿이 시작되자, 우리 역시 열심히 기도를 드렸다.

"하나님, 물리쳐주세요. 하나님 살아 계신 증거를 보여주세요!"

은혜가 충만하니까 온 교인들이 방언을 하고 기도의 열기가 더없이 뜨거웠다. 밤 11시쯤 되자 옆집의 아들이 얼굴이 붉으락푸르락해져서 교회로 쫓아왔다.

"이것들이 지금 뭐하는 거야! 남의 집 망하는 꼴 보려고 그래?"

"왜 그러세요?"

아늘에게 내가 물었다.

"우리 집에서 큰돈을 주고 유명한 대법사 두 명을 모셔왔는데, 너희들 때문에 신이 안 내린다고 갔잖아! 굿을 못하겠다고 북을 짊어지고 가버렸단 말이야!"

마구 욕을 퍼붓는 말이 끝나기를 기다렸다가 내가 말했다.

"여보세요, 선생님. 그런 시시한 무당을 왜 믿으세요? 살아 계신 하나님을 한 번 믿어보세요. 하나님이 제일이니까 선생님 댁 대법사 둘을 물리치신 게 아녜요? 저라면 그런 시시한 무당은 안 믿겠네요. 우리 하나님께서는 못하실 일이 없으세요. 오기를 닦는다고 해서 죽은 영혼이, 지옥 간 영혼이 살아올 줄 아세요? 그건 잡귀신들을 더 부르는 짓이에요. 별 더러운 귀신들이 굿할 때 밥 얻어먹으려고 몰려들어요. 그러니 예수를 믿으세요."

옆집 큰아들은 내 말에 더욱더 기가 성해 욕을 퍼부었다.

"믿으려면 너희들이나 믿어. 남의 집 망하게 하지 말고!"

"우리는 옆집을 저주한 일도 없고, 안되기를 바란 적도 없어요. 다만 모여서 기도할 뿐이었어요. 내 교회에서 기도했는데 누가 이래라저래라 할 수 있어요? 그러나 선생님에게 내가 꼭 해주고 싶은 말이 있어요. 예수 그리스도를 믿으세요. 하나님이 무서우니까 북 짊어지고 도망간 것 아니겠어요?"

옆집 아들은 말이 안 통한다는 듯 한참 퍼붓다가 돌아가 버렸다. 그후부터 옆집 아주머니는 나만 보면 외면을 했다. 나 때문에 되는 일이 없다는 것이다. 당시로는 50만원이라는 큰돈을 들여 대법사를 불러왔는데 아무 효험을 보지 못했기 때문이었다.

나는 그때 그 가족과 절대 대항하지 않았다. 하나님 앞에 기도하면서 그 가정도 예수를 믿을 수 있다는 소망을 가졌기 때문이었다. 그래서 나는 그 아주머니와 친해지기를 기다렸다. 먹을 것이 있으면 뽀르르 그 아주머니에게 갖다 주고, 시간만 있으면 그 아주머니네 집에 가서 놀곤 했다. 그랬더니 첫 번째 찾아갔을 때는 미워하더니, 두 번째, 세 번째… 해서 열 번째가 되니 달라지기 시작했다. 아주머니와 친해지니 그 아들과도 자연히 친해지게 되었다.

어느 날 내가 마루에 앉아서 상추쌈을 먹고 있었는데, 독사가 한 마리 마루로 기어올라왔다. 그걸 모르고 내가 쌈만 먹고 있는데, 옆집 아들이 찐 감자를 주러 우리 마당에 들어섰다가,

"전도사님, 뱀 있어요!"

하고 놀라서 소리쳤다. 놀라서 옆을 돌아보니 큰 뱀이 옆으로 올라오고 있었다. 후닥닥 몸을 피하는 바람에 화를 면했다. 아들이 뱀을 때려잡은 후, 같이 밥을 먹으면서 우리는 더욱더 친해졌다.

아들과 어머니의 마음이 풀어지면서 아들은 우리 교회에 많은 협조를 해주었다. 교회에 어려운 일이 있을 때면 도와주기도 하더니 이따금 교회에 얼굴을 내밀기도 했다.

어머니도 아들이 교회에 나가는 것을 말리지 않겠다고 해서 신앙생활을 하게 되었다. 하나님의 사랑이 그들에게도 임하는 것을 볼 때 너무 감사했다. 자기가 믿는 신이 최고인 줄 알았다가, 무당들이 신이 안 내려 돌아가는 것을 보는 순간부터, 마음 한편에 '아, 예수가 최고로구나!' 하는 생각이 있었다고 나중에 간증을 했다. 그래서 마침내 반 무당의 아들이 예수님을 영접하는 놀라운 기적이 일어난 것이다.

40일 금식-한 알의 밀알이 되어라

1976년, 교회의 부흥을 위해서 눈물로 기도하고 있는데, 어느 날 하나님께서 내게 이렇게 물으셨다.

"네가 나를 위해서 하나의 밀알이 될 수 있겠느냐?"

"어떻게 한 알의 밀알이 될 수 있겠는지요?"

"네가 이 제단을 위해서 생명 건 40일 금식을 하지 않고서는 이 교회를 살릴 수가 없느니라."

"하나님, 저는 20일까지는 해봐서 가능한데 40일은 자신없어요."

"내가 하는 것이지 네가 하느냐?"

그러시며 자꾸 한 알의 밀알이 되라고 권고하시는 것이었다.

"하나님 뜻이라면 순종하겠습니다."

응답을 받은 이후부터 40일 금식기도 위하여 준비 기도를 드렸다.

76년 4월 10일부터 강원도 철원에 있는 대한수도원에서 금식을 시작한다고 성도들에게 광고를 하고 수도원으로 갔다. 4월 10일부터 5월 20일까지 금식하되, 교회를 오래 비워두면 안되니까 20일은 대한수도원에서 하고 나머지 20일은 본교회의 제단에서 하기로 했다. 기도원에 도착해 전진 선생님에게 부탁했다.

"전도사인데, 금식하려고 합니다. 방을 하나 주시지요."

"아, 그러세요? 지금 감리교의 어떤 권사님과 성결교회 어떤 사모님도 40일 금식을 하러 오셨어요. 마침 오늘 다 시작하는 날이니까 같은 방을 쓰시면 되겠네요."

그래서 그 방을 같이 쓰기로 하고 방으로 갔다. 당시 권사님의 나이는 쉰 살이 조금 넘으셨고 사모님은 좀더 젊으셔서 마흔 살이 채 안되어 보였다. 금식을 시작하는 첫 날이었기 때문에 서로 인사를 나눈 후 우리는 함께 예배를 드렸다.

날마다 날마다 하나님께서 도우시고 힘주셔서 별로 힘든 줄을 몰랐다. 제일 어려웠던 것이 내가 상추쌈하고 통닭 튀긴 것을 너무나 좋아했는데, 상추쌈을 싸먹는 광경을 보거나 통닭 냄새를 맡을 때는 너무 먹고 싶어서 정말 참기가 어려웠다. 당시 기도원에서는 밥을 무료로 제공했다. 다른 사람들이 식사하는 것을 눈으로 보면서 참는다는 것이 몹시 힘들었다.

"하나님, 제게서 저것들을 좀 물리쳐주세요."

나는 엎드려서 하나님께 기도할 뿐이었다.

한 보름쯤 되자 견딜 수 없을 만큼 힘들었다. 전진 선생님이 힘내라고 하나님 앞에 엎드려 기도해주고 우리 방에 특별히 찾아와 안찰해 주었다. 안찰을 받고 다시 힘을 내서 기도를 했다.

낮에 나는 회개바위에 올라가서 기도를 하고 왔다. 그런데 같은 방에 있는 권사님이 회개바위에 가서 기도를 하신다고 가시더니 저녁이 되어도 영 소식이 없었다. 걱정이 되어 사모님과 둘이서 힘없는 걸음으로 찾으러 나섰다.

그런데 회개바위에 가도 권사님의 모습이 보이지 않았다. 다 찾아봐도 안 계셨다. 회개바위의 뒤는 한탄강으로 이어지는 낭떠러지라서 위험했다. 혹시 권사님이 어지럽고 기운이 없으셔서 회개바위 밑으로 떨어지신 거나 아닌지 불길한 예감이 스쳤다. 그래서 권사님을 찾는 방송을 했다. 아무리 반복해 방송해도 소식이 없었다.

그후에 수도원의 직원들한테 이야기를 했다. 그랬더니 목사님이 놀라 청년들을 시켜 모두들 찾아나섰다. 회개바위 밑으로 내려간 청년들이, 권사님이 한탄강가에 떨어져 운명해 있는 것을 발견했다. 몇 시간 물에 닿았던 시신은 벌써 부패되고 있었다. 40일 금식을 하며 사람이 죽는 것을 보니까 정나미가 떨어지고 와락 겁이 났다.

"하나님, 정말 이 기도가 생명 바친 기도인 것 같습니다. 저희는 이런 일 당해서 하나님 영광 가리지 않도록 도와주세요."

그후 20일을 무사히 마치고, 전진 선생님께 기도를 받은 다음, 낮에 택시를 잡아타고 본교회로 돌아왔다. 그때까지는 돌아다닐 수 있을 만큼의 기운은 있었다.

어머니가 내 오담요를 하나 사다놓았다. 사택의 아래채에서 40일 금식을 계속했다. 그런데 20일이 지나니까 부쩍 지탱하기가 힘들었다. 너무 어지러워서 사람의 부축을 받아 교회에 다니면서 기도를 드리고, 돌아오면 자리에 눕곤 했다.

그때에 하나님의 말씀, 특히 신약성경이 얼마나 달고 꿀 같은지 몰랐다. 22번을 연거푸 읽었다. 참고 견디고 기도하며 30일이 지났다. 그때부터는 시간이 더디 흐르는 듯했다.

하루는 탈진이 되어 힘없이 누워 있었다. 그때 어디에선가 힘찬 찬송 소리가 들렸다. '내 너를 위하여', '태산을 넘어 험곡에 가도' 등의 찬송을 합창대가 부르는 소리가 하늘에서 들려왔다.

'아, 이렇게 아름다울 수가!'

정녕 이 세상에서는 들어보지 못한 아름다운 찬양소리가 계속해서 들렸다. 찬양을 열 곡 정도 이어서 부르더니 그 다음에는 누군가가 나를 위해서 간절히 기도하는 것이었다.

"새 힘을 주세요. 하나님께서 능력의 손으로 붙잡아주세요."

그 소리에 눈을 떠보면, 아무도 없는데 기도소리는 계속해서 들렸다. 30일이 지나고부터는 너무 지치고 기진해서 일어나 앉을 기운도 없었다. 20일 이후부터는 화장실 가기가 귀찮아서 물도 먹지 않고 단식에 들어갔다. 그렇게 찬송과 기도소리를 들은 후에 나는 설풋 잠이 들었다. 그러자 눈부시게 흰 세마포 옷을 입으신 분이 내게 다가오셨다.

"힘들지?"

그분은 내 오른손을 꼭 쥐시면서 말씀하셨다.

"그래도 끝까지 승리하는 종이 되어라."

"누구신지요?"

"그건 몰라도 되느니라."

"너무 힘듭니다. 저를 좀 붙들어주세요."

"내가 이미 네 손을 붙잡고 있지 않느냐? 네가 연약해 기도하지 못할 때도 하늘의 성령이 대신 눈물로 기도하고, 네가 찬송 부르지 못할 때도 널 대신해 찬송하는 천군천사들의 찬송소리를 못 들었느냐?"

그러셨다. 나는 낮에 들었던 그 힘차고 아름다운 찬송소리를 선명하게 기억해낼 수 있었다.

"네, 제가 아까 낮에 들었는데 너무너무 아름다웠어요."

"그 수많은 천사들이 너와 동행하고 있으니까 조금도 염려하지 말아라."

그분은 손에 큰 두루마리를 갖고 오셔서 내게 말씀하셨다

"사랑하는 딸아, 네 입을 벌려라."

"이게 뭔데요?"

"하나님의 말씀 66권 두루마리다. 이걸 네 입에 넣어줄 테니까 꿀꺽 삼키거라. 이것만 삼키면 영원히 목마르지 않는 생명수가 뱃속에서 넘쳐날 것이다. 하나님의 말씀이 넘쳐나리라!"

나는 좋아서 입을 한껏 크게 딱 벌렸다. 그분이 두루마리를 내 입에 넣어주시자마자, 두루마리는 사르르 녹으면서 목으로 꿀꺽 넘어가는 것이었다. 그리고 난 후에는 그분은 그냥 소리도 없이 사라져 버리셨다. 눈을 번쩍 뜨고 보니 꿈이었다. 방에 어머니가 계셔서 여쭈어 보았다.

"어머니, 조금 전에 흰 옷 입고 오신 분 못 보셨어요?"

"난 못 봤다. 네가 꿈을 꿨나 보구나."

"금방 뭘 먹여주고 가셨어요. 하나 더 얻어먹으려고 했는데."

그런데 희한한 것이 말씀이라며 먹여주신 흰 두루마리를 삼키고 난 후에는 정말로 하나님의 말씀을 보면 달고 달았다. 그전에도 한얼산 기도원에서 하나님의 말씀의 맛을 알았지만, 그때와는 비교할 수 없는 신기한 말씀이 계속 내 속에서 솟구쳐오르는 것이었다. 말씀만 들고 서면 어디선지 생각지 못한 말씀이 계속 흘러 넘치는 그런 신비한 체험을 날마다 했다.

'아, 주님께서 찾아오셔서 말씀을 먹여주셨구나.'

감사가 넘치자 새 힘을 얻어서 강대상에도 서고 혼자 걷기도 했다. 그러는 중에 어느덧 40일이 다 되었다.

'음, 주님께서 40일 금식을 하셨으니까, 난 주님보다 한 끼 모자라는 금식을 해야 되겠다.'

그래서 40일에서 한 끼 모자라는 금식을 채웠다. 지금은 고인이 되신 이상인 목사님이 그날 찾아오셔서 감사의 기도를 해주셨다. 그때 내 몰골이 너무 야위고 기운이 없어 눈동자도 풀린 것을 보고, 목사님은 재정 집사님을 불러 이르셨다.

"김 전도사님이 위태할 것 같으니까 기도 많이 하세요."

그 말을 들은 우리 교인들은 날마다 나를 위해 기도를 드렸다. 금식이 끝나는 마지막 날은 주일이었다. 내가 주일 낮 설교를 하겠다고 교인들에게 말했더니 교인들은 무리라면서 만류했다.

"하나님께서 힘주실 거예요. 금식을 무사히 끝내게 해주신 하나님 앞에 감사해야지요."

점심까지 마저 금식해야 하는 주일이었는데 강대상에 부축을 받아 섰다. 강대상 앞의 의자에 엎드려 기도를 하는데, 갑자기 누가 내 오른쪽 따귀를 냅다 갈기는 것이었다. 그러더니 귀가 먹어 사람의 말소리가 전혀 들리지 않았다. 설교를 해야 하는데 큰일이었다. 대체 뭐가 내 뺨을 때렸는지 알 수도 없었다.

'하나님, 제 귀를 열어주옵소서. 혹 제가 기운이 부족해서 사탄이 틈탄 건지도 모르니까 붙잡아 주옵소서!'

기도를 하고 난 다음에도 양쪽 귀가 다 먹어 먹먹하고, 앞에 앉아 있는 사람들도 가물가물하게만 보였다. 강대상에 간신히 올라서서 신앙고백을 드리고 주일 낮예배를 드렸다.

그런데 그날따라 내 얼굴에서 빛이 나는데, 바라볼 수 없을 만큼 밝은 광채가 뿜어나오더라고 했다. 나 역시 강대상에서 성경책을 보는데 어디선가 환한 빛이 반사되는 것을 느끼고, 이 빛이 어디서 나는지 의아했다.

교인들은 내 얼굴에서 빛이 나는 것을 보고 모두들 하나님께 영광을 돌렸다. 이어서 생각지도 못한 말씀이 폭포수와 같이 흘러나오는데, 얼마나 힘있게 역사하시는지 몰랐다.

설교를 다 끝내고 주기도문을 하고 나니, 그때야 내 두 귀가 다시 뚫렸다.

'하나님, 감사드립니다. 승리하게 하신 주님께 감사드립니다.'
예배가 끝난 후 교인들이 내 곁에 몰려와서 말했다.

"전도사님, 오늘 전도사님 얼굴이 너무 빛이 나서 바라볼 수가 없었어요."

나는 그 말을 들으면서 사도 바울이, 또 모세가, 얼굴이 빛이 나서 모든 사람이 바라볼 수 없었다는 성경말씀을 떠올리며 감사했다.

'아, 그렇구나. 성령이 충만하니 그렇게 빛이 났구나. 육신은 40일을 굶어 볼품없이 뼈만 남았지만 그걸 감춰주시고, 모든 사람들이 은혜받도록 은혜의 얼굴을 하나님께서 보여주셨구나.'

 ### 장을 잘라내다

그후 보호식에 들어가 미음을 끓여서 조리에다 받쳐서 조금 마셨다. 겨우 미음을 조금 마셨는데도 속에서 받지가 않았다. 한 모금만 들어가도 모조리 토하는 것이었다. 또 느닷없이 목이 퉁퉁 붓기 시작해 참기가 어려워서 병원에 갔다.

"너무 오래 굶어서 그렇습니다. 영양주사를 좀 맞아보지요."

의사의 처방에 따라 링거를 계속 맞으면서 몸이 회복되기를 기다렸는데, 배가 24시간 내내 못 견디게 아팠다. 그래서 다시 병원에 가서 종합진찰을 받았다.

"허, 세상에! 장이 말라 붙어버렸습니다. 탈장도 조금 있구요.

어차피 수술을 해야 되니까 빨리 하는 게 좋겠습니다."

별것을 다 먹어 보고 치료를 해도 안되어서, 병원에다 수술 예약을 하고 곧바로 수술로 들어갔다. 그런데 내 심장 상태가 너무 안 좋아서 전신마취를 못하겠다는 것이었다. 그래서 반마취만 하고 수술을 시작했다.

수술 도중에 의사가 장을 꺼내서 내게 보여주는데 장 한쪽이 완전히 서로 달라붙어 있었다. 달라붙은 부분을 잘라낸 다음 다시 이어붙이는 데 9시간이나 걸렸다. 나는 그때 내 창자를 꺼내고 꿰매는 것을 또렷한 의식상태에서 다 보았다. 수술이 끝난 다음에 의사들이 와서 내게 말했다.

"와, 전도사님, 정말 대단하십니다. 간도 크세요. 어쩌면 자기 창자를 보고도 놀라지 않으세요?"

그러나 사실을 말하자면, 그때 나는 너무나 고통에 시달렸기 때문에 놀랄 기력도 없었다. 금식을 막 끝내고 몸이 회복도 안된 상태에서 수술에 들어갔기 때문이다. 수술을 마치고 링거를 맞고 퇴원을 해서도 고생을 너무 많이 했다. 그런데도 나는 하나님의 은혜가 너무 감사하게만 여겨졌다. 이 부족한 것을 중간에 포기하지 않으시고 끝까지 지켜주신 은혜가 감격스러울 따름이었다.

'창자야 좀 잘라냈으면 어때? 남달리 기니까 하나님께서 잘라 내게 하셨을 테지.'

실제로 담당의사가 수술 후에 이렇게 말했었다.

"전도사님, 전도사님은 장이 다른 사람보다 한 10센치쯤 길더라구요. 그러니 잘라내도 별 지장이 없어 많이 잘라냈어요. 한 4, 5년 동안은 걸음걷기가 불편할 테니까 10분 이상은 서 있지 마세요. 장이 차츰차츰 늘어나야 하니까요. 몸관리를 잘하세요. 몇 년 있다가 다시 재수술을 받아야 합니다."

재수술을 하는 것은 물론 모든 것을 하나님께 맡겼기 때문에 그저 감사를 드렸다. 병원에 월요일날 입원해서 장수술을 무사히 마친 후, 토요일날 퇴원하겠다고 하자, 병원측에서 놀라서 반대했다.

"안돼요. 이런 대수술을 한 사람이 어떻게 그렇게 빨리 퇴원한단 말입니까?"
"제가 주일을 지켜야 해서 그럽니다. 설교를 해야 하거든요."
"어쨌든 안됩니다. 퇴원은 말도 안돼요."
"그럼 어떡합니까? 저는 죽어도 주일은 지켜야 하는데요."
"그럼 외출을 시켜드릴 테니까 조심해서 다녀오세요."

그래서 주일날 외출을 해서 본교회에 와서 의자에 앉아 설교를 하고, 저녁예배까지 드리고 다시 병원으로 돌아갔다. 그런데 문제는 수술비였다. 교회도 재정은 뻔해서 다 긁어도 한 만원 정도밖에 없었다. 그때는 의료보험도 없을 때니까 수술비용이 아주 비쌌다. 어찌할 도리가 없어 기도만 했는데 사방에서 도움의 손길이 왔다.

우리 충북노회에서 나를 위해 헌금하고, 총회에서도 수술비를 돕기 위해 농촌선교부 담당 목사님들이 수술비를 보내주었다. 충북노회의 사랑하는 동역자들이 크게 힘을 써줘서 무사히 퇴원을 할 수 있었다. 지금도 그 은혜를 생각하면 너무나 감사하다.

세마포와 면류관 구경

퇴원을 하고 난 후에도 하나님께서는 크나큰 사랑으로 나를 감싸주셨고, 나 역시 하나님 없이는 못사는 사랑의 일치가 이루어지는 굉장한 기쁨을 맛보았다. 그리고 그후부터 교회에 놀라운 기적들이 끊임없이 일어나는 것이었다. 관절염 환자가 오면 관절염이 낫고, 무당들이 와서도 예수를 믿게 되는 신기한 일들이 자꾸 일어나면서 교회는 계속 부흥되었다.

그런데 어느 날, 하나님께서 내가 금식과 수술을 거치면서 너무 힘들었기 때문에 위로하시는 역사가 일어났다. 몸을 잘 쓰지 못할 때였는데, 그날도 초저녁부터 강대상에 엎드려 기도를 시작했다.

그때 지번에 보았던 천사가 두 번째로 내게 왔다. 나를 또 하늘로 인도해 주시겠다고 하였다.

나는 천사와 함께 하늘로 붕 떠서 올라갔다. 천사가 나를 부축하여 황금빛으로 빛나는 금수레 두레박 비슷한 것에 올라앉았다.

천사가 내게 말했다.

"지난번에는 하늘구경을 많이 했는데, 이번에는 김 전도사가 이다음에 주의 일을 다 하고 와서 입을 예복과 상으로 받아 쓸 면류관을 잠시 구경시켜 주겠어요."

"네? 예복이 어디 있는데요?"

한참을 더 나를 어디론지 끌고 올라가는데, 거기는 바닥이 다 온통 황금으로 되어 금빛을 뿜고 있었다. 금수레 두레박에서 내려 가만히 서 있어도 에스컬레이터처럼 스르르 움직여 나갔다. 한참 동안을 스르르 미끄러져 가더니 어디쯤에선가 천사가 예복 한 벌을 내왔다.

"지금 입어보면 안되니 구경만 해요."

"아!"

그 예복은 이 세상에서는 다시 볼 수 없을 정도로 아름다운 드레스였다. 옷 뒤의 윗면에 이름표가 붙어 있었는데, 금과 보석 비슷한 것으로 '김손진'이라는 이름이 박혀 있었다.

"이 옷은 주의 일을 다 마친 후에 입을 것이니 구경만 해요."

천사는 그 옷을 갖다놓고, 또 나를 데리고 어디론가 한참동안을 갔다.

"여기를 들여다봐요."

천사가 가리키는 곳을 바라보니, 거기서는 한창 집을 짓고 있는 중이었다. 진주 등 갖은 보석 등을 재료로 짓고 있었는데 중간쯤 쌓고 있었다.

"안을 들여다봐요."

들여다보니 왕관처럼 훌륭한 면류관이 세 개가 놓여 있었다.

"이게 누구 거예요?"

"지금까지 김 전도사가 일한 게 면류관 세 개인데, 앞으로 끝까지 충성하면 면류관이 더 많을 거예요. 이다음에 주님의 일을 다 하고 주님 나라에 올 때, 김 전도사가 받아쓸 거니까 그런 줄 알고 구경만 해요."

그런데 나는 그 황홀한 면류관을 꼭 한 번 꼭 써보고 싶었다. 사랑하는 주님을 위해서라면 면류관이 없어도 목숨 바칠 각오가 되어 있는데, 예비된 면류관을 보자 온몸에 전류와 같은 기쁨이 흘러갔다.

"한 번만 써보면 안될까요?"

"안돼요. 주인이 지금 이걸 씌워주라는 말씀은 안하셨어요. 김 전도사가 금식하느라고 너무 지쳤고, 수술하느라고 힘들었으니까 소망을 주기 위해, 예복과 면류관을 구경만 시키라고 하셨어요. 씌워줘 보라는 말씀이 없으셨기 때문에 주인의 허락 없이 내 임의대로 할 수 없어요. 그러니 날 생각해서 이번에는 그냥 구경만 하고 돌아가요."

"네, 잘 알았습니다."

그래서 구경을 마치고 어디론가 또 한참을 갔다. 거기는 이 세상에서는 볼 수 없는 갖가지 과일들이 흐드러지게 열려 있었다. 이파리도 없는 과일나무들에는 희한한 여러 가지 과일들이 잔뜩 달려 있었다. 그런데 그런 나무들이 끝없이 늘어서 있었다.

"이 나무들은 다 뭐예요?"

"이다음에 천국에 오면 다 설명해줄게요. 지금은 알려고 하지 말아요. 지금 너무 다 알면 천국에 빨리 오고 싶어서 복음 전하기가 싫어질 거예요. 대강만 봐요."

거기까지 구경을 시켜주고 난 천사가 내게 말했다.

"김 전도사, 그 오른팔에 있는 나팔, 말세에 잘 불고 오면 지금 구경한 것보다 훨씬 더 좋은 것들이 많으니까 맘껏 구경시켜 줄게요. 만약 오른팔에 들려준 나팔을 잘 감당하지 못하면 머리부터 발끝까지 성한 곳이 없도록 하나님께서 매를 치실 거예요."

그 말이 얼마나 끔찍하고 무서운지 나도 모르게 몸이 부르르 떨렸다.

"알겠습니다. 제 힘껏 최선을 다하겠습니다."

"자, 이제 빨리 가봐요. 모두들 기다리고 있을 테니까."

그러면서 금수레 비슷한 두레박에 다시 올라타라고 하더니 금줄로 된 끈을 내리는 것이었다. 금줄로 된 끈을 내리자 툭 떨어지는 느낌과 함께 나는 눈을 떴다.

초저녁에 기도를 한다고 들어가서 8시부터 기도에 들어갔는데, 한 6시간 가까이 기도 중에 다시 하늘구경을 하고 온 것이었다. 정말 신기했다.

'그래, 정말 생명 걸고 일해야겠다. 그래야 하늘나라에 갈 때 부끄러움 없이, 예비된 예복과 면류관을 받을 게 아닌가! 내 예복과 면류관을 다른 사람에게 빼앗기지 않고 지키려면 정신 바짝 차려야겠구나!'

그후로 나는 주의 일을 하면서 단 한번도 짜증나거나 싫은 게 없었다. 너무나 분명한 천국을 알기 때문이다. 하나님께서 내 것으로 분명히 허락해주신 그 세마포 예복과 면류관을 생각할 때, 아무리 힘들고 어려워도 소망에 넘치는 위로를 받게 된다.

첫 번째 기적-이 법사네 가정

1977년 2월 겨울이었다. 어머니는 법사였고 딸은 결핵환자였다. 천안에서 미싱사로 일하던 딸은 너무 심하게 각혈을 하니까 직장을 그만두고 집으로 왔다. 집에 와서도 병이 차도가 없어서, 늘 맥빠진 우울한 나날을 보내고 있었다.

그런데 그 딸이 하루는 우리 사택으로 나를 찾아왔다. 그녀가 사는 곳은 묵정리였는데 우리 교회에서 한 2킬로미터 거리에 있었다. 우리 교회는 지대가 높아서 상당히 가파른 길을 올라와야 했다.

결핵환자인 딸은 몇 번씩 쉬어가면서 사택에 올라왔다.

"전도사님, 저는 묵정리에 살아요. 어머니는 법사고 저는 폐렴환자인데요, 하나님을 믿고 싶어서 찾아왔어요."

나는 반갑게 그녀를 맞았다. 고생하며 올라온 그녀가 여간 안쓰럽게 느껴지지 않았다.

"그래요? 그럼 우리 주님을 믿어보세요. 병이 낫고 안 낫는 건 하나님께 맡기고 일단 자매님이 구원을 받아야 하지 않겠어요? 구원 먼저 받아야 하니까 하나님을 믿읍시다."

그래서 그날부터 같이 기도를 드리기 시작했다. 딸은 청년 때 기본적으로 천안에서 신앙생활을 한 적이 있어서 믿음이 좀 있었다.

그 당시 나는 교인들을 훈련시키기 위해 산 속에 있는 공동묘지로 가서 기도를 하곤 했었다. 그래서 그 딸도 함께 40일 작정 기도를 하기로 하고 저녁마다 공동묘지로 갔다. 달 밝을 때만 가서 기도를 했는데, 어느 날 기도하던 중에 딸에게 성령의 불이 임했다. 부르짖고 기도하다가 속이 뜨겁다고 난리가 났다.

그런데 그 순간, 나는 기도 중에 정말 그 딸의 몸속에서 병이 타는 '지글지글, 쉬쉬식…' 하는 소리를 들었다. 그래서 그 딸을 붙들고 함께 굴면서 온 교인들이 마음을 합해 정말 뜨겁게 부르짖었다.

그때 우리 교회의 교인들은 참으로 신앙생활을 잘했다. 아무리 피곤해도 기도하는 일에 핑계대지 않고 모두들 나와서 공동묘지에서 기도를 드리곤 했다.

그날 이후, 놀라운 하나님의 치유의 역사가 나타났다. 딸은 숨찬 것도 없어지고 밥맛이 좋아져 밥을 한 그릇씩 먹게 되었다. 그러자 얼굴에 살도 오르고 건강이 좋아져서 영동 병원에 가서 엑스레이를 찍어보았다. 그런데 언제 폐병을 앓았느냐고 할 정도로 결핵이 깨끗해져 있었다. 각혈을 해대며 죽음을 코앞에 둔 처녀였는데, 하나님이 순간에 고치시니까 전혀 표시도 없었다.

깨끗이 고침받은 딸은 그후 너무 열심이었다. 밤낮으로 충성하고 날마다 기도하고, 주님의 일이라면 물불을 가리지 않았다. 그 딸에게 언니가 있었는데 동생이 예수를 잘 믿으니까 얼마나 핍박을 하는지 몰랐다. 동생에게, 예수 믿으려면 호적을 파가지고 나가라고 맨날 포악을 떨었다.

그런데 그 언니의 얼굴에는 큼직큼직한 뾰루지가 잔뜩 돋아나 있었다. 여드름도 아닌데 피부가 아주 나빠서 보통 고민이 아니었다. 별별 약을 다 써보고 병원을 찾아다녀도 효과가 없었다. 그러자 동생이 언니에게 권했다.

"언니, 나랑 같이 교회에 가봐. 나를 고쳐주신 하나님께서 언니도 꼭 고쳐주실 거야."

모든 방법을 다 동원해도 효과가 없자, 행여나 하는 마음에서 언니도 동생을 따라 교회에 나왔다. 나오다 보니 믿음이 생기고 믿음에 불이 붙게 되었다. 그러니까 언니도 날마다 하나님 앞에 엎드려 기도하게 되었다. 그러자 그 피부가 어쩌면 그렇게 하루하루 좋아지는지 아기 살결처럼 보들보들해지고 고와졌다. 두 딸들이 확실한 하나님 체험을 하게 되자, 인제는 어머니를 전도하기 시작했다.

"어머니, 우리가 믿는 하나님은 살아 계세요. 엄마가 믿는 신은 엄마가 그렇게 백날 빌고 빌어도 내 폐병조차 못 고쳤잖아요. 우리 따라서 교회에 한번 구경 가봐요."

딸들이 하도 간청을 하니까 마지못해 어머니가 따라나섰다.

"그럼 어디 구경이나 해볼까? 너희 하나님이 어떻게 생겼는지 말이야."

97년 2월이었는데 그날은 하루 종일 눈이 내렸다. 어머니가 목도리를 친친 감고 딸들을 따라 대예배 시간에 교회에 나왔다. 그때 나는 어린이 예배를 주기도문으로 막 마치고 애들을 배웅하고 있었다. 어머니가 문을 살짝 열고 들여다보다가 내 눈과 눈길이 딱 마주쳤다. 그러자 아이고땜을 시작하는 것이었다.

"아이고, 내가 여길 괜히 왔다. 아이고, 나 죽겠네!"

땅을 치며 울고불고 난리를 쳤다. 정말 난감했다. 보니까 사탄의 역사가 분명한데 큰일이었다. 벌써 대예배 시간이 다 되어 교인들은 하나둘 몰려들기 시작했다. 어떻게 하나, 고민이 되었다.

'음, 예배가 중요하긴 하지만, 주님은 천하보다 한 생명을 더 소중히 여기셨지 않은가!'

마음을 정한 나는 그분을 붙들고 간절히 기도하기 시작했다. 내가 기도를 본격적으로 시작하자, 그 어머니는 발악을 하며 시끄럽게 울기 시작했다.

"에고에고, 딸년들이 교회구경 좀 가보자고 꾀어서 왔더니, 오늘 내가 예수 선생한테 이렇게 쫓겨나게 생겼구나. 나 좀 한 번만 살려줘요. 아이고, 괜히 구경은 와가지고!"

들어 보니, 그분에게 아들이 하나 있었는데 홍역을 하다 죽었다고 했다. 그 어머니에게는 그쪽 말로 아기동자가 실렸다는데, 모든 일을 족집게같이 잘 알아맞혔다고 한다. 사람의 일은 물론이고 소가 탈이 나도 치료법을 가르쳐줄 정도로 묵정리에서는 유명한 사람이었다. 굿도 해주고 액땜도 해주며 살았다고 한다.

그 어머니가 내 멱살을 틀어쥐더니,

"나하고 한 번 해보자. 누가 이기나 해보자구!"

하며 펄펄 뛰었다. 그래서 내가,

"너는 마귀고 나는 하나님의 종이다. 그 속에 있는 마귀, 네 이름이 뭐냐? 썩 나오지 못할까! 여기가 어딘데 감히 와서 까분단 말이냐? 예수의 이름으로 당장 굴복해라!"

그랬더니 그 속에 있는 마귀가 푸념을 하기 시작했다

"누나 꾐에 넘어가서 여기 왔다가 예수 선생한테 쫓겨나게 생겼네. 우리 엄마 돈 벌어주려고 엄마한테 왔는데, 인제 예수 선생한테 쫓겨나게 생겼으니 엄마 불쌍해서 어떡하면 좋아? 나는 천상 예수 선생이 무서워서 가야겠으니까 엄마, 나를 보내줘. 근데 가긴 가는데 난 어려서 다리가 아파 못가겠어."

그러는 것이었다. 그래서 내가 말했다.

"다리가 아프면 꽃가마에 태워 보내주마. 어디로 갈 테냐?"

"영국사 절로 갈 테야."

그곳에서 40리쯤 되는 곳에 영국사라는 절이 하나 있었다.

"영국사 절로 가고 싶은데 다리가 아파서 못 가."

"그러면 여기 강이 있으니까 물로 가든지, 안 가려면 지옥으로 가든지 어디 다른 데 가든지 택해 봐라."

그랬더니 도리질을 하면서 말했다.

"물로도 안가고 지옥에도 안가. 난 멀어도 영국사 절로 갈래."

"그러면 꽃가마를 태워주마."
"그럼 꽃가마 태워주세요."
그래서 내가 큰 소리로 말했다.
"예수의 이름으로 꽃가마 가져오너라."
그랬더니,
"인제 나, 꽃가마 탔어."
했다. 그리고 이어서,
"나 가기 전에, 앞으로 우리 엄마 좀 잘 봐 달라고 예수 선생님한테 절을 해야지."
그러면서 벌떡 일어나더니 내게 큰절을 세 번 하는 것이었다.
"엄마, 잘 있어. 나는 가니까 이다음에 우리 또 만나. 내가 심심하면 놀러올게."
그러는 게 아닌가. 그래서 당장 소리를 버럭 질렀다.
"이놈의 새끼! 어딜 또 찾아와? 한 번만 더 오면 내가 믹서기에 드르륵 갈아서 마실 테다! 미련두지 말고 가라!"
"알았어. 예수 선생, 저년 때문에 내가 살 것도 못살고, 쫓겨가도 또 오지도 못하게 생겼네. 딱 한번만 오게 허락해줘."
"한번이고 반 번이고 꿈도 꾸지 마라. 앞으로 한 번만 더 올 생각을 하면 예수의 이름으로 펄펄 끓는 지옥불에 던져버릴 테다!"
그렇게 한 3시간쯤 실랑이를 벌인 끝에 절을 하고 나서,
"예수 선생님, 안녕히 계세요. 저 좀 잘 봐주세요. 우리 누나들도 여기 와서 고침받고, 나도 인제 예수 선생 무서워서 쫓겨나게 됐어. 내가 우리 엄마 돈 벌어주고 누나들 못살게 쑥밭을 만들고 가려고 했더니, 예수 선생한테 들켜서 간다!"

맨발로 영국사 절 쪽으로 뛰어나갔는데, 그렇게 빠를 수가 없었다. 그분이 환갑이 다 된 노인네였는데도 따라잡을 수가 없었다. 청년들이 자전거를 타고 가서 그분을 데려왔다.

10시부터 마귀 쫓아내기를 시작해서 1시까지 끌었다. 그때서야 모두들 주일 대예배를 드렸다. 마귀가 쫓겨나가는 첫 기적을 본 교인들은 신이 났다.

"야, 하나님의 능력이 이렇게 크구나!"

사탄이 굴복하는 장면을 직접 눈으로 보자, 교인들의 믿음에 생동감이 돌았다. 그후부터 그 어머니 무당이 예수를 영접하고 점치러 오는 사람들에게도,

"나 예수 믿어요. 귀신이 예수님께 쫓겨나가서 나 예수 사람이 됐어요. 인제 저 점 못 쳐요."

하고 간증하여, 점치러 왔다가 예수를 믿는 사람이 많았다.

"와, 하나님은 정말 높으신 분인가 보다. 이 법사가 굴복하는 것을 보니 보통 하나님은 아니구나."

그후로 교회가 놀랍게 부흥되기 시작했다. 고침받은 그분은 뒤에 이길순 집사님이 되셨는데, 온 가정이 예수를 잘 믿는 복된 가정을 이루었다.

 두 번째 기적

바로 이어서 77년 4월이었다.

우리 동네 자전거포집 부인의 이야기인데, 그분은 혀가 굳어

혓바닥을 밖으로 빼물고 있어야 하는 이상한 병에 걸렸다. 말은 물론이고 먹지도 못했다. 혀가 완전히 굳어서 한 뼘쯤 밖으로 나와 있는 상태로 지내는 것이었다. 혀가 입 속으로 들어가야 뭘 받아먹든지 할 텐데 정말 골치 아픈 병이 아닐 수 없었다. 빨대로 미음을 넣어주어도 잘 받아먹을 수가 없었다.

대전 도립병원에 가서 15일을 입원해 검사를 받았으나 병명을 모른다고 했다. 그래서 혀가 풀린다는 별별 주사를 다 맞았으나 풀리지 않았다. 할 수 없이 퇴원해서 집에서 제일 유명하다는 무당을 불러 일주일 동안 굿을 했어도 전혀 차도가 없었.

계속 혀를 빼물고 있으니 지치고 기진해서 사람만 죽게 생겼다. 꼭 목매달아 죽을 때의 혀 빠진 사람의 형국 그대로의 처참한 모습이었다.

남편이 자전거포를 했는데 집안이 그 병 때문에 아주 고통을 받고 있었다. 그 가정에는 아들딸도 있었고 시어머니도 계셨다.

그런데 하루는 환자의 꿈에 내가 보이더라는 것이었다. 흰 가운을 입고 자기에게 찾아왔더라는 것이었다. 그러니 자기도 예수를 믿어야 고침을 받겠다는 확신이 생겼다고 했다. 그래서 시어머니에게 종이에다 볼펜으로 메모를 써서 주었다.

'어머니, 저는 아무래도 하나님을 믿어야 될 것 같아요. 어젯밤 꿈에 요 앞 교회의 전도사님이 흰 가운을 입고 오셨던데, 어머니가 찾아가셔서 저한테 심방 한 번 와달라고 하세요.'

시어머니는 그 길로 편지를 들고 나를 찾아왔다.

"계세유? 계세유?"

"어떻게 오셨어요?"

"나는 요 밑 자전거포의 양성희씨의 시어머니 되는 사람인데요. 한동네 사니까 그간의 우리 집 사정을 다 아시겠지요? 병원에 입원도 하고 굿도 했는데 다 소용없었어요. 그런데 며칠 전 우리 며느리의 꿈에 전도사님이 흰옷을 입고 찾아왔었대요. 그래서 며느리가 자기도 예수를 믿고 싶다는데 어떡하면 좋을까요?"

그래서 내가 이렇게 말했다.

"제가 심방 가는 것보다 온 가정이 먼저 주님 앞에 나오세요."

그랬더니 그 가정이 수요일날 모두 교회에 나왔다. 리어카에다 환자를 싣고 시어머니와 남편, 아들이 다 왔다. 환자는 혀를 밖으로 쑥 빼문 채 말은 못하고 눈만 꺼먹꺼먹하고 있었다. 이미다 듣고 있었지만 보니까 정말 기가 막혔다. 벌써 혀가 죽어서 새까맸다.

"이분을 낫게 해주실 분은 하나님이십니다. 그러나 낫게 해주시든지 안 낫게 해주시든지 그게 중요한 게 아니에요. 우리는 영혼 구원을 먼저 받아야 돼요. 예수님을 믿지 않고는 천국에 갈 길이 없어요. 그러니 예수님을 믿는 게 더 급합니다. 병 낫겠다는 생각을 버리고 이 가정이 예수님부터 영접하세요."

그 가정에서는 어쨌든 세상에서 해볼 도리를 다 해봤으니까 인제 예수를 믿겠다고 했다. 그래서 그날 예배를 드린 후에 온 교인들에게 공포를 했다.

"전 교인이 이분을 위해 20일 작정기도에 들어갑시다."

그래서 그날 저녁부터 매일 환자를 리어카로 실어서 교회로 데려오라고 했다. 그 가족들은 순종하고 환자를 리어카에다 싣고 다니며 예배에 참석했다.

작정기도를 드린 지 일주일째 되는 금요일날이었다. 기도 중에 하나님께서 그날 꼭 기적을 베풀어주실 것 같은 예감이 들었다. 모든 성도들이 합심해 통성기도를 할 때, 하나님께서 내게 확신을 주셨다. 그래서 그 환자의 혀에다 손을 얹고 기도했다.

"여호와 사파! 나사렛 예수의 이름으로 명하노니, 더러운 병마 귀신아, 이 혀에서 물러갈지어다!"

그 순간, 누워서 기도를 받던 환자가, "어머니!" 하며 벌떡 일어나는 것이었다. 나중에 간증을 하는데, 뜨거운 불기운이 혀를 뜨겁게 달구더니 혀가 오그라들었다는 것이다. 성령의 불이 혀에 임한 것이다. 믿음이 없었던 환자는 너무 신기하니까 벌떡 일어나 시어머니를 끌어안고 엉엉 울었다.

기도하던 교인들도 놀라고, 동네 사람들도 많이 몰려와 눈을 둥그렇게 뜨고 구경들을 했다.

"이 교회가 대체 웬일인고? 얼마 전에는 무당이 다 예수를 믿더니, 인제는 이런 벙어리가 말을 하는 기적이 일어나다니!"

나는 환자에게 천천히 말을 따라해 보라고 시켰다.

"아주머니, '할렐루야'를 해보세요."

"할, 렐, 루, 야…"

아주머니는 내 말을 그대로 따라 했다. 그래서 찬송가를 시켜 보았더니 잘 따라 했다. 환자를 돌려보내며 나는 주의를 주었다.

"행여라도 혀가 풀렸다고 예수 이용할 마음 갖지 마세요. 예수 안 믿을 마음 먹으면 혀가 또 그렇게 될 거예요."

아니나다를까, 그날 밤에 집에 가서 가족들이 그렇게 말했다고 한다.

"우리 예수를 믿기는 믿어도 이다음에 믿자. 우리가 양반인데 어떻게 예수를 믿냐? 급한 불 껐으니까 나중에 믿기로 하자."

가족회의의 결과가 그렇게 나왔다. 그러자 환자의 풀렸던 혀가 또다시 굳어 또 혀를 빼물고 있게 되었다. 이튿날 아침에 시어머니가 부랴부랴 나를 찾아왔기에 내가 물었다.

"예수 안 믿을 맘을 잡수셨지요?"

"네, 좁은 소견에 그랬구만요. 용서해주세요."

속으로는 얄미웠지만 겉으로는 내색을 하지 않았다. 목회자의 본분이 기도하는 것이니까 하나님 앞에 엎드려 또 간절히 기도했다. 우리 교회 성도들은 그분의 혀가 다시 굳은 줄은 몰랐다가 와서 보곤 놀라는 것이었다.

"예수를 안 믿을 맘을 먹은 것을 하나님 앞에 회개하세요."

모두가 다시 뜨겁게 기도하자 하나님께서 또 역사하셨다. 손을 얹고 기도하자 혀가 풀려 입안으로 들어갔다. 그때부터 그 가정이 온전히 예수를 영접하고 지금까지 행복하게 잘살고 있다.

그런데 나중에 간증을 들어보니까 그 아주머니가 재취였다. 그런데 먼젓 부인이 헛간에서 목을 매서 죽었다고 했다. 바로 그 며느리를 죽게 했던 마귀가 그 형상을 입고 그분에게 들어가 그렇게 괴롭힌 것이다. 그러니까 첫 부인이 헛간에서 목매달아 죽을 때의 혀 빼문 모습을 그분이 그대로 똑같이 하고 있었다.

이런 거듭되는 신기한 기적을 본 교인들이 하나님의 크신 권능에 놀라움을 금치 못했다. 모든 교인들이 나가서 예수복음을 힘있게 전하자 교회의 소문이 나기 시작했다. 그러자 교인들이 늘기 시작했다. 그래서 보조받던 것을 다 끊고 자립하게 되었을 뿐만 아니라 신학생들을 돕게까지 교회가 성장하게 되었다.

 이어지는 기적들

교회 안에서는 크고 작은 기적들이 끊이지 않고 일어났다.

관절염으로 다리를 못 쓰는 성도가 한 분 있었다. 얼마나 심했던지 자기네 방문 앞에도 잘 나가지 못할 정도였다.

그분이 처음 예수를 믿게 된 동기가 '기도받고 혀가 풀렸다, 벙어리가 말을 했다, 무당이 예수를 믿었다.' 이런 치유에 관한 소문을 듣고서였다. 그분은 기도를 받다가 언제 나았는지도 모르게 깨끗이 치료받았다.

처음에는 지팡이를 짚고 다리를 질질 끌고 교회에 오던 사람이, 다리가 깨끗이 낫자 열심히 교회에 봉사를 했다.

또 젊은 청년 한 사람은 이유 없이 엉덩이살이 패어들어가는 희귀한 피부병을 앓고 있었다. 일종의 습진이었을 거라고 생각되는데, 별별 약을 다 먹어도 낫지 않았다. 그런데 하나님 앞에 간절히 기도를 드린 후, 기도를 받고 성령의 불로 고침받았다. 그 청년은 지금 행복한 가정생활을 하고 있다.

나도 용서받을 수 있을까요

어느 날, 이웃교회에 다닌다는 어떤 청년이 나를 찾아왔다. 몸이 빼빼 마른 젊은 청년이었는데, 꼭 쓰러지기 직전처럼 위태해 보였다. 시선도 사람을 바로 쳐다보지 못하는 것이 뭔가에 크게 눌려 있는 것 같았다. 청년은 이렇게 처음 말문을 열었다.
"전도사님, 저 같은 사람도 용서받을 수 있을까요?"
"무슨 일인지 들어봐야지요. 어려워 말고 말씀해 보세요."
청년은 말을 꺼내기가 몹시 힘이 드는지 몇 번을 망설이다가 어렵사리 입을 열었다.

그 청년은 서울에서 직장생활을 하다가 신경성 노이로제로 직장을 그만두고 여기 내려와 휴양 중이라고 했다. 잠도 잘 못 자고 먹지도 잘 못해서 쓰러지기 직전에, 갈급한 마음으로 우리 교회의 금요집회에 참석을 했었다. 집회 때 은혜를 받고 용기를 내서, 회개하는 마음으로 나한테 상담을 청한 것이다.

그 청년이 그렇게 되기까지 마음을 짓누르던 무서운 문제가 있었다. 청년이 서울에서 직장생활을 할 때, 같은 직장에서 근무하던 여직원이 자기를 짝사랑했다고 한다. 그런데 자기는 그 여자가 싫었다고 한다. 자기에 대한 그 여자의 사랑이 하도 커서 마음에 큰 부담이 되었다고 한다. 그 여자가 자기와 결혼해 달라고 목을 매는데, 그게 소름이 끼치도록 싫었다는 것이다.

그래서 도저히 안되겠어서 하루는 한강에 나가서 이야기 좀 하자고 청했다. 속모르는 여자는 좋아하며 따라나왔다. 청년은 딱부러지게 싫다고 얘기할 생각이었다. 그런데 여자가 계속 결혼하자며 손을 잡고 매달렸다. 그래서 그럴 마음이 없다며 손 좀 놓고 걸으라고 뿌리치는데도 여자는 자꾸만 잡고 매달렸다. 순간적으로 지긋지긋하고 화가 솟구쳐서,
"손 놓고 걸으라니깐! 어디서 손을 잡고 그래?"
하며 여자의 목을 서너 번 흔들었는데 장난처럼 여자가 픽 쓰러졌다고 한다. 일으켜 세우려고 보니 이미 여자의 숨이 끊어져 있

었다고 했다. 너무나 놀란 청년은 당황한 김에 여자를 한강에 처넣고 도망쳐 와버렸다고 한다.

그후 눈만 감으면 그 여자의 찡그린 마지막 표정이 떠올라 그를 괴롭혔다. 밤낮 할 것 없이 여자의 환영에 시달렸다. 여자의 집에서는 또 여자를 찾느라고 난리가 났다.

그때만 해도 법이 허술해서 수사는 흐지부지 끝나버렸다. 회사 안에서 두 사람의 관계를 아무도 몰랐기 때문에 사건이 쉽게 종결된 것이다. 어머니는 날마다 회사에 쫓아와 울며불며 내 딸 못 봤느냐고 묻고 다녔다. 더 이상 견디지 못하게 된 청년은 회사에 사표를 내고 시골로 내려왔다.

시골로 내려와서도 눈만 감으면 그 처녀의 모습이 떠올라 살 수가 없었다. 8년 동안 괴로움에 시달리자, 청년은 정신이상이 되었다. 그러던 중 우리 교회의 금요철야 때 나와 은혜를 받고 내게 상담을 하러 온 것이었다.

"과연 저 같은 사람도 용서를 받을 수 있을까요?"

"하나님은 못하실 게 없으신 분이에요. 지금 새삼스레 자수를 한다고 해서 그 여자분이 다시 살 수도 없으니까, 하나님 앞에 회개 먼저 하세요."

그래서 하나님 앞에 가슴을 찢고 통회하고 난 다음에, 청년은 은혜를 받고 마음의 평강을 찾았다. 그렇게 되자 밥을 먹게 되고, 살이 찌고 정말 충성된 교회의 일꾼이 되어 새 생활을 찾는 것을 보았다. 자기 교회 교역자에게는 이야기를 못하고 이웃 교회 교역자에게 와서 말했을 때의 그 고충을 익히 알기 때문에, 나는 아직까지도 그에 대한 비밀을 지켜주고 있다.

 갑자기 난 배탈

그날의 일을 생각할 때마다 나는 지금도 가슴이 섬뜩하다.

내가 우리 교회 청년회장의 중매를 했었다. 이름이 이영대인데 나는 그가 중학교를 졸업한 걸로 알고 있었다. 그래서 신이식 전도사님이 시무하시는 광석교회에, 중학교를 나온 참한 여청년이 있다고 해서, 우리 교회의 청년회장을 소개했다. 중학교를 졸업했지만 사람이 똑똑해서 고등학교 나온 사람들보다 장래성이 있다며 적극적으로 밀었다. 둘이 선을 보더니, 마음에 든다며 결혼하기로 했다.

약혼식을 청주에서 하기로 했는데, 시간에 맞춰서 식장에 도착하려면 첫 차를 타야만 했다. 그래서 약혼식 당일날, 새벽예배를 드리고 곧장 출발하기로 교인들과 약속을 해두었다. 그런데 새벽예배가 끝나고 난 다음부터 갑자기 배가 아팠다.

5분 간격으로 설사를 하기 시작하는데 도저히 첫 차를 탈 수가 없었다. 가족이 나를 데리러 왔기에 내 형편을 말하고 일단 먼저들 출발하라고 했다.

"배탈이 좀 가라앉으면 바로 뒤따라갈게요. 먼저들 가세요."

"에이, 같이 가야죠. 그쪽에서 좀 기다려주겠지요, 뭐."

신랑측이라서 그런지 별로 초조해하지도 않고 느긋하게 말했다. 배탈에는 좋은 민간요법이 있다며 청년회장의 어머니가 인삼 끓인 물에 꿀을 타서 주었다. 마시고 조금 있으니 정말 거짓말처럼 배탈이 가라앉았다. 언제 그렇게 아팠느냐 싶을 정도였다.

7시 30분쯤 우리 일행은 두 번째 버스를 타고 출발하였다. 그런데 한참 가다 보니까, 심천강 부근에 아까 지나간 첫 버스가 낭떠러지로 굴러 온통 피범벅이 된 아수라장이 펼쳐져 있었다. 대형 교통사고가 난 것이다. 겨울철이라 길이 미끄러운데다 운전수가 과속을 해서 그만 버스가 미루나무 가로수를 들이받고 구른 것이었다.

'아, 하나님께서 일부러 배탈이 나게 하셨구나. 나같이 부족한 것을 어디에 더 쓰시려고 이렇게 사고까지 막아주셨을까.'

생각할수록 감사할 뿐이었다.

"전도사님, 우리가 저 첫 차를 탔더라면 어떻게 되었을까요?"

청년회장의 가족들도 그 엄청난 광경 앞에서 놀란 입을 다물지 못했다. 은혜 중에 청주에 가서 약혼식 예배를 드리고 왔다.

얼마 후, 교역자회에 갔더니 그 여청년의 담임 전도사님이 나더러 거짓말을 했다고 야단을 치는 것이었다.

"우리 청년은 중학교를 졸업했는데, 신랑감이 초등학교 출신이라잖습니까. 그런 걸 속이면 어떡합니까?"

정말 아닌 밤중에 홍두깨였다. 분명히 그 청년은 내게 중학교를 졸업했다고 했기 때문에 그렇게 말한 것이었다. 교역자가 어떻게 자기 교회 청년회장에게 못 믿겠으니 졸업장 보여달라고 할 수가 있겠는가. 교역자회에서 실컷 당하고 나니 속이 상했다. 그래서 교회로 돌아와서 청년회장을 불러서 물어보았다.

"혹시 중학교 졸업장 있어요?"

"전도사님, 사실 전 중학교 졸업장은 없어요. 그래도 중학교 과정은 독학으로 다 마쳤어요."

"오늘 교역자회에 갔다가 얼마나 혼쭐이 난지 몰라요."

"죄송합니다. 중학교 과정과 고등학교 과정을 다 독학해서, 검정고시 보려고 몇 번 날을 잡았다가 기회를 놓쳐 못 봤어요."

그제서야 진실을 이야기하는 것이었다. 그런데 약혼식이 다 끝난 지금 와서 어떡하겠는가.

그래서 내가 그 전도사님에게 자초지종을 이야기하고 사과를 했다. 그 일로 중매하는 일이 정말 어렵다는 것을 느꼈다. 그렇다고 단독목회하면서 중매를 안할 수도 없었다.

청년회장을 결혼시키고 나서 또 장순옥 선생을 중매했다. 그때는 오 목사님이 우리 교회에 집회를 왔었는데, 자기 막내동생이 있다고 소개했다. 서울에서 운전을 한다고 중매 좀 하라고 해서, 우리 교회의 장순옥 선생이 믿음도 너무 예쁘고 좋은데 한 번 추진해보자고 했다. 그래서 선을 봤는데 장순옥 선생이 선을 본 다음에 와서 키도 작고 마음에 안 든다고 했다.

"믿음만 좋으면 되지 뭘 그렇게 따져? 믿음 좋은 사람 만나기가 그렇게 쉬운 줄 알아?"

"그럴까요? 그럼 하나님 뜻이면 하지요."

장순옥 선생은 그 뒤에 몇 번 더 데이트를 하더니 결혼을 하겠다고 했다. 장순옥 선생은 믿음이 참 좋았다. 약혼식을 하고 결혼식을 했는데, 약혼식 때 받은 패물을 교회가 너무 어렵다고 다 바쳤다. 그런 장 선생이 결혼식을 마치고 신혼여행을 다녀오더니 사택에 와서 펑펑 우는 것이었다.

"전도사님, 속았어요!"

나는 두 번째로 가슴이 철렁 내려앉았다.

"뭘, 뭘 속았어요?"

"오연진 집사님의 이빨이 다 틀니예요!"

"장 선생, 내가 중매를 할 때 이가 틀니냐, 아니냐를 물어볼

순 없잖아요. 그런데 틀니인 줄은 어떻게 알았어요?"
장순옥 선생은 울음을 그치지 않으며 대답했다.
"세상에 첫날밤을 지내는데 이빨을 다 빼놓고 자더라구요. 전 그때 너무 실망했어요. 방도 월세방이고 얼마나 작은지 살림을 들여놓을 데도 없어요."
나는 마음을 가라앉히며 장 선생을 달랬다.
"장 선생, 예수 모시고 사는 사람은 처음에 어렵게 출발해도 다 복을 받아요. 틀니라고 해서 지금 결혼을 취소할 수도 없잖아요? 또 월세방이면 어때요. 천막을 치고 사는 사람들도 있는데요. 예수님을 모시고 믿음으로 살다보면, 월세방이 전세방이 되고, 내 집 마련도 하게 되는 거예요. 첫번부터 부잣집으로 간다면 무슨 재미로 살아요?"
그렇게 타이르고 구슬러 돌려보냈다. 내가 무던히 사랑하던 장 선생이 시집을 가고 나니 너무 허전했다. 그후 장 선생은 어려움은 있었지만 남편 잘 섬기고 믿음으로 승리해, 지금은 30평짜리 아파트에서 아들딸 낳고 잘살고 있다.

 꿈 때문이야

79년도 11월 30일쯤이었다.
하루는 꿈을 꾸었는데 박 대통령이 총격을 당해 죽었다고 했다. 온 국민이 울고 슬픔에 잠겼는데, 하얀 국화꽃으로 장식을 한 차들이 국립묘지 쪽으로 쌩쌩 달려갔다. 온 나라는 검은 조기를 걸고 사람들은 조의 표지를 달고 다니는 희한한 꿈이었다.

꿈에서 깨고 나니 너무 이상했다. 입을 다물고 있어야 했는데, 그날따라 친한 집사님 한 분이 고구마를 쪘다고 먹으러 오라고 했다. 고구마를 먹다가 나는 별 생각 없이 꿈 이야기를 하였다.

"어젯밤, 참 희한한 꿈을 꿨어요."

"어떤 꿈인데요?"

"이게 뭐 사실은 아니겠지만, 박대통령이 총에 맞아 죽었다고 온 국민이 슬퍼하고 국화꽃으로 장식한 차들이 국립묘지로 달려가고, 사람들이 다 검은 조의 표지를 달고 다니는 꿈을 꿨어요. 희한하죠?"

그러자 내 말을 듣던 집사님이 그러는 것이었다.

"어? 전도사님 꿈은 잘 맞는데, 대통령이 죽으려나 보지요?"

고구마를 맛있게 먹고 나서 나는 별 생각 없이 사택으로 돌아왔다. 그런데 그 집사님이 그때 이장 부인과 가깝게 지냈나 보았다. 그분과 함께 빨래를 하러 가서, 우리 전도사님 꿈은 영락없이 맞는데 아마 대통령이 죽으려나 보다고 얘기했다.

이장 부인은 내용이 심상찮다고 생각되었는지 남편인 이장에게 전했다. 그 말을 들은 이장은 마음이 꺼림칙했다. 그렇잖아도 교회가 외딴 산 밑에 있다 보니까 신경이 쓰이고, 혹시 사상이 불순한 게 아닌가 하는 우려에서 파출소에 신고를 해버렸다.

당시 나는 파출소 사람들이나 지서장과는 꽤 친하게 지냈는데, 어느 날 지서장님이 오토바이를 타고 사택으로 찾아오셨다.

"전도사님, 파출소에 한 번 가셔야겠어요."

"파출소에는 왜요?"

"여기서 말하기는 곤란한데요. 사실은 파출소에 가는 게 아니라 저랑 경찰서 수사과에 함께 다녀와야겠습니다."

그래서 영문도 모른 채 오토바이에 타고 영대 경찰서로 갔다. 수사과에 갔더니 수사과장님이 오셨느냐고 깍듯이 인사를 했다. 어느 교인인지는 몰라도 그분도 집사라는 말을 들었다.

"전도사님, 제가 묻는 말에 잘 대답하세요."

"네, 물어보세요."

"박 대통령이 죽는다는 말씀을 하신 적이 있습니까?"

그 말을 듣자, 대체 무슨 일인가 오리무중이던 머릿속에 뭔가 윤곽이 잡혀져 갔다.

"아, 죽는다는 게 아니구요, 내가 꾼 꿈 이야기를 한 적은 있어요."

"아무리 꿈이라도 나라의 대통령인데 그런 이야기를 함부로 하세요? 물의를 일으킨다는 생각은 안하셨어요? 반공법 위반죄로 며칠 여기 계셔야겠습니다."

나는 정말 황당했다. 몇 시간씩 교대하여 다른 취조관이 또 와서 묻고 또 와서 묻고, 지치지도 않는지 계속 반복해서 똑같은 말을 물어 댔다.

"우리나라에 대해서 어떻게 생각합니까? 혹시 불만스러운 마음은 없습니까?"

별별 시시콜콜한 것까지 묻고 또 물었다. 그리고 나를 경찰서에 붙잡아둔 사이에 경찰관들이 우리 고향으로 찾아가 집안의 신원조회를 다 했다. 그때 하필 우리 둘째오빠가 배를 타러 나갔다가 계속 소식이 없어서 주민등록이 말소가 되어 있었다.

"이게 바로 북한으로 넘어갔다는 증거가 아닙니까?"

좋은 증거를 잡았다는 듯 취조관들은 넘겨짚으며 설쳐댔다.

나 혼자의 힘으로는 안될 것 같아 이상인 목사님과 이병렬 옥천 교회 목사님에게 전화 좀 하게 해달라고 부탁했다. 목사님들에게 전화를 드렸더니 두 목사님들이 깜짝 놀라서 금방 달려오셨다.

내 이야기를 들으신 목사님들은 수사관들에게 가서 말했다.

"이 전도사님은 절대로 사상이 불온하지 않습니다. 그냥 별 생각 없이 꿈 이야기를 한 것이 이렇게 되었습니다."

그랬더니 취조관들이 목사님들에게 이렇게 말하는 것이었다.

"신원조회를 해봤더니 이 전도사님네 집안이 문제가 많습니다. 둘째오빠가 배를 타고 나갔다가 안 돌아와 주민등록도 말소되고 안 좋은 집안입니다. 혼자 외딴 교회에서 무슨 짓을 꾸미는지 알 게 뭡니까."

갈수록 더 황당해지는 것이었다. 너무나 억울했다. 무슨 일이 생기면 두 분 목사님들이 책임을 지겠다는 각서를 쓰고 도장을 찍고 나서야 며칠 만에 겨우 풀려났다.

교회에 와보니까 교회도 어수선했다. 교인들이 말을 전한 집사님에게, 세상에 전달할 게 없어서 전도사님이 개인적으로 이야기한 내용을 이장에게 전달해서 일을 만들었느냐고 따졌다. 집사님도 이야기를 하려고 해서 한 게 아니라 어쩌다 튀어나왔을 것이다. 사람들이 다그치지 않아도 집사님 스스로 내게 얼마나 미안하겠는가. 고의는 아니었지만 어쨌든 자기 입 때문에 며칠 동안 경찰서에서 곤욕을 치르고 나왔으니 말이다

그후로도 일주일에 한 번씩은 지서의 감시를 계속 받았다. 낮에도 오고 밤에도 오고 시도때도 없이 불쑥불쑥 찾아왔다.

"전도사님, 뭐 하십니까?"

찾아와서는 방에도 들어와 보고 이리저리 둘러보고 그랬다.

계속되는 감시로 나는 심한 스트레스를 받았다. 그 일을 겪으면서 깨달은 게 있었다.

'아, 아무리 친해도 말조심은 해야겠구나. 양은 양이로구나.'

그후 1개월이 못되어 대통령이 총격을 당해 서거했다. 그런 사실을 모르던 나는 성경책을 보다가 하도 피곤해 잠깐 눈을 붙이고 있었다. 그런데 지서장님이 찾아왔다.

"전도사님, 맞았어요! 지금 우리나라가 큰일났어요!"

"네? 무슨 일인데요?"

"박정희 대통령이 총에 맞아 돌아가셨어요. 전도사님 꿈이 맞았어요. 인제 전도사님의 혐의가 완전히 풀렸어요."

지서장님은 기쁜 얼굴로 말했지만 나는 얼굴이 금세 펴지지가 않았다. 그동안 내가 당한 감시에 대해 불만이 컸기 때문이었다.

"미안합니다. 기도하시는 분이라서 정확한 꿈을 꾼 것을, 사상이 불순하다고 취조를 했으니까요. 앞으로는 절대로 의심하지 않을 테니까 아무 걱정 마세요."

지서장님이 정색을 하고 내게 사과를 하자 내 마음도 풀렸다.

"제가 입을 잘못 놀려 수고를 끼쳐드렸는데요, 뭘."

밤잠을 안 재우고 며칠 동안 사람을 괴롭힐 때는 집사님 원망도 나오고 속도 상했지만 나름대로 깨달음도 얻었던 사건이었다.

철장 기도원에서의 사탄의 역사

79년 12월 마지막 주간이었다.

제직들 8명과 대구의 철장 기도원으로 기도하러 갔다. 신년 계획을 세우기 위해 2박 3일을 작정하고 갔다. 밥해 먹을 도구 일체를 다 준비해 가지고 어머니도 모시고 함께 갔다.

밤이면 열심히 부르짖어 기도하고 낮에는 성경공부를 하였다. 둘쨋날 낮이었다. 나는 이른 아침부터 사자굴 속에 들어가 기도하고 있었다. 기도를 7, 8시간쯤 했을 때이니까 오후 무렵이었을 것이다. 갑자기 아래가 소란스러워졌다. 교인들이 나를 소리쳐 불렀는데도 기도 중이었기 때문에 잘 듣지 못했다. 그랬더니 교인들이 사자굴로 뛰어올라왔다.

"전도사님, 큰일났어요! 빨리 와보세요."

"네? 왜 그러세요? 무슨 일이에요?"

"정순남 권사님이 미쳤어요! 난리났어요! 아무한테나 작대기를 휘두르고 난리예요."

그 말을 듣자 너무 놀라서 나는 정신이 하나도 없었다. 이게 웬일인가. 우리 어머니한테 대체 어떤 일이 일어났단 말인가.

나는 정신없이 달려 내려갔다. 내려가서 보니 정말 교인들이 말한 그대로였다.

어머니의 눈이 완전히 뒤집혀 있는데, 길다란 작대기를 아무에게나 미친 듯이 휘둘러 패고 있었다. 작대기를 휘두르는데 기운이 아주 장사였다. 갖은 욕설을 퍼부으며 설치는데 그 기세를 말릴 사람이 없었다. 이미 몇 사람이 말리려고 하다가 포기했다고 했다. 내가 어머니를 향해 큰소리로 외쳤다.

"예수의 이름으로, 거기 서!"

그랬더니 그렇게 휘둘러대던 작대기를 든 채 꼼짝 못하고 서 있었다. 이어서 내가 계속 소리쳤다.

"예수의 이름으로, 이리 와!"

어머니는 나를 똑바로 바라보며 걸어왔다. 그래서 멱살을 확 움켜잡고 말했다.

"이 쌍놈의 것, 어디서 사탄이 들어와 이따위로 굴어? 너, 어디서 왔어?"

"기도받을 때 들어왔어. 내가 너 망신시키러 왔다."

그러면서 나한테 온갖 욕을 퍼붓는 것이었다. 정말 창피하고 망신스러웠다. 전도사의 어머니가 기도원에 왔다가 미쳐서 우리 집사님들을 마구 후려팼으니 얼마나 망신인가. 그래서 애끊는 심정으로 하나님 앞에 눈물 뿌리면서 기도드렸다.

"하나님, 살려주세요. 다른 사람도 아닌 전도사 어머니가 철장기도원에 와서 기도하다 미쳤다면 누가 예수 믿겠습니까? 아버지, 제게 어떤 잘못이 있으면 저를 용서해 주시고, 어머니 속에 있는 사탄을 물리쳐 주옵소서!"

어머니에게 손을 얹고 몸부림치며 기도하는데, 환상 중에 고양이인지 강아지인지 구별이 안가는 손바닥만한 빤질빤질한 털 난 짐승이 어머니의 옆구리에서 확 튀어나가며 소리를 질렀다.

"아이고, 교회를 쑥밭으로 만들고 전도사 망신 좀 시키려고 했더니, 예수 선생, 이놈아, 잘 있거라!"

그러더니 어머니가 땅바닥에 대자로 쭉 뻗었다. 한참 후에 어머니는 한숨을 푸욱 쉬면서 일어났다. 예사롭지 않은 우리들의 모습을 보고 어머니가 놀라서 물었다.

"왜들 울고 난리가 난겨?"

어머니는 조금 전에 그렇게 날뛰던 일을 전혀 알지 못했다.

"어머니, 지금 저 보이세요?"

내 말에 어머니가 어처구니가 없다는 표정으로 말했다.
"그럼 보이지 안 보이냐?"
나는 그 동안 있었던 일을 어머니에게 이야기해주고 어찌된 일인가를 물었다
"바위에 엎드려서 기도를 하는데, 어떤 여자가 와서 머리에 안수를 하잖아. 이런 미친 여자가 있나, 하고 눈을 떴는데, 벌써 그 여자는 저만치 도망치더라구. 그런데 그 순간 몸에 오싹오싹 소름이 끼치면서 이상한 행동이 막 나오지 뭐냐? 그리고 그후의 일은 모르겠구만."
시초에 잡았기 때문에 빨리 물리칠 수 있어서 참으로 감사했다. 나는 우리 교인들에게 따로따로 기도하지 말라고 당부했다. 교인들을 지켜보느라고 나는 사자굴에도 들어가지 못했다. 안되겠다 싶어 2박 3일 일정을 취소하고 바로 그날 하산해 돌아왔다.
본 교회에서 나머지 기도를 드리는 게 더 안전할 것 같았다. 어머니도 사탄이 얼마나 교묘하고 무섭다는 것을 그때 절실히 깨달으셨다. 교인들에게도 누구에게라도 함부로 낯선 사람에게 안수받지 말 것을 주의시켰다.
나는 이번 일로 큰 경험을 한 것을 하나님께 감사를 드렸다.
"이런 일을 통해서도 기도하게 하시고, 또 하나 깨닫게 하시고, 또 하나의 기적을 보게 하신 하나님, 정말 감사합니다."
우리들은 하나님께 약속드린 나머지 기간을 채우기 위해 교회에서 밤새워 기도해 2박 3일의 작정기도를 마쳤다.

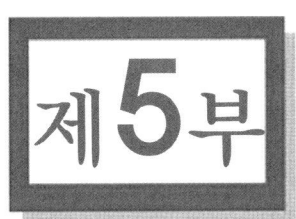

제5부

결혼, 남편을 주의 종으로

그 가정의 선교사로 가라 ▶ 217
신혼여행 대신 3일 금식하다 ▶ 220
첫 인사 때 전도 ▶ 222
성 묘 ▶ 224
제사상 고춧가루 ▶ 225
남편, 광나루 신대원 졸업 ▶ 228
셋방살이 설움, 첫 아이 ▶ 229
개척 10년 후에 큰 교회 주리라 ▶ 230

그 가정의 선교사로 가라

내가 목회하는 곳이 시골 교회라 처녀가 단독목회를 하는 데는 애로사항이 많았다. 그전에는 결혼이라는 것을 아예 생각도 하지 않았었는데, 가는 교회에 총각 집사가 있을 경우에는 으레 어려움이 있고 해서 기도를 드렸다.

"하나님, 제게도 동역자가 될 수 있는 귀한 사명자를 주님께서 연결해 주세요. 키는 175센티미터 이상은 되어야 하구요, 꼭 일류 대학을 나와야 합니다. 말씀도 잘 전하고 성격도 활달한, 예수를 잘 믿는 가정에서 자란 사람을 소개해 주세요. 평생토록 목회일을 하는데 뒷바라지할 수 있는 신실한 사람을 만나게 해주세요."

하나님 앞에 열흘 금식을 하면서 계속 기도를 드렸다.

그런데 하루는 목사님이 그러시는 것이었다.

"김 전도사, 남자분을 한 분 소개해 줄까요? 믿음이 괜찮고, 또 앞으로 목회일을 할 계획이구요. 그러니 선을 한 번 보세요."

"목사님이 괜찮다고 하시니까 한 번 보지요."

그래서 4월에 날을 정해 선을 보았다. 그런데 키도 마음에 안 들고 또 그 가정의 부모님이 다 예수를 믿지 않았다. 아버지는 철두철미한 유교사상에다 어머니는 남묘호랭교를 믿고 있고, 고모들까지도 전부 다 우상을 섬기고 있었다. 마음이 솔깃해지지 않았다.

'에이, 하나님께서는 왜 제가 기도한 제목대로 안 들어주시고,

정반대로 들어주세요?'

그런데 상대방인 장 선생님은 그때 나를 보고 반려자로서 생각하고 기도했다고 한다.

'우리 집을 구원할 만한 리더가 될 믿음자다. 정말 괜찮구나.'

나는 하나님 앞에 더 좋은 사람을 구하기 위해 날마다 계속 기도드렸다. 그런데 하루는 하나님께서 응답을 주시는 것이었다.

"너는 결혼하는 동기를, 선교사로 간다는 생각에 두어라. 지난번에 네가 만난 사람이 네 맘에 안 들어도, 그 가정은 네가 가야만 구원을 얻을 수 있다. 그러니 그 가정에 선교사로 가거라."

그래서 나는 하나님께 말씀드렸다.

"하나님, 싫어요. 키도 작고 또 제가 바라는 상대가 아니에요."

그러나 하나님께서는 계속해서 나를 몰아세우시는 것이었다.

"누가 더 목회일을 잘하나 라이벌로 만나게 해준 것이다. 선교사로 가는 것이지, 세상 사람들과는 다른 결혼이니 그렇게 생각하고 가거라."

그 응답을 받고, 과연 이 응답이 확실한지, 혹 사람의 생각으로 잘못된 것은 아닌지 염려되어 오산리 기도원으로 가서 20일 금식을 시작했다. 하나님께서는 금식하는 중에 정확하게 응답을 해주셨다.

"결혼의 동기는 선교사로 가는 것이고, 또 누가 더 주의 일을 잘하나 라이벌로서 만나게 한 것이니 순종하거라."

그래서 불만스러웠지만 확실한 응답을 주셨기 때문에,

"하나님께서 원하시면 하겠습니다. 아멘!"

하고 기도원에서 내려왔다. 약혼식을 한 후에도 서로 떨어져 살

앉는데, 주의 일을 하면서 바쁘니까 별로 신경을 못 썼다.

그런데 그를 신학교에 보내려면, 천상 경기도나 서울 쪽으로 올라와야 될 것 같아서 단독목회를 정리하기로 했다. 새 목양지를 주십사고 기도를 했는데, 하나님께서는 나를 훈련시키시려고 그러셨는지 심방전도사 자리가 났다. 칠보산 기도원에 가서 기도할 때 응답을 주셨다.

여태까지 단독목회만 했으니까, 목사님 밑에서 순종하면서 나를 죽이고 심방전도사를 하는 것도 괜찮겠다 싶었고, 또 심방전도사를 해야만 남편 신학 뒷바라지를 할 수 있을 것 같아서 허락했다.

그래서 5월에 안양에 있는 교회로 부임하게 되었다. 당시 그 교회의 담임 목사님은 군대 출신이었는데, 성격이 불도저같이 급하고 강하셨다. 교회는 상가에 있었는데 교인이 별로 많지 않았다. 심방전도사로 시무하면서 그 해인 81년 12월 29일에 교회에서 결혼식을 올렸다.

결혼식을 올리는 바로 전날까지도 내 교구에서 초상이 났기 때문에 영안실에서 밤을 새우고 결혼식 당일 아침에도 청바지를 입고 돌아다녀야 했다. 겨우 한 시간 전에 가서 신부화장을 마쳤다. 그 당시 나는 가진 게 없어서 결혼식 경비가 총 20만원쯤 들었다.

전도사라서 돈의 여유가 없었다. 장롱도 안양시장의 중고가구점에 가서 구했다. 내가 맏며느리라고 해서 시가에서 패물도 좀 해주셨는데, 나한테 올 예단을 돈으로 받아서 시댁 쪽의 예물을 해서 보냈다. 누구에게 의논할 사람도 없었고, 형제들이 있다고 해도 다들 살림이 어려워서 손 내밀 처지가 아니어서 초라하게

20만원으로 결혼식을 올렸다. 결혼식은 축복 속에 잘 마쳤다. 좀 서운한 게 있었다면 당회장 목사님이 결혼 부조를 하지 않았다는 정도일까.

신혼여행 대신 3일 금식하다

결혼식을 마치자, 시부모님이 제주도로 신혼여행을 가라고 하셨다. 제주도에 갈 수 있는 경비를 폐백하면서 다 주겠다고 하셨다. 그런데 윗어른들이 내외씩 내외씩 앉아 계시는 걸 보니까 폐백을 받으실 분들이 너무나 많았다. 지레 질려버린 내가 말했다.

"다 한꺼번에 받으시면 안될까요?"

그래서 동생뻘 되는 사람들은 다 한 번에 오고, 윗분들도 다 한 번에 앉고 해서 절을 몇 번 안하고 끝냈다.

신혼여행 경비로 시부모님이 30만원인가를 주셨다. 제주도 여행경비로 충분한 돈이었다. 가족들한테 인사를 하고 옷을 갈아입은 우리 부부는 김포공항으로 간다고 하면서 택시를 탔다. 그런데 나는 그전에 남편에게 말해두었었다.

"우리가 하나님 앞에 둘이 손잡고 처음 주의 일을 시작하는데, 이 귀한 시간을 놀러 다닐 수 없어요. 우리가 주의 일 잘하면 하나님께서 이다음에 제주도에도 많이 보내줄 것을 믿고, 이 신혼여행비를 절약해서 신학교 가는 데 보태 쓰도록 해요. 그리고 신혼여행으로는 칠보산 기도원에 갑시다."

그랬더니 남편 될 분이 쾌히 승낙을 해주었다. 그래서 결혼식을 끝내고 청바지로 갈아입자마자 곧장 약속대로 수원에 있는 칠보산기도원으로 올라갔다.

기도원에 도착해서 작은 방을 하나 얻어 짐을 부려놓고 눈 내리는 산길을 올라갔다. 산에 올라갔더니 바위 밑에 눈을 피할 수 있는 아늑한 장소가 하나 눈에 띄었다. 우리 부부는 거기서 사흘을 금식했다. 금식하면서 우리의 일생을 맡기는 기도를 드렸다.

우리 부부의 평생 계획을 어떻게 세울 것인지, 과연 하나님을 위해서 어떻게 일해야 하나님께서 서운해하지 않으실 것인지, 과연 혼자 일할 때보다 둘이 일할 때 어떤 열매가 있을 것인지, 그런 계획을 세우면서 하나님 앞에 전심으로 기도를 드렸다.

그때 남편이 그곳에서 하나님의 놀라운 참사랑을 깨닫고 사명이 확실해졌다.

3일째 되던 날, 기도하다가 너무 추워 깜박 잠이 들었는데, 모세가 이스라엘 백성을 광야에서 인도하는 그런 꿈을 보여주셨다.

"모세같이 들어 쓰리라. 어려운 가운데서도 너와 함께하리라!"

확실한 응답을 주셔서 택한 자녀가 분명함을 깨달았다. 사흘 동안 눈 내리는 산에서 금식을 한 모습은 볼만했다. 시간이 되어 내려와 목욕을 하고 머리를 드라이했다. 또 제주도 신혼여행 다녀온 기분을 내야 하니까, 타월 집에 가서 '제주도 신혼여행 기념'이라고 글자를 박은 기념타월 몇십 장을 샀다.

집에서는 새사람이 온다고 다들 준비하고 기다리고 있었다. 그러다 우리를 보더니 깜짝 놀라는 것이었다. 구경할 데는 많고 돈이 적어 고생했다고 하자, 어른들은 그 말을 믿고 혀를 차셨다.

"돈도 모자랐다면서 구경이나 잘하지, 타월은 뭣허러 사와?"

제주도 신혼여행보다 백 갑절 더 재미나는 금식기도의 행복감을 그 누가 알까.

첫 인사 때 전도

시부모님이 시가 쪽 친척 어른들 댁에 인사를 다녀오라고 하셨다. 평택군 오성면 창내리에 시작은아버지가 살고 있었는데 가까우니까 거기를 먼저 다녀오라고 해서 갔다.

2일날 저녁에 도착했는데 새사람이 왔다고 풍성한 저녁을 준비해 놓고 기다리고 있었다. 저녁을 맛있게 먹고 도란도란 이야기꽃을 피우며 놀았다. 잘 때가 되자 우리가 잘 방을 안내해 주는데 갓방이었다. 문을 열고 들어가보니까 문창틀에 외풍을 막기 위한 담요가 쳐져 있었다.

나는 너무 피곤해서 잠을 자려고 기도를 드리고 누웠다. 그런데 갑자기 키가 크고 온몸을 삼베로 친친 감고 얼굴만 내놓은, 염을 한 시체가 윗목으로부터 내가 누워 있는 아랫목으로 떼구르르 굴러오더니, 내 몸을 딱 치고 나서 다시 떼구르르 윗목으로 굴러가는 것이었다.

두 번을 시체가 똑같이 반복했다. 얼굴은 염을 하지 않았는데 눈이 동그랗고 잘생겼다. 설핏 잠이 들려고 했다가 깜짝 놀란 나는 벌떡 일어나서 남편에게 물었다

"이 방이 대체 누가 살던 방이에요?"

내 말에 남편이 그걸 왜 묻느냐고 되레 물었다.

"키는 크고 온몸을 베로 감고 염을 했는데 얼굴은 염을 안했어요. 눈이 동그랗고 잘생긴 남자인데, 내가 누운 쪽으로 또르르 굴러왔다가 다시 윗목으로 굴러가고 또 굴러오고 해서요."
그 말을 들은 남편이 얼굴이 질려서 건넌방으로 건너갔다.
"작은아버지, 주무세요?"
남편이 방에다 대고 묻자 작은아버지가 대답했다.
"아니. 아직 안 자는데 왜? 어서 들어와."
우리가 들어가서 그 이야기를 했다.
"도대체 그분이 누구예요?"
내 말을 들은 시작은아버지의 얼굴도 하얗게 변하더니 말했다.
"사실 그 방은 애들 삼촌이 쓰던 방인데 연탄가스로 죽었어. 총각이었는데 키가 크고 얼굴이 멀끔하니 잘생겼었지. 죽은 지 얼마 안돼서 새사람이 왔기 때문에 일부러 얘기 안했어. 사람 죽은 거 알고 좋아할 사람 있겠나 싶어서 말이여."
작은아버지는 못내 걱정스러운 표정으로 말했다.
'음, 전도할 때는 바로 이때다.'
나는 바로 그 자리에서 시작은아버지에게 전도를 시작했다.
"작은아버지, 예수 안 믿으시면 큰일나시겠습니다. 그 영혼은 이미 예수 안 믿었으면 지옥 갔을 거고, 믿었으면 천국 갔을 테지만 그를 따라다니던 마귀가 그 사람의 형상을 입고 심술을 부리는 것 같습니다. 이 가정이 빨리 예수 믿어야지, 안 그러면 계속 해코지당하게 생겼습니다."
내 말에 시작은아버지가 깜짝 놀라서 물었다.
"그럼 예수만 믿으면 괜찮겠는가?"
"그럼요. 아무 일이 없지요."

그 이튿날은 수요일이었는데, 시작은아버지네 온 가족이 예수를 믿기로 결심을 하고 창내교회로 나가 등록을 했다. 목사님에게 특별히 신경을 좀 써달라고 당부말씀을 드리고 돌아왔다.

그후로 온 가족이 예수를 믿기 시작했는데, 그때부터 오늘까지 너무너무 아름다운 신앙생활을 해오고 있다.

 성 묘

그 다음날인 4일에는 대전에 인사를 드리러 갔다. 대전에는 시가의 큰댁들이 살았기 때문에 윗어른들한테 인사를 드리러 갔다. 인사를 다 드렸더니 할아버지와 할머니 한 분이 말씀하셨다.

"새사람이 들어왔으니 조상님들한테 신고해야 해. 어서 가자."

나는 성묘를 하러 가나 보다고 생각하고 따라갔다. 그런데 내 뒤에서 한 사람이 술병과 안주를 들고 따라오는 것이었다.

'날씨가 추워서 눈 위에서 술을 마시고 오려고 그러나?'

산에 올라서 내 나름대로 기도하느라고 묵념을 하고 있었더니, 어느 분인가가 내 손에 술잔과 술병을 쥐어주면서 말했다.

"어서 이 술을 묘 가로 빙 둘러 붓고 세 번 절을 하게나."

놀란 나는 술병과 술잔을 밀어내며 말했다.

"저, 이런 거 안합니다. 제가 전도사인데 누구한테 술을 따라서 누구한테 술을 부으라고 하세요? 절대로 못합니다!"

나는 손에 쥐어준 술병을 뿌리치고 혼자 먼저 내려와 버렸다. 그랬더니 나를 성토하는 소동이 벌어졌다.

"엊그제 시집온 사람이 시키는 대로 안하고, 저렇게 고집이 세서 어쩔 거여? 장씨네 집은 큰일났어. 장씨네 집에 깡패가 들어왔어. 집안 망하는 건 순간이여."

화가 나서 뒤쫓아내려온 어른들은 내게 마구 호통을 치셨다.

"망하는가 안 망하는가는 그때 가봐야 알지요. 무슨 묘에다 술을 붓고 절을 하라십니까? 절을 하면 묘 안에 있는 분이, 오냐, 너 왔냐, 그러시나요? 그런 쓸데없는 짓은 전 안해요. 누구한테 인사를 하라시는 거예요?"

윗어른들은 자기네들을 무시했다고 붉으락푸르락 해서 소란을 피웠다. 장씨네 집 맏며느리를 잘못 얻었다고 쑥덕거렸지만 나는 그러거나 말거나 상관 안하고 남편에게 올라가자고 했다. 가겠다고 인사를 하자 화가 난 윗어른들은 인사도 받지 않았다. 나는 휴가가 짧았기 때문에 바로 교회에 출근하기 위해 서둘러 올라와 버렸다.

 ## 제사상 고춧가루

추석이 지나자 시할머니 제사가 돌아왔다고 연락이 왔다. 결혼한 후 맞는 첫 집안제사였다.

시무하던 교회에서 목사님과의 약간의 갈등으로 사표를 낸 후, 생활이 몹시 힘들었는데도 표시를 안 냈다. 시어머니가 예수를 막 믿으려던 참이었기 때문에 어려운 이야기를 할 수 없었다.

"쯧쯧, 우리 아들 대학교까지 가르쳐 놓으니까 여편네 잘못 만나서 돈도 안 벌어오고 또 신학교 갔어."

평소에도 시어머니는 내 원망을 많이 하셨다. 말끝마다 아무개는 쟤보다 공부도 못했어도 돈을 잘 벌어온다는데, 멀쩡한 게 마누라를 잘못 만나 다 늦게 또 고생한다고 언짢아하셨다.

시할머니 첫 제사를 지내는데 어머니께서 내게 제사음식을 할 줄 아느냐고 물으셨다. 그래서 할 줄 안다고 대답하고, 음식은 다 내가 책임질 테니까 신경쓰시지 말라고 했다. 그랬더니 시어머니가 마실을 나가 볼일을 보고 저녁때에 돌아오셨다.

나는 시장을 봐다가 모든 음식에 도라지 무침·탕국, 하다못해 시금치에다까지 모조리 고춧가루를 듬뿍듬뿍 넣었다. 음식을 다 만들어 놓자 저녁에 어른들이 오셨다. 손님들이 오시기 전에 나는 미리 남편과 시동생들과는 의논을 다 해놓았다.

"우리 제사 지내지 말고 예배부터 드려야 해요."

시간이 되어 내가 준비한 제사상을 차려내 놓았는데 정말 가관이었다. 시아버지가 제사상을 보시더니 기겁을 하시며 화를 내시는 것이었다.

"대체 음식이 이게 뭐냐?"

시아버지의 역정에도 나는 짐짓 모르는 척 물었다.

"아버님, 왜 그러세요?"

"허, 참! 넌 제사도 안 드려 봤느냐? 제사음식에 웬 고춧가루 천지냐? 그런 것도 못 배우고 시집을 왔어?"

시아버지는 당장 다시 시장을 봐다가 그 밤에 상을 새로 차리라고 했다. 시어머니가 고모들을 데리고 가게에 다녀오시더니 가게가 다 문을 닫았다고 빈손으로 돌아왔다. 다른 방법이 없어진 시어머니는 시아버지를 설득하기 시작했다.

"이렇게 됐으니 어떡해요? 이번만 그냥 제사를 지냅시다."
그래서 내가 말했다.

"그럼 기왕에 이렇게 음식에 다 고춧가루가 묻었으니까, 우리가 먼저 예배를 드릴게요. 저희가 다 예배드리고 난 후에 절들 하시고 제사를 지내세요."

말을 끝내고 나는 딱 가운데 앉고 남편과 시동생을 옆에 앉혔다. 찬송을 한 곡만 불러도 되는 것을 일부러 시간을 끌려고 세 곡이나 불러젖혔다. 그리고 기도를 하고 한 10분만 해도 충분한 설교를 20분은 족히 했다. 거의 40분이나 걸려 마음에 흡족할 만큼 충분한 예배를 드렸다.

어른들은 우리 뒤에 앉아서 안 듣는 척하면서도 귀를 쫑긋이 세우고 다 듣고 있었다. 추도예배를 다 마치고 주기도문을 드리고 난 뒤에 시아버지에게 자리를 내드리면서 말했다.

"저희는 다 끝났으니 인제 제사드리세요."

그랬더니 시아버지가 퉁명스레 쏘아붙였다.

"네가 할 말 다하고, 너 혼자 다해 놓고, 인제 우리한테 찌꺼기 제사를 드리라는 거냐?"

"그럼 됐네요, 아버님. 우리 식사해요."

그렇게 되어 우리 시댁 식구들은 내가 시집간 첫 해부터 제사를 추도식 예배로 바꾸게 되었다. 이 일을 위해 무수히 준비기도를 많이 했지만, 시어머니나 시아버지께서 크게 반발하시지 않고 받아들여 승리하게 해주신 하나님의 은혜에 마음속 깊이 감사를 드렸다.

남편, 광나루 신대원 졸업

결혼한 후에 남편은 바로 신대원에 시험을 쳐서 합격하였다. 신대원의 입학금은 집에 있는 돈을 다 모으고 결혼 패물을 일부 팔아서 충당했다.

심방 전도사로 시무할 때는 낮에는 심방하고 밤이면 양말시아기로, 새벽에는 비산시장에서 배추나 무·시래기 등을 주워다가 반찬을 만들어 먹었다. 그것도 없을 때는 된장에 비벼 먹고 소금을 볶아서 식사를 했다. 그러나 둘 다 주님을 위한 고생에는 일말의 불만도 있을 수 없었다.

교통비가 없어 남편은 걸핏하면 과천까지 걸어다녔고 점심은 노상 굶었다. 멀미를 심하게 했던 남편은 저녁에 집에 돌아오면 지쳐서 아주 파김치가 되곤 했다.

정말 보기에 안쓰럽기 짝이 없었다. 나 역시 임신 중이었지만 옹색한 형편 때문에 먹고 싶은 과일 하나를 못 먹었다. 노트 하나, 연필 한 자루, 도와주는 사람이 없어도 울며 기도하면 하나님께서 다 해결해주셨다.

'그래, 시댁 도움 없이도 우리 남편을 꼭 목사 만들 수 있어!'

그런 비장한 각오로 살았기 때문에 고생이 고생으로 여겨지지 않았다. 그 어려운 가운데서도 누구의 손길을 통해서든지 조금씩 조금씩 협조하게 하셔서 한 해 한 해 학비를 마련해주셨다. 신대원에 다니다가 곤고한 생활을 못 견디고 마음이 변할까 봐, 돈이 될 수 있는 남편의 자격증은 다 불태워버렸다. 뒤를 돌아볼 여지를 조금이라도 남겨두면 의지가 약해질까 하는 우려에서였다.

남편이 졸업하는 날, 나는 많이 울었다. 얼마나 기쁜지 이루 말로 표현할 수 없었다. 정말 기적과 같이, 하나님의 은혜 안에서 남편은 학비 한 번 빌리지 않고 신대원 3년을 마쳤던 것이다.

"주님, 이 졸업장이 보이시지요? 정말 너무너무 감사합니다! 주님의 은혜에 감격합니다!"

사람들이 기쁜 날이라고 웃으라고 하는데도, 남편과 내 눈에서는 뜨거운 눈물만 하염없이 흘러내렸다.

 ## 셋방살이 설움, 첫 아이

결혼 후, 우리는 보증금 250만원에 5만원짜리 월세방에서 신접살림을 시작했었다.

8월 20일, 첫아이를 해산했는데, 몸조리를 겨우 3일 정도밖에 못했다. 심방전도사로 있었을 땐데 교회가 서로 합해지는 와중이어서 쉴 수가 없었다. 퉁퉁 부은 몸으로 심방을 다니니까 교인들이 목사님한테 전화를 걸어 항의를 했다. 그러자 목사님은 흔연스레 이렇게 말씀하셨다.

"아, 제가 한 달 휴가를 드렸는데 전도사님이 그렇게 나와서 일을 하시네요, 참!"

나는 이런 말, 저런 말을 들었어도 입을 꾹 다물고 말았다. 그 당시 전도사 사례비로 10만원을 받았는데, 그걸로 남편 학비를 대고 아이와 살기가 힘들었다. 부식비를 마련할 길이 없으니까 밤 1시쯤 되면 시장에 나가 시래기를 주워다 국을 끓여 먹었다.

48시간 만에 어렵사리 출산을 했는데, 누구 하나가 병원비, 미역 한 가닥 배려해 주는 사람이 없었다.

첫 아이인데 너무나 서운했다. 시어머니가 예수를 믿기 전에는 나를 사람 대접도 안해주셨다. 좋으신 하나님을 확실히 믿었기 때문에 시어머니가 나를 사람 취급을 안했어도 비관한다거나 조금도 서운하게 생각되지 않았다

그런데 우리 큰아들 성용이의 성질이 여간 까다로운 게 아니었다. 낮밤이 바뀌어서인지 아이는 태어난 날부터 밤마다 울고 보챘다. 밤새도록 울어대니까 집주인이 짜증을 냈다.

"이사 좀 가주세요. 우리 집 애기아빠가 밤에 통 잠을 못 자서 아침 출근을 제대로 못해요."

"네, 죄송하게 됐습니다."

아이의 울음소리를 주인집에 들리지 않게 하려고, 나는 밤이면 아들을 업고 큰길로 나가 밤새도록 걸어다녔다. 집 없는 설움을 받으며 서둘러 또 다른 곳으로 이사를 했다. 귀한 첫아들을 형편이 여의치 못해 남들이 입던 것, 썼던 것들을 얻어다가 길렀다.

개척 10년 후에 큰 교회 주리라

84년이 되자, 나는 하나님 앞에 교회 문제를 놓고 본격적으로 작정기도를 드렸다.

"하나님, 어떻게 할까요? 교회를 개척하도록 도와주시렵니까?

아니면 다른 길을 여셔서 새 목양지를 허락해 주시렵니까?"

하나님 앞에 40일을 작정하고 밤마다 청계산에 올라가 부르짖고 기도드렸다. 8월 10일 밤에 하나님께서 응답을 내려주셨다.

"이런 집을 줄 테니 집에서부터 개척을 시작하거라. 10년이 지나면 남부럽지 않은 큰 교회와 네가 그렇게 원하고 기도하는 기도원을 허락해주마. 개척 후 10년이 지나면 큰 교회를 주리라. 또 열방의 재물을 먹게 할 테니까 염려하지 말아라."

이런 응답을 받고 너무나 감사했다. 기도 중에 하나님께서 집을 하나 보여주시는데, 들어가는 골목·나무·돌멩이까지 세세하게 보여주셨다.

응답을 받은 이튿날, 내가 본 집과 똑같은 집이 어디 있는가 하고 여기저기 찾아다녔다. 찾고 나서 알아보니 감리교회에 다니시는 송 권사님이라는 분의 집이었다. 그래서 내가 물었다.

"권사님, 혹시 이 집을 팔려고 내놓으셨어요?"

"네, 내놓았는데 잘 팔리지가 않네요."

"얼마에 내놓으셨어요?"

"3,700만원에요."

당시 우리가 살던 셋방은 보증금 250만원에 5만원짜리였다.

"그럼 이 집 파실 거예요?"

"살 사람만 있으면 팔지요. 사시겠어요?"

"네, 그럼 제가 사겠습니다."

나는 집에 돌아와서 집주인 아주머니에게 사정을 말하고, 보증금을 좀 뽑아달라고 부탁했다. 주인 아주머니가 선선히 돈을 마련해줘서 200만원을 계약금 삼아 집주인과 계약을 했다.

"그럼 중도금을 어떻게 할 거예요?"

"네, 첫 번째 중도금 천만원은 열흘 후에 드리구요, 두 번째 중도금 천만원은 또 열흘 후에, 마지막 잔금까지 해서 다 한 달 안에 드리겠어요."

계약을 마치고 나는 곧바로 청계산으로 올라갔다. 하나님을 믿고 계약했지만, 전 재산을 건 것이나 다름없었기 때문에 떨렸다.

"하나님, 저는 하나님이 시키신 대로, 보여주신 대로 계약을 했어요. 방 보증금을 빼서 계약을 했으니까, 돈이 안되어 이 돈을 떼이면 저는 올데갈데도 없어요."

8월이었는데, 갑자기 비가 억수같이 쏟아지기 시작했다. 얼마나 무섭게 폭우가 쏟아지고 천둥번개가 쳐대는지 산에서 기도하던 사람들이 기겁을 해서 막 뛰어내려가기 시작했다. 비를 피할 비닐도, 우산도 안 가져왔던 나는 어쩔까 잠시 생각하다가 혼자 남아 계속 기도하기로 마음을 먹었다.

'그래, 비 맞고 기도하다 죽었단 이야기는 아직 못 들었다. 비야 오든지 말든지 내 사정이 급하니까 그냥 기도하자. 오히려 더 잘되었다. 모두 다 내려가버리고, 나 혼자 뜨겁게 기도하면 효과가 더 빠를 게 아닌가? 하나님께서 더 빨리 들으시겠지!'

밤새도록 신바람나게 기도하다 보니까 그새 비가 그쳐 있었다. 그리고 기도하는 뜨거운 열기로 내 옷도 말짱하게 다 말랐다.

새벽에 하나님께서 응답하셨다.

"첫 중도금은 여호와 이레로 준비되었다. 외삼촌 집에 가면 외삼촌을 통해서 중도금을 주리라!"

"아멘! 할렐루야!"

응답을 받은 나는 날 듯한 걸음으로 집에 돌아와 장 전도사님에게 말했다. 남편은 믿어지지 않는다는 표정으로 말했다.

"우리 외삼촌이 손으로 여물을 썬다는 노랭이인데, 천만원을 준다고? 더구나 외삼촌은 철저한 불교신자인데 말이야."

그래서 내가 시어머니에게 평택으로 전화를 해보았다. 시어머니도 펄펄 뛰며 말렸다.

"걔가 돈 천만원을 마련해주면 내가 성을 안씨로 갈겠다, 성을 갈아! 그러니 가나마나한 짓 말어. 천하없는 사이라도 걔는 누구 주는 법이 없는 사람이여. 헛걸음치는 거라니까."

남편이 망설이고 있자 내가 전도사님을 다그쳤다.

"헛걸음을 치든 말든 하나님께서 가라시면 가 보세요."

장 전도사님이 내켜하지 않으면서 외삼촌네로 출발한 후, 나는 하나님 앞에 엎드려서 계속 기도를 드렸다. 외삼촌을 만난 장 전도사님이 사실을 모두 다 이야기하자 외삼촌이 물었다.

"도와주면 그 돈 언제 갚을 거여?"

"언제 갚을지 기한은 없지만 되는 대로 빨리 갚을게요."

"그럼 앞으로 꼭 본전이라도 갚아라."

그러면서 외삼촌은 그 길로 농협에 가더니 돈 천만원을 빼주셨다. 장 전도사님은 너무나 좋아하며 돈을 갖고 오셨다. 그걸로 첫 번째 중도금을 치렀는데 또 두 번째 중도금이 기다리고 있었다. 다시 하나님 앞에 기도를 시작했다.

"하나님, 이번에 중도금 안 주시면 인제는 1,200만원이나 떼이는 겁니다."

열심히 기도했는데 중도금 날짜 이틀 전에 응답을 해주셨다.

"이번 중도금은 창내 시작은아버지를 통해서 줄 테니까 그리로 가보아라."

"아멘! 할렐루야!"

집에 돌아와서 장 전도사님에게 얘기하고 평택으로 보냈다. 그런 데 평택에 간 남편이 시댁에 먼저 들러 시어머니에게 그 이야기를 한 모양이었다. 당장 시어머니한테서 전화가 왔다.

"넌 뭣 땜에 일을 저질러 집안 식구들을 다 못살게 구느냐?"

그래도 이미 일은 벌어졌는데 어떡하겠는가. 남편이 시작은아버지에게 가서 사실 이야기를 하고 부탁을 했더니 처음에는,

"돈이 없는데…."

그러셨다고 한다. 그래서 장 전도사님이,

"우리 집사람이 기도를 하는데, 하나님께서 이리 가보라고 응답하셨대요."

했더니, 그때서야 시작은아버지가 이렇게 말씀하셨다.

"농협에 땅을 저당잡혀서라도 해줄 테니까 걱정하지 말아라."

이렇게 해서 두 번째 중도금 천만원이 마련되었다.

인제 나머지 잔금 1,500만원이 남았다. 그걸 놓고 열심히 기도를 하는데 "준비해놨으니 걱정 말라."는 응답을 받았다. 그런데 잔금을 주기로 한 당일까지 돈이 안되었다. 그래서 잔금 드릴 권사님에게 오후 7시까지 드리겠다고 시간을 연장해놓고 몸이 달아서 하나님께 간절히 기도를 드렸다. 그랬더니 그러시는 것이었다.

"넌 왜 그렇게 믿지 못하고 의심하느냐? 내가 준비해 놓았다고 그러지 않았느냐?"

"아, 아버지, 제가 염려 안하게 생겼습니까? 바로 오늘인데요, 시간을 겨우 7시까지 미뤄놓았는데, 아무 말씀도 없으시면 전 어떻게 해요? 빨리 말씀 좀 해주세요. 지금은 어디를 갈까요?

누구네 집에 갈까요?"

그렇게 애달아 기도했는데 정말 기적 같은 일이 일어났다.

어느 집사님이, 아들이 교통사고를 당해 받은 보상금의 일부를 헌금하겠다며 찾아온 것이다. 아무리 생각해도 가장 보람있게 사용하는 길이 개척교회의 머릿돌이 되게 헌금하는 것 같아서였다.

그 보상금에다가 조금 모자라는 돈은 마을금고에서 살 집을 담보로 융자를 받아서 3,700만원을 무사히 다 치렀다. 기적같이 집을 마련한 것이다. 실수 안하시는 하나님께 정말 감사했다.

개척교회 시절

가정집에서 첫 교회 개척 ▶ 239
저는 굶어도 아이만은 ▶ 240
의인 열 명 ▶ 242
양성교회의 첫 기적 ▶ 243
심장병 발병 ▶ 247
두 번째 이석 ▶ 248
오해로 인한 첫 풍파 ▶ 249
세 번째 기적 ▶ 258
지하교회로 이사하다 ▶ 260
네 번째 기적 ▶ 261
물난리 ▶ 264
하나님, 지상건물 주세요 ▶ 271
아이를 살려주세요 ▶ 275

가정집에서 첫 교회 개척

1984년 10월 7일, 우리 부부는 감격스러운 첫 개척예배를 드렸다. 그런데 건물이 있는 목사님들이 우리를 보고 이단이라며 몹시 못마땅해하셨다. 우리는 묵묵히 밤이면 기도하고 낮에는 전도했다.

"저 교회는 이단이니 저기 가면 지옥에 간다."

그러나 하나님께서는 그들의 말을 개의치 않으시고 내 기도를 들으셔서, 어려운 가운데서도 우리 교회를 축복해주셨다.

개척교회를 시작하자, 그 지역의 가깝고 먼 주변 교회에서 몸을 사리느라 야단들이었다. 성도들이 빠져나갈까 봐 연일 이단광고를 해대며 과잉 단속들을 했다.

저녁에는 기도원으로 달려가 밤새 이슬을 맞으며 기도하고, 낮에는 발이 부르트도록 전도하러 다녔다. 누가 뭐라든 나는 주님을 전하는 일이 기뻤고 날마다 생명 건 열렬한 기도를 드릴 수 있어서 행복했다. 그리고 또 주님만으로 늘 행복한 우리 부부를 어여삐 보셔서 하나님께서는 필요에 따라 넘치게 역사해주셨다.

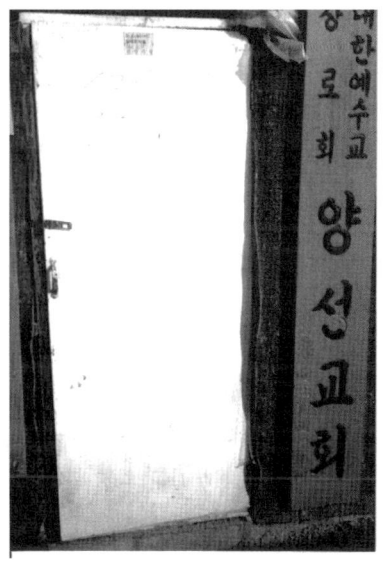

▲ 양성교회를 개척하다

저는 굶어도 아이만은

　개척은 해본 자만이 뼈를 깎는 그 어려움을 안다. 성도들은 왔다가도 가정집이라고 해서 가고 이단 소문에 놀라서 도망치듯 간다. 그때 우리 성용이가 아장아장 걸을 때였으니까 서너 살쯤 되었을 때인가 보다.
　어느 날, 또 쌀이 떨어졌다. 믿음 없는 시댁에 말해봤자 도와줄 리도 없고 자존심 때문에 내색도 안 했다. 다른 누구에게 이야기를 하려니 턱이 안되는 것 같아 계속 물만 끓여 설탕을 조금 타서 먹였다. 아들은 설탕물을 하루 먹더니 더 이상 먹으려고 하지 않았다. 설탕물을 밀쳐내며 밥 달라고 막 우는 것이었다.

◀ 큰아들 성용이

'엄마, 밥 줘! 밥 줘!"

어른들은 의지가 있으니까, 얼마든지 금식을 할 수 있고 참을 수 있지만 철없는 아이는 달랐다. 때를 따라 먹을 것을 찾으며 떼를 썼다. 아이가 우는 것을 보니 너무나 가슴이 아파 하나님께 밤새 눈물뿌리며 부르짖었다.

"하나님, 저는 굶어도 자식은 먹여주세요. 제게 금식하라면 얼마든지 할 수 있지만, 아이가 무슨 죄가 있습니까. 아이를 금식시킨단 말씀은 하지 않으셨잖아요. 아이를 먹일 수 있는 양식을 주옵소서."

밤새도록 기도한 후 새벽예배를 드리고 들어와서 잤다.

그런데 서울로 교회를 다니는 어떤 집사님 한분이 계셨는데, 그분의 꿈에 하나님이 우리 가정집 교회의 골목까지 생생히 보여주시면서, 주의 종들이 굶고 있으니 모아놓은 성미쌀을 빨리 갖다주라고 하셨다고 한다. 꿈을 깨 눈을 뜨니까 5시 30분이었다. 새벽예배가 끝났겠다 싶어서 성미쌀을 두 자루에 나눠 담아 아들과 함께 들고 왔는데, 불이 꺼져 있어서 마루 앞에 놓고 왔다면서 아침에 전화가 왔다.

"서울에 있는 성도인데요, 꿈을 꾸고서 성미쌀 3개월치 모아 놨던 게 한 가마니가 안되어서 우리 집에 있는 쌀 몇 말을 보태서 두 자루를 갖다놓고 왔습니다."

전화를 받고 밖에 나가 보니까 40킬로짜리 쌀자루 두 개가 놓여 있었다. 그 쌀로 아침에 밥을 해서 줬더니, 성용이가 얼마나 맛있게 먹는지 좋아서 밥을 먹으며 춤을 추는 것이었다.

"난 예수님이 좋아, 예수님이 좋아!"

그때 나는 '아, 까마귀를 통해 엘리사를 먹여주신 기적이 내게도 일어나고 있구나.' 하는 것을 실감했다. 하나님께서는 주님을 위해서 사는 자는 오래 굶기지 않으신다는 확신을 주셨다. 감사하게도 양성교회를 개척한 이후부터는 그다지 많이 굶기지 않으시고, 누구를 통해서든지 조금씩 계속 먹을 것을 주셨다.

 ## 의인 열 명

우리 교회가 가정집이기 때문에 교인이 와서 등록을 했다가 얼마 못가 빠져나가 버린다. 초신자를 양육해서 봉사할 만하면 나가버리니 번번이 크게 실망이 되었다. 교인 한 사람이 얼마나 귀한지 주님이 오신 것처럼 반가운데, 교인들이 계속해서 왔다가고 들락날락해 실망을 많이 했다.

저녁이면 교인들을 이끌고 청계산 기도원에 많이 다녔다. 가서 밤새워 기도하고 새벽에 내려오곤 했다. 어린 아들을 산에다 뉘어놓은 채 기도했는데, 눈이 와서 쌓여 있을 때면 주변의 눈이 다 녹을 때까지 열심히 기도했다.

하루는 기도하는데 하나님께서 내게 물으셨다

"사랑하는 종아, 소돔과 고모라가 왜 멸망했는지 아느냐?"

"네, 저, 믿는 사람이 없어서가 아니라, 하나님께서 인정하는 사람이 없어서…."

나는 뭐라고 대답을 할까, 머릿속이 복잡해 횡설수설했다.

"하나님께 불순종해서 멸망한 거 아닙니까?"

"그게 아니니라. 믿는 사람이 없고 불순종해서 멸망한 게 아니다. 단지 내가 찾는 의인 10명이 없어서니라. 네 목회는 사람의 머리 숫자를 보지 말아라. 네 목회는 의인 10명을 키우는 교회가 되어라!"

이런 응답을 받고 난 후부터는 마음에 평강이 넘쳤다. 교인들이 찾아왔다가 스르르 빠져나가도 그 일로 애달아하지 않고 실망하지도 않았다. 의인 10명을 키우기 위해 최선을 다해야겠다는 마음의 각오를 갖은 다음부터는 그냥 기뻤다. 그렇게 사람 욕심을 버리고부터 교회는 점점 부흥되기 시작하였다.

양성교회의 첫 기적

교회가 부흥되면서 양성교회를 개척 후, 첫번째 기적이 일어났다. 85년 3월이었다.

서울에서 한씨라는 분이 가족과 함께 주일날 우리 교회에 찾아왔다. 강남의 고속터미널 옆에 위치한 삼호 아파트에 사는 사장 부인이었다. 그분이 우리 교회를 찾아오게 된 동기는 그분의 누이와 친분이 있는, 어떤 집사님의 소개를 받고서였다.

얘기를 들어보니까, 그 여자분은 몇 년 전부터 밤 11시만 되면 잠옷 바람으로 나가서 밤새도록 헤매고 돌아다니다가 새벽이면 들어오는 일을 반복해왔다고 한다. 남편은 모터를 만드는 회사의 사장이라서 집안은 아주 부유하고 잘살았다.

정신병원에도 데려가 입원을 시켰는데 5개월을 치료하고 데려다놓아도 또 마찬가지고, 또 입원시켰다가 데려와도 또 마찬가지고 하니까 남편도 지쳐버렸다.

그 여자분의 말에 의하면, 저녁마다 흰옷을 입은 할머니가 자기를 데리러 온다고 했다. 그 할머니는 칼을 입에다 물고 머리를 풀었다고 한다. 그 할머니를 따라 엘리베이터를 타고 내려가면, 할머니는 자기를 넓은 아파트 앞마당에 내려놓고는 어디로 사라져버린다는 것이었다.

그러면 이 아주머니는 이 할머니를 찾아다니느라고 정신없이 다니다가, 날이 훤해 정신이 나서 보면 잠옷 바람으로 아파트 앞을 돌아다니고 있다는 것이었다. 온 밤을 이슬을 흠뻑 맞고 돌아다니는 일을 반복하노라니 몸도 정신도 말이 아니었다.

사장 집안 체면에 누구에게 말도 못하고 애만 끓이고 있었는데, 우리 교회의 소문을 듣게 되어 달려온 것이다. 남편은 전혀 예수님을 믿지 않고 아주 핍박을 하는 사람이었고, 장본인인 부인 역시 교회에 안 다니고 오직 시누이만 교회에 다니고 있었다.

주일날 낮예배를 마친 후에 제직 집사들 몇 명과 함께 안방에 데리고 들어왔다. 부인은 몇 년 동안 밤마다 시달렸던 사람이라 얼마나 말랐는지 허리가 멸치 같았다.

안방에 들어오자 즉시 증세가 나타나기 시작했다. 베개를 갖다주면서 누우라고 하자 도리질을 하며 눕지 않으려고 했다. 간신히 뉘었더니 부인은 겁에 질려 몸을 떨기 시작했다.

방안에는 제직 몇 분과 믿음 없는 평신도들도 있었는데, 찬송을 부르며 기도를 시작했다. 그런데 깡마른 이 아주머니가 얼마나 기운에 센지 벌떡벌떡 일어나 설쳐대는 것이었다. 남자분 여섯 명이 붙들고 있어도 도저히 당하지를 못했다.

사탄이 마구 발악을 하기 시작하는데 감당할 수가 없었다. 마

구 고함을 내지르면서 난리를 쳤다. 마치 할머니가 아이들에게,
"이노옴-!"
하고 호령하는 것처럼 음성이 할머니 목소리로 변했다. 나는 할머니 형상의 사탄이 이 여자분 속에 있는 것을 발견했다.

우리가 찬송을 더욱 열렬히 불렀더니 할머니 목소리로 외쳤다.
"이놈, 시끄럽다. 니들이 누군데 날 내쫓으려고 그러느냐? 이 집에 들어와 산 지가 벌써 몇십 년이 됐는데, 왜 날 괴롭히고 나가라고 해?"
그래서 내가 소리쳤다.
"나사렛 예수의 이름으로 명하노니, 물러가라! 이분은 하나님의 백성이다! 네가 어디로 알고 여기로 왔느냐!"
계속 늦추지 않고 물리쳤더니 입으로 털어놓는 것이었다.
"내가 이놈의 집구석을 쑥밭으로 만들어 망하는 걸 보고 갈 거야. 억울해서 그냥은 절대로 못가. 내가 이집 젊은것들에게 너무 학대를 받았어. 그래서 자식들도 망하고, 이집 사업도 쑥밭이 되어 망하는 꼴을 보려고 이 젊은 며느리한테 들어왔어!"
나는 강하게 예수의 이름으로 물리쳤다.
"예수의 이름으로 물러가라! 안 그러면 지옥불에 처넣겠다."
그랬더니 할머니가,
"이노옴…! 조용해라!"
하고 소리를 질러대는 것이었다.

우리는 계속 힘차게 찬송하고 기도하고, 찬송하고 기도하며 사탄 물리치기에 힘썼다. 그 여자분의 남편 되는 사장님은 이런 광경을 난생 처음 보자 놀라서 눈이 휘둥그래졌다. 맨날 예수 핍박만 하고 귀신이 어디 있느냐고 했는데, 자기 부인이 하는 짓을

보고는 할 말을 잃은 것이다. 남편은 그 자리에서 무릎을 꿇고 하나님을 찾고 온 성도들이 힘을 합해 몇 시간을 실랑이하자, 그 여자분 속에 있는 사탄이 굴복을 했다.

"내가 살 때도 학대를 받아서 한이 맺힌 사람한테 왜 이렇게 또 학대를 해? 말 좀 예쁘게 해. 전도사가 돼가지고 말 좀 예쁘게 하라구!"

그래서 내가 바락 화를 냈다.

"내가 너한테 뭣허러 말을 예쁘게 하느냐? 이 망할것, 빨랑 나가지 못해!"

그러자 그 여자분은 할머니 목소리로 서럽게 흐느껴 우는 것이었다.

"에고, 억울혀! 억울혀서 나 죽겄네!"

"억울할 거 없다! 너 가고 싶은 원 고향으로 맘대로 가!"

"사촌네 갈 데가 딱 한 군데 있으니 거기로 갈 테야."

"나사렛 예수의 이름으로 명하노니, 그리로 가라!"

여자분은 소리소리를 지르며 입에 거품을 품고 발악을 하더니, 몸을 쭉 뻗으면서 사탄이 떠나갔다.

한 30분쯤 있다가 부인은 맑은 정신으로 깨어났다. 그때부터 건강해져서 아름다운 가정을 회복하였다. 저녁에도 깨지 않고 잠을 잘 자고 잘 먹으니까 살이 찌고 믿음이 들어가 하나님을 잘 섬겼다. 우리 교회가 강남과는 너무 멀어서,

"신앙생활은 먼 데서 하면 제대로 하지 못해요. 그러니 집 가까운 데서 하세요."

하고 권면했다. 뒤에 들으니까 옥한흠 목사님 교회의 집사로 아주 충성되게 봉사 잘하고 있다고 해서 뿌듯한 기쁨을 느꼈다.

심장병 발병

1985년 4월, 내가 둘째아이를 임신해서 4개월쯤 되었을 때였다. 감기에 걸렸는데 영 회복이 더디고 안 떨어지는 것이었다. 그래도 감기려니 하고 대수롭지 않게 여기고 병원에 갈 생각도 안했다. 그날은 산부인과 정기검진을 받는 날이라서 병원에 갔더니, 의사가 고개를 갸웃거리며 그러는 것이었다.

"4개월 된 태아에게서 전혀 심장 뛰는 소리가 안 나네요."

"네? 그게 무슨 말씀이세요?"

"빨리 서울대학병원에 가서 진찰을 해보시는 게 좋겠어요. 아무래도 엄마의 심장에 이상이 있는 것 같습니다."

놀란 나는 곧바로 서울대학병원에 가서 진찰을 했다. 그 결과 심장에 이상이 생긴 것을 발견하게 되었다.

병명은 심신결손증이라고 했다. 심장과 심장 사이에 있는 벽에 구멍이 뚫려, 피가 폐로 다시 들어가서 폐가 많이 늘어져 있는 상태고, 또 협심증까지 있어서 심장기능이 아주 저하되어 있다고 했다. 아기가 4개월이나 되었는데도 심장 뛰는 소리가 안 나는 것을 보니까 정상이 아닌 듯하다며 유산을 권유했다.

그 말을 듣자 하늘이 무너지는 것 같았다. 하나님이 주신 생명인데 어떻게 내 맘대로 살인죄를 지을 수 있겠는가. 그래서 나는 의사의 말보다는 하나님의 응답에 순종하기로 마음먹고 그대로 돌아왔다. 그리고 교회에서 그때부터 작정기도를 시작했다.

"하나님, 하나님께서 주신 아이인데 심장소리가 나지 않는대요. 제게 평생 십자가가 될 아이라면 목회일에 걸림돌이 되면 안되니까 하나님께서 해결해 주시고, 건강한 아이라면 제게 확신을 주세요."

눈물의 기도를 드렸는데 하나님께서 응답을 주셨다.

"그 아이의 생명은 내 것이다. 네 태중에 있는 아이는 전혀 이상이 없으니까 염려하지 말고 해산하도록 해라."

그 응답을 받고 나는 너무나 기뻤다.

"아멘! 하나님, 감사합니다. 저는 세상의 의학도 믿지 않고, 그 어떤 유명한 박사도 믿지 않고 오직 하나님만 믿겠습니다."

응답을 받고 나서 병원에 통고를 했다.

"유산하지 않겠습니다. 하나님께서 아무 이상이 없다고 하시니까 그냥 낳겠어요."

모두들 걱정했지만 나는 하나님께 응답을 받았기 때문에 평안을 얻을 수 있었다.

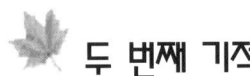 ## 두 번째 기적

85년 신년 초였다. 교회의 홍 집사의 중학생 딸이 발에 생긴 피부병으로 고생을 하고 있었다. 원인도 알 수 없는 나환자 같은 흉측스러운 발이었다. 진물이 비죽비죽 배어나와 항상 양말에는 큼큼한 누런 고름이 나와 있었다.

나환자촌에까지 가서 별별 약을 다 구해 먹어도 소용이 없었다. 우리나라 사람 10만 명 중에 한 사람에게서도 보기 어려운,

아주 발병률이 낮은 희귀한 피부병이라고 했다.

여러 이름난 의사에게 진찰도 받아보고 이것저것 좋다는 약은 다 먹었어도 전혀 차도를 보이지 않았다. 그래서 그 딸도 하나님 앞에 기도하고 집사님과 나도 작정기도를 드렸다. 부르짖고 기도하면서 나는 고름나는 그 발에 손을 얹고 간절히 기도했다. 또 금요철야 때면 온 교인들이 그 아이를 위해 눈물 뿌려 기도했다.

그러자 하나님께서 기적적으로 그 아이의 발을 깨끗이 고쳐주셨다. 언제 그렇게 무서운 피부병을 앓았느냐는 듯이 깨끗해졌다. 하나님의 살아 계심을 눈으로 보았기 때문에 그 가정은 충성할 것을 다짐했었다.

그 뒤로 그 가정이 참 충성되이 교회를 섬겼는데, 예기치 않은 시험으로 교회를 떠나게 되는 일이 생겨 마음 아팠다. 하나님의 살아 계심을 눈으로 봐서 아는 사람들이었고, 그 뜻대로 살려고 애썼는데도 그렇게 된 것이 오래도록 내 마음에 쓰라린 상처로 남게 되었다.

 ## 오해로 인한 첫 풍파

85년 7월, 교회에 세찬 풍파가 휘몰려왔다. 내가 둘째아이를 임신한데다 생각지 않은 심장병 발견으로 잔뜩 긴장하고 있을 때였다.

우리 교회에 등록한 지 몇 개월 안된 부부 집사가 있었다. 전남 해남 사람이었는데 여자는 천 집사고, 남자는 홍 집사였다.

그 부부 집사가 우리 교회에 나온 이유는 다른 교회에 나가다가 그 교회에서 상처를 입었기 때문에 안면이 있던 우리 교회로 온 것이다.

하루는 남편이 허리가 아프다고 기도 좀 해달라며 찾아왔다. 남편은 건축현장에서 방수일을 했다. 그래서 낮예배 후에 기도를 해주는데 기도 중에 환상이 보이는 것이었다. 허리 아픈 원인이 과로나 디스크라든가 하는 신체적인 것이 아니었다. 하나님께서 회개하라고 죄를 지적해서 보여주시는데 이성의 문제였다. 기도 중에 여자를 보여주셨는데 시골여자같이 촌티가 났다.

일단 기도를 마치고 모두를 돌려보냈다. 그 자리에 부인 집사도 있었기 때문에 말할 계제가 아니어서, 나중에 남편인 홍 집사를 조용히 불렀다.

"집사님, 아까는 제가 천 집사님이 있어서 말하지 못했는데요, 기도 중에 집사님께 이성간의 문제가 있다고 하나님께서 회개하라고 하시네요. 여자를 보여주시는데 그 여자가 좀 촌스럽게 생겼던데 혹시 숨겨둔 작은부인 아니에요? 솔직히 말씀하세요."

그러자 홍 집사가 놀라며 말하는 것이었다.

"세상에! 이일은 아무도 모르는데 어떻게 전도사님이 아세요? 정말 하나님은 불꽃같이 지켜보신다고 하시더니 그 말이 사실임을 이제 알겠어요."

그러면서 사실 이야기를 털어놓았다. 건축일을 할 때는 종종 집에서 먼 현장에서 몇 개월씩 일하는 경우가 있는데 이번에도 그랬다는 것이다. 용인에서 몇 개월 일을 하던 중 그만 탈이 생기고 말았다. 밥해 주는 아줌마가 하나 있었는데 어떻게 하다가 그만 그분과 사귀게 되었다고 한다. 그 여자도 아이가 셋 있는 유부녀인데 남편은 양계장을 한다고 했다.

방을 하나 얻어서 둘이 살림도 했었는데, 갑자기 허리가 운신을 못하도록 심하게 아파와서 일도 못하게 되었다. 그래서 아랫사람들한테 지시만 해놓고 집으로 허리치료를 받으러 왔다. 아내인 천 집사는 그런 내막을 전혀 모르니까 남편이 허리가 걱정이 되어 내게 기도부탁을 해온 것이다.

"그럼 집사님, 천 집사님 몰래 그 여자분을 한번 좀 만나게 해주세요."

"네, 그러세요. 경기도 용인 양지에 사는데 같이 가세요."

나는 홍 집사와 함께 그곳에 갔다. 가서 그 여자를 만나보니까 정말 기도하던 중에 봤던 그 여자와 똑같았다. 그래서 여자가 여자를 더 잘 이해하리라 싶어서 조심스레 입을 열었다.

"마음을 돌이킬 수 없겠는지요? 자녀도 셋이나 둔 분이 그러시면 되겠어요? 사람이니까 그런 실수도 할 수 있겠지요. 그러나 한 가정의 아내라면 자기의 위치를 지켜야 하는 의무도 있지 않을까요."

세 시간 동안 나는 진지하게 그 여자에게 권면을 했다. 그러자 그 여자분이 알았다며 고개를 끄덕였다.

"알았어요. 이야기를 듣고 보니 제가 잘못했네요. 다시는 안 만나고 깨끗이 해결하겠어요."

눈물을 줄줄줄 흘리며 말했다. 마침 때맞춰 홍 집사의 방수일도 다 끝나서 모든 일의 마무리를 깨끗이 짓고 집으로 돌아왔다.

그런데 얼마 후 주일날이었다. 주일 낮예배를 드리는데 그 여자가 자기 언니들과 형부와 짜고 돈을 뜯어내기 위한 작정인 듯

우르르 비산동 홍 집사네 집으로 몰려왔다. 천 집사는 그 동안 아무것도 몰랐다가 아닌 밤중에 홍두깨 격으로 떼거리한테 둘러싸이자 기절을 할 정도로 놀랐다.

우리 교인들이 홍 집사네 집에서 싸움이 벌어진 것을 보자 내게 알리러 뛰어왔다.

"전도사님, 홍 집사님 댁에 지금 난리가 났어요."

"집사님들, 절대 그 댁에 구경 가지 마세요. 아마도 홍 집사님이 용인에서 일하실 때 식당밥을 먹고 돈이 안 나와 처리를 제대로 못해주고 온 것 같아요. 돈 받으러 왔대요."

내가 먼저 선한 거짓말을 하자 교인들은 그런 줄만 알고 그냥 돌아갔다. 교인들을 보내고 나는 집사님 댁으로 뛰어갔다.

"왜 이러세요? 저와 약속한 게 틀리지 않습니까? 이러시면 어떡합니까?"

몇 시간을 또 설득해서 겨우 그들을 돌려보낼 수 있었다.

그런데 이미 홍 집사네 가정은 파탄이 나버렸다. 천 집사의 성질이 보통이 아니라 분에 못 이겨 사지가 돌아가고 길길이 날뛰었다. 펄펄 뛰는 천 집사를 붙잡아 앉히고 나는 여러 말로 위로했다.

"그게 무슨 좋은 일이라고 말했겠어요. 어쨌든 홍 집사님이 회개를 하고 하나님 뜻대로 살겠다는 데야, 과거를 묻지 않으시는 하나님 아니세요? 내가 뭘 더 왈가왈부하겠어요. 또 이야기해서 좋을 게 뭐 있겠어요."

나는 천 집사를 힘써 토닥이고 달래주었다. 셋이서 예배를 드리고 기도를 드리고 안심을 시킨 다음에 의논을 했다.

"다른 교회에서는 홍 집사님이 집사 임명을 받으셨지만, 우리 교회에서는 아직 집사가 안 되겠네요. 집사로 세울 수가 없겠어요. 아무리 개척교회라도 하나님의 뜻대로 바르게 살지 못한다면 제직이 될 수 없다는 규칙을 철저히 지키기 때문에 그러니까, 서운하더라도 6개월 동안 근신해주세요. 술도 완전히 끊으시구요. 혹 교인들이 왜 남자분인데 집사 임명을 안하느냐고 물으면, 근신한다고 말하기는 곤란하니까 외국에 일하러 갈지 몰라서 그렇다고 하세요. 안 가게 되면 나중에 집사 임명을 받을 거라고 말이에요."

홍 집사의 6개월 근신을 명하고, 이렇듯 선한 거짓말로 서로 입까지 맞춰 두었다

그후 계속 잘 지내왔는데 그 집사님네가 겨울철 일거리가 없어서 생활이 어려워졌다. 그래서 호구지책으로 천 집사가 생선장사도 하고, 집도 꼭대기 판잣집으로 옮겨 살았다

하루는 김 집사, 조 집사, 천 집사 등 세 여집사가 김 집사네 집에서 오이 마사지를 하러 모였다. 그때가 여름이었는데 나는 둘째아이를 가져 임신 7개월쯤 되었었다. 얼굴에 붙이기 좋게 오이를 납작납작하게 썰어서 서로 붙여주기도 하면서 이야기꽃을 피웠는데, 천 집사에게 내심 이런 생각이 들었던 모양이다.

'혹시 우리 전도사님이 집사님들에게 우리 남편 바람피운 것을 다 말하지 않았을까?'

괜히 켕긴 천 집사는 두 여집사에게 넌지시 떠보았다.

"집사님, 우리 집 사정 다 알지요?"

그러지 두 집사는 흔연스레 대답했다.

"아, 그럼 다 알지요."

두 여집사는 '요즘 천 집사가 애들 넷 데리고 생선장사하느라

고생하는 것을 말하나 보다.' 이렇게 생각해서 심상하게 대답을 한 것이었다. 그러니까 천 집사가 번쩍 눈에 불을 켜면서,

"그럼 우리 홍 집사가 바람 피운 것도 다 알겠네?"

하고 말했다. 난데없는 말에 두 여집사는 멍해져서 되물었다.

"아니, 집사님, 홍 집사님이 바람을 피우셨어요?"

그 말에 천 집사가 눈에 불꽃을 튕기며 쏘아붙였다.

"아니, 다 안다고 해놓고 왜 딴소리를 해? 엉?"

가시 돋친 천 집사의 말에 놀란 두 여집사는 몹시 당황했다. 세 사람은 오이 마사지도 끝까지 못하고 헤어졌다.

한여름이라 몹시 무더웠는데 그날은 밤에 비가 내렸다. 밤 12시쯤에 전화벨이 울려 내가 전화를 받았다. 다짜고짜,

"남의 가정의 비밀을 지켜준다고 하더니, 지키는 척하고 시치미 똑 떼고 있네! 천벌을 받을 것 같으니라구!"

이년저년하고 쌍욕을 해대는데 들어보니 천 집사였다. 너무나 어처구니가 없고 기가 막혀서, 이건 분명히 무슨 큰 오해가 있다고 생각했다. 그래서 차분히 말을 받았다.

"집사님, 무슨 일이에요? 왜 그러세요?"

"뭐? 집사? 네가 말해놓고도 몰라? 우리 남편 바람피운 것을 김 집사, 조 집사한테 다 까발려놓고 시치미 딱 떼면 다야? 내가 그놈의 교회를 다 때려부수고 가만 안둘 테야!"

전화를 끊고 나서 급히 남편 장 전도사님과 함께 그 집으로 달려갔다.

"무슨 말을 그렇게 하세요?

"네가 지은 죄를 몰라서 그래? 무슨 변명이야?"

"내가 누구한테 그런 이야기를 했는지 대봐요."

"김 집사하고 조 집사가 오이마사지를 하는데, 우리 사정 다 아느냐니까 다 안다고 하더라. 왜 그런 이야기를 했어? 엉?"

억장이 무너지는 이야기가 아닐 수 없었다. 그래서 그 자리에서 김 집사와 조 집사를 불렀다.

"집사님들, 내가 홍 집사가 작은부인 얻었다는 얘기를 한 적 있어요?"

두 여집사는 손까지 저으며 고개를 흔들었다.

"아뇨, 전도사님. 집사님이 우리 집 사정 다 아느냐고 물었을 때, 생선장사하고 요즘 어려운 거 묻는 줄 알고, '그럼, 다 알지!' 그런 거예요. 그랬는데 천 집사님이 '그럼 우리 홍 집사 작은마누라 얻은 거 다 알지?' 그래서 놀라 말도 못하고 그냥 왔어요."

그래서 내가 천 집사에게 말했다.

"봐요, 집사님. 내가 말 안했잖아요."

"흥! 거짓말하는 거지! 팔이 안으로 굽지 밖으로 굽나?"

노발대발해서 교회를 저주하는데 정말 가관이었다. 그 다음에는 집사들끼리 싸움이 벌어졌다.

"왜 죄없는 전도사님에게 뭐라고 해요? 우리에게 그런 말 한 적이 한 번도 없는데!"

"잔소리 말아, 이년들아! 내가 다 알고 있는데, 니들이 그 교회를 섬겨야 되니까 전도사 편을 드는 거지?"

그리고 사람들을 동원해서 교회를 흔들기 시작하는데 굉장했다. 겨를 가져와서 대문에 막 흩뿌리면서 저주를 퍼부었다.

"이 교회에 오는 것들마다 다 눈멀어 뒈져라!"

"당장 교회 문 닫지 못할까!"

그런 아수라장이 없었다. 천 집사와 같은 동향 지역 교인들끼리 뭉쳐서 나를 헐뜯고 비판했다. 이런 일들을 당하면서 있는 대로 신경을 쓰고 나니까, 임신 8개월인데도 태아가 아래로 처져서 유산기를 보였다. 또 너무 억울한 일을 당하자, 밤이면 잠을 못 들도록 가슴이 벌렁거리는 고통을 받았다.

홍 집사네는 밤낮 없이 시도때도 없이 찾아와 행패를 부렸다. '맞아, 내가 앉아서 걱정할 게 아니라 하나님 앞에 기도하자.' 그 길로 청계산에 올라가 얼마나 무릎 꿇고 울었는지 모른다. "하나님, 저는 정말로 억울합니다. 말 한 마디 뻥긋해본 일도 없는데 이게 웬일입니까. 그러나 하나님, 피할 길을 주시고 오히려 그들에게 회개할 수 있는 마음을 주시옵소서."

그리고 그 가정에 가서 계속 권면을 했으나 말이 먹히지 않았다. 계속 교회를 어지럽게 하고 교인들을 다른 교회로 빼내가서, 당시에 몇 가정이 나갔다. 너무 마음이 아팠다.

도저히 그대로 두고 볼 수가 없어서 당회장 목사님께 상의를 했다. 당회장 목사님은 이렇게 교회에 물의를 일으키는 일은 있을 수 없으니 당장 치리를 하자고 해서 그렇게 하기로 했다.

그들이 치리를 당해 우리 교회를 못 나오게 된 후에, 우리 교회를 떠났던 교인들이 하나하나 다시 되돌아왔다. 내가 그러지 않았다는 것을 알고서였다. 그러자 홍 집사네 가정에 큰 환난이 닥치기 시작했다. 감당할 길이 없어진 그들 부부가 어디 가서 작정기도를 했는데 응답을 받았다고 한다.

"너는 왜 내가 사랑하는 종, 죄없는 주의 종을 오해해서 그렇게 마음을 괴롭혔느냐?"

그러시며 마구 책망을 하셨다고 했다. 그 응답을 받고 홍 집사 부부가 우리 집에 찾아왔다.

"전도사님, 죽을죄를 지었습니다. 제가 사람의 말을 듣고, 제 자격지심에 전도사님이 그런 줄 알고 오해했으니 용서해 주세요."

"집사님들이 깨닫고 돌아온다면 용서하지요."

"교회는 창피해서 다시 못 나옵니다. 그러나 교회에 나와서 전 교인들에게 사과는 하겠습니다."

홍 집사 부부는 우리 교회 대예배 때 와서 같이 낮예배를 드리고 전 교인들 앞에서,

"죄없는 주의 종을 오해해서 이렇게 우리 가정에 환난이 왔습니다. 용서해주십시오."

하고 울면서 사과를 했다. 그리고 나서 그들은 교회에 자시 나오지 않았다. 지금까지도 그 가정이 교회에 안 나오고 있다.

남편은 가끔 술을 마시면 우리 교회를 찾아와 복도에서고 어디서고 엎드려 절을 하고, 전도사님네 그 사랑을 잊지 못한다며 눈물을 쏟곤 했다. 괜찮으니까 다시 나오라고 해도 너무나 악한 짓들을 했기 때문에 나올 수가 없다는 것이다.

이 세상에 태어나서 나는 그렇게 악하게 행동하는 사람을 처음 보았다. 내가 목회일을 하면서 그렇게 억울한 일을 당한 것은 처음이었다. 사람이 얼마나 악해질 수 있는지, 정말 예수님을 십자가에 못박았다는 일이 실감날 정도였다. 내가 몸부림치며 하나님께 기도할 때 이 말씀으로 내게 응답해 주셨다.

"사랑하는 종아, 모세의 지팡이를 생각해 보아라. 지팡이가 모세의 손에 들려 있을 때는 사람들을 인도하는 지팡이로 쓰였지만, 모세의 손에서 던져졌을 때는 뱀이 되지 않았느냐? 하

나님의 손에 붙들렸을 때는 쓰임받는 하나님의 일꾼이 되지만, 하나님의 손에서 떨어져나갈 때는 사탄의 부림을 받아서 별별 짓을 다하지 않겠느냐. 그러니 너무 절망하지 말아라."

그때 일을 생각하면 나는 지금도 가슴이 떨린다. 그때 네 살이던 우리 성용이가, 홍 집사가 행패를 부리는 광경을 보고, 얼마 동안인가 길에서 그 집 식구들만 보면 울면서 뛰어들어와 소리치곤 했다.

"엄마, 무서운 사람이 또 와!"

그후 오랜 시간이 흐른 뒤까지도 우리 큰아들은 가끔 길에서 그분을 만나면, 머리가 쭈뼛 솟곤 했었다고 했다. 어릴 때는 무서워서 주의 일 안하겠다고 했었는데, 깨닫고 철이 드니까 목회자의 길을 걷겠다고 스스로 결정했다. 그저 감사할 뿐이다.

그때 느꼈던 목자의 뼈저린 외로움을 양들은 모를 것이다. 남들에게 말하지 못하는 그 깊은 외로움을 통해, 나는 주님의 마음을 백만분의 일쯤은 헤아리게 되었다. 겟세마네 동산에서 땀방울이 핏방울이 되도록 기도하시고 내려와도 제자들은 자고 있었잖은가. 지금이라도 그 가정이 주님 앞으로 돌아오면 얼마나 좋을까 생각하지만 아직까지 돌아오지 않고 있다.

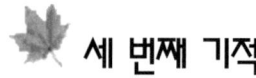
세 번째 기적

우리 교회에 임신을 못해서 수년 동안 눈물로 세월을 보냈던 유선영 집사가 있었다. 정병금 집사님의 며느리인데, 결혼 후 수

년이 지나도록 아이를 못 가졌다. 아기집이 적어서 임신을 해도 아기가 커지면 자연유산이 되기 때문에 아기를 가질 수 없다는 병원의 판정을 받았다. 유 집사는 꽃꽂이도 잘하고 마음씨도 참 이쁜데 울며 기도하는 것을 볼 때마다 참 안쓰러웠다.

그 때문에 정병금 집사님의 상심이 커서 나도 간절히 기도를 드리곤 했다.

하루는 유 집사를 위해 기도하는데 하나님께서,

"100일을 작정하고 기도하면 그 안에 아기를 주리라."

는 응답을 주셨다. 그래서 유 집사를 불러 100일 작정기도를 할 수 있겠느냐고 물었다. 그때 유 집사는 진흥아파트에 살았었는데 하겠다고 했다. 그래서 작정기도를 시작했다. 얼마나 열심인지 하루도 빠지지 않고 열심히 하나님 앞에 기도를 드렸다.

80일이 넘어 90일이 가까워 올 무렵, 임신이 되었다. 병원에 가서 확인을 하고 좋아한 것도 잠시였다. 아기집이 작아 임신이 되어도 자연유산이 되지 않을까 하는 노이로제에 걸려 있었다.

"하나님께서 허락하신 생명은 절대로 버리시는 법이 없어요."

그리고 나는 계속 하나님 앞에 엎드려 기도를 드렸다.

하나님께서 유 집사를 열 달 내내 보호하셔서 아기를 태중에서 잘 키워주셨다. 건강하고 예쁜 딸을 낳은 유 집사는 그후에 줄줄이 3남매를 더 낳아 복되고 행복한 기적의 가정을 이루었다. 그분을 보면 너무너무 감사하고 본인도 하나님의 능력이 무한함을 간증하는 은혜의 증인이 되었다.

지하교회로 이사하다

86년 11월에 1,500만원짜리 전세를 얻어 지하로 이사를 갔다. 가정집에서 시작한 교회가 부흥되어 1부, 2부로 예배를 드려도 감당할 수가 없어서였다. 냄새가 나도 30평이라 넓어서 감사했다. 온 교우들은 피곤한 줄도 모르고 기쁘게 이사를 했다.

둘째아이를 해산하고 3일이 못되어 이사준비로 바쁘게 뛰었지만, 마음껏 부르짖을 수 있는 지하성전이 그렇게도 감사할 수가 없었다. 지하라서 퀴퀴한 냄새가 나고, 방수처리가 엉성해 한쪽 구석에서는 물이 스며 나와도 그저 넓은 장소에서 예배드릴 수 있다는 게 너무 감사했다.

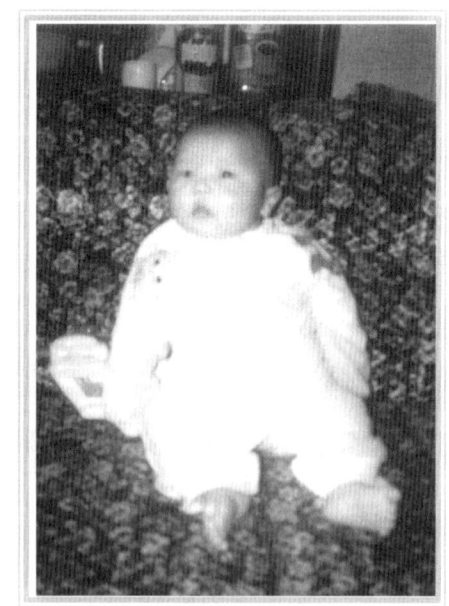

 ▶ 둘째아들

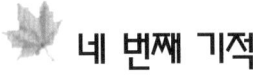 **네 번째 기적**

87년 3월, 금요철야를 마친 후였다. 예배가 끝나서 교인들을 다 배웅하고 집에 막 돌아오려는데 청주에서 택시가 한 대 왔다. 차 속에 여자 둘이 타고 있었다.

"웬일이세요?"

"여자 집사님이 갑자기 미쳤어요. 미쳐서 막 묵에다 재를 뿌리고 혼자 웃고 난리가 났어요. 너무 심각해요."

택시에다 잡아태워 왔는데 보니까 완전히 눈이 돌아갔다. 온 교인들이 다 집에 돌아가서 눕지도 못했을 땐데 다시 모이라고 비상전화를 했다. 참 감사한 것이, 우리 교인들은 아무리 피곤하고 어려워도 기도가 필요해 모이라면 군소리 없이 다 모였다.

그날도 교인들이 자지도 못하고 급히 다 뛰어왔다. 기도를 하기 시작하면서 살펴보니 그 여자분한테 창녀귀신이 들어갔다. 남자만보면 치근덕거렸다. 교육전도사한테도 하룻밤만 자자고 하고, 장 전도사님한테도 하룻밤만 자자고 추근댔다. 창녀의 행동을 하는데, 술 먹는 짓, 담배 피우는 짓, 궁둥이를 흔들면서 유행가를 부르는 짓을 기가 막히게 잘했다. 또 귀신같이 모든 걸 잘 알아맞혔다. 눈을 감고 있는데도,

"지금 몇 시냐?"

고 물어서 4시인데도 내가 일부러 틀리게 말을 했다.

"2시예요."

"아니, 지금 4시 10분인데 왜 거짓말해?"

아주 척척박사였다. 눈을 감고도 교인들이 왔다갔다하는 것을

다 알고, 교인들의 평소의 신앙생활도 다 알았다. 우리들이 기도를 하고 있는데 김 권사님이 제일 늦게 왔다. 그 여자가 김 권사를 보지도, 알지도 못하는 사람인데 그러는 것이었다.

"저년은 교회만 오면 꾸벅꾸벅 맨날 졸고 그 지랄하더니, 처먹을 때는 안 졸아. 오늘 저녁때도 저년, 사택에서 묵을 잔뜩 처먹고 와서 지금도 또 오자마자 졸 게 뻔해."

그 말은 다 맞았다. 사실 그 권사님은 교회만 오면 졸았다. 또 그날 저녁 사택에서 메밀묵을 먹고 갔었다. 그것을 그대로 이야기하는 것이었다. 교인들이 다 있는 데서 그렇게 말하니 권사님이 얼마나 창피했겠는가.

그러자 뱃이 꼬인 전 집사가,

"사탄아, 예수의 이름으로 물러가!"

하고 호통을 쳤다. 그러니까,

"야, 이년아, 너나 물러가! 저년은 주의 종 앞에서는 믿음 있는 척하는 년이 뒤에선 주의 종 험담 혼자 다하고, 교회 험담은 혼자 다하고 돌아다녀. 주의 종 앞에서만 아멘, 아멘 하고 알랑거리고 지랄해도 뒤에서는 아주 이중성격을 가진 년이야! 아주 몹쓸년!"

이렇게 전 집사가 아주 망신을 당했다. 전 집사는 그 말에 아무 대꾸도 못했다. 그 여자는 교인들의 신앙을 한 사람 한 사람 짚어서 다 얘기하는 것이었다.

"네년들은 나한테 나가라 마라 할 수 없어. 네년들 신앙이나 잘 지켜. 자기 주제도 파악 못한 년들이 누구한테 나가라 마라야?"

그러면서 조롱을 퍼붓는데 정말 꼴불견이었다.

밤이 새도록 하나님께 기도하고 찬송하고 실랑이를 벌였다. 그 동안에도 그 여자는 창녀짓을 계속했다. 번쩍번쩍 일어나 남자 집사들을 붙들고 한숨 자자커니, 춤 한번 춰보자커니 그러는 것이었다. 그러다가 시간이 지나자 나중에 굴복을 했다.

"에이, 더러운 년! 예수 때문에 내가 물러가야지!"

그러면서 인제는 내게 욕을 퍼붓는 것이었다.

"전도사 저년이 아주 귀신만 보면 못살게 해가지고 많이도 내쫓았어. 저년, 아주 없애버렸으면 좋겠다!"

그러며 나한테 달려들었다. 그래서 나도 지지 않고 맞섰다.

"어디 해봐라. 내가 너한테 당할까. 나는 하나님의 종이다."

"맞다. 넌 하나님의 종이다. 그래서 내가 더러워서 너랑 쌈질하기 싫어서 간다."

그러면서 벌떡 일어나더니,

"예수님 앞에 절하고 가야지. 그래야 행복한 가정을 이루지." 하고 꾸벅 절을 했다.

"나를 요 위에 있는 망해암 절에 보내줘."

"그래, 그럼 망해암 절로 가거라. 거기 가면 중들도 많다."

한참을 더 실랑이를 하고 나서 새벽쯤에 벌떡 일어나더니 내게 다시 절을 세 번 했다.

"예수 선생님, 잘 봐주시오. 난 망해암 절로 갑니다. 내가 가게 문을 열어주시오!"

문을 열어주자 소리를 벽력같이 지르고 발악을 하며 쭉 뻗더니 나갔다. 올 때는 택시에 실려서 비참한 몰골로 왔지만, 예수의 이름으로 새 생명을 찾아 하나님께 영광 돌리며 돌아가는 모습을 볼 때 너무나 기뻤다.

그분은 지금 슬하에 1남 1녀를 두고 시부모님을 섬기며 한 교회의 집사로서, 또 한 남편의 아내로서, 교회의 여전도회 회장으로서 충성하고 있다. 하나님의 은혜가 이렇게 신기할 수가 없다. 이 일을 체험함으로써 주님 앞에는 불가능이 없다는 것, 폐인도 새 생명으로 탄생될 수 있다는 확신을 갖게 되었다.

또 이렇게 죽어가는 영혼들을 볼 때마다 생명 걸고 기도하지 않을 수 없다는 각오를 다지게 되었다. 그 영혼들이 치유받고 변화되어 새 삶을 시작하는 것을 볼 때 용기가 솟구쳤다. 내가 항상 긴장하며 기도할 수밖에 없는 이유가 있다. 내가 기도하지 않을 때, 예수의 이름으로 쫓아낸 많은 마귀들이 다시 쳐들어와 데모하지 않을까 하는 우려 때문이다. 그것 때문에 항상 하나님의 능력을 힘입게 되고 능력을 구하는 삶을 살게 되는 것이다.

물난리

87년 여름에 큰 물난리가 났었다. 유난히도 비가 엄청나게 내렸다. 원래 우리 지하교회는 비가 안 와도 항상 지하에 물이 괴어서 밤낮으로 물기를 닦아내지 않으면 성물이 금세 썩을 정도였다.

피아노도 습기가 차서 곰팡이가 끼고 의자도 썩어버리고 그랬다. 방수처리가 잘 안된 탓에 유독 물이 더 많이 났다.

그날 나는 몸이 너무 안 좋아서 집에 있었고, 집사님들 두 분이 교회를 지킨다고 남아 계셨었다. 그런데 아무래도 물이 넘칠

것 같아서 안전장치로, 집에 들어오기 전에 합판과 모래주머니들을 교회 입구에 쌓아두었다.

그런데 밤 12시쯤에 집사님들이 쫓아왔다.

"전도사님, 큰일났어요! 지금 우리 교회가 다 물에 잠겼어요!"

"네? 뭐라고요?"

"물이 앞뒤의 창문에서 흘러넘치는데 어떻게 할 수가 없어요!!"

그때 부산에 사는 언니와 형부가 휴가철이라고 왔는데, 다들 자다가 놀라서 정신없이 교회로 쫓아갔다. 교회에 가보니 입이 떡 벌어졌다. 어른들 허벅지 높이까지 물이 차 있었다.

'아니, 이럴 수가!'

작은 바다가 출렁이는 듯한 교회 안 광경에 우리들은 모두 넋을 놓았다. 성물도 다 잠기고 피아노도 다 잠겨 있었다.

"아, 하나님, 하나님!"

너무나 기가 막히니까 눈에서 눈물도 나오지 않았다.

"이게 어찌된 일입니까? 제가 밤새도록 물을 퍼내는 것은 괜찮은데요, 사랑하는 성도들이 이 성물을 마련하느라고 얼마나 고생했습니까. 의자 하나, 성물 하나 마련하느라고 먹지 못하고 고생했는데, 성물들이 이렇게 잠겨 있으니 제 가슴이 에이는 듯합니다. 아버지, 제발 이 비 좀 그치게 해주십시오."

비가 너무 좍좍 쏟아지니까 하수도가 물을 다 수용하지 못해서 막혀버리자, 그 물이 유리문을 넘고 그대로 넘쳐서 우리 지하 성전으로 다 흘러들어온 것이었다.

정신을 조금 수습하자, 초저녁에 물이 들어오지 못하도록 안전장치를 해놨었다는 생각이 났다. 어찌된 일인가 하고 나가 보니, 옆집에서 우리 합판과 모래주머니를 모조리 빼다가 자기 집을 다 가로막아 놓았다. 그러니까 그 집으로 들어갈 물까지 우리 교회로 쏟아져 들어온 것이다.

그 광경을 보니 눈에서 불이 번쩍 날 만큼 화가 났다.

그러나 전도사고 옆집은 예수도 안 믿는 사람이기 때문에 꾹 눌러 참았다. 또 금요철야 때마다 북치고 기도원에서 부르짖듯이 맘껏 부르짖어도 크게 시끄럽게 굴지도 않고, 이따금 교회가 시끄럽다고 말하는 정도로 그쳐서 고맙게 여기는 부분도 있었다. 갑자기 자기 집으로 물이 한강처럼 쏟아져 들어오니까, 당황한 나머지 앞뒤 판단 없이 우리 합판이랑 모래주머니를 빼갔을 게 뻔했다.

그 집 아저씨가 얼이 빠져 서 있는 나를 바라보고 있었다.

"아저씨, 아무리 급해도 그렇죠. 아저씨네 살자고 우리 모래주머니를 다 빼가 버리면 어떡해요? 우리 교회는 지금 한강이 됐잖아요. 이럴 수가 있어요?"

그랬더니 아저씨가 미안해하며 말했다.

"아, 미안합니다. 봇물처럼 마구 쏟아져 들어오니까, 어디서 뭘 구할 수도 없고, 우선 급하니까 교회 생각 못하고 그렇게 됐네요. 죽을죄를 졌어요, 전도사님."

그렇게 사과하는 사람에게 뭐라고 하겠는가. 속이 상했지만 옆집 아저씨를 나무라지 못했다.

"할 수 없죠. 아저씨도 다급해서 그러셨을 텐데 어쩌겠어요."

소식을 듣고 쫓아온 교인들이 지하성전의 물건을 서둘러 옥상으로 옮기느라고 부산했다.

밤새도록 교인들과 함께 지하의 물을 퍼냈다. 20여 명의 교인들이 밤새도록 물을 퍼내고 걸레질을 했다. 성물이 젖은 것을 볼 때 너무나 가슴이 아팠다.

'차라리 내가 어디로 떠내려가서 옷이 젖고 잠겼으면! 나는 똥물에 잠겨도 괜찮은데 하나님의 교회가, 성물이 이렇게 잠겨서 의자에, 피아노에 온통 흙탕물이 엉겨붙다니!'

쓰라린 가슴을 부여안고 눈물을 흘리면서 맑은 물을 받아다가 성물을 씻고 또 씻어냈다.

'하나님, 제가 이 훈련 잘 받아내면, 비가 와도 걱정 없는 지상을 주실 것을 믿습니다. 앞으로 저희가 3층으로 갈 수 있도록 도와주세요. 하나님, 언제 이 훈련 다 받습니까? 하나님께서 시키시는 대로 다 순종할 테니 뭐든지 시키시기만 하세요!'

새벽까지 물을 퍼내고 새벽예배를 드리는데 너무 맥이 빠져서 찬송이 다 안 나왔다. 그냥 엎드려서 얼마나 많이 울었는지 모른다. 성물을 말리느라고 지하성전 안에 난로를 피워놓았다.

우리 교인들이 얼마나 예쁜지, 밤새 물을 퍼내느라 눈도 붙여보지 못하고 모두들 아침에 일터로 나갔다. 그때 우리 교인들 중에는 하루 벌어서 하루 먹고 사는 어려운 사람들이 많았다. 나는 그날 내내 집에도 안 들어가고 엎드려 울면서 기도했다.

"하나님, 저희에게도 3층을 주옵소서. 높은 데는 올라다니기에 힘은 좀 들어도, 비올 때 이렇게 하나님의 성물이 잠겨서 애타는 일은 없지 않습니까!"

그 성물들을 내 몸보다도 더 아끼고 사랑했기 때문에, 나는 계속 난로를 피워놓고 환기를 시키면서 닦고 또 닦았다. 배가 고픈 줄도 몰랐다. 그때 하나님께서 내게 말씀하셨다.

"네가 나를 위해 일천번제를 드릴 수 있겠느냐?"

"하나님께서 원하신다면 일천번제뿐만 아니라 평생토록 일천번제를 드릴게요."

"그럼 일천번제를 시작하여라. 밤마다 네가 내 성전에서 밤새우며 성전을 지키는 걸 아름답게 생각하는데, 이왕이면 일천번제를 시작하면서 기도의 제단을 쌓아라."

"알겠습니다. 그렇게 하겠습니다."

나는 개척을 시작하면서 따뜻한 방에서 잠을 잔 적이 없었다. 뜨신 방에서 자면 하나님 앞에 송구스러워서 못 잤다. 집안에서 개척할 때는 마룻바닥에서 밤을 새웠고, 지하를 주셨을 때는 노상 거기서 엎드려 강대상을 떠나지 않고 밤을 새웠다. 내 평생토록 하나님 앞에 약속한 오직 한 가지가 이것이었다.

"주여, 집에서 잠자지 않고 하나님 성전 지키다 주님나라에 갈 수 있게 해주옵소서. 말씀 전하다 순교하게 해주시옵소서."

그랬기 때문에 밤마다 날마다 성전에서 성물을 말리면서도 기쁘게 일천번제를 시작했다. 일천번제를 시작하고 나서 한 150회 정도 드렸을까 할 즈음이었다. 내가 건강이 안 좋은데다가 지하 성전의 공기가 너무나 탁해서 숨을 쉴 수가 없었다. 지하에서 기도하는 것조차 너무 힘들었다. 그래서 가슴을 움켜쥐고 기도를 올렸다.

"하나님, 저는 주님의 성전을 지키는 일이 제 일생의 가장 큰 행복으로 여깁니다. 그런데 이 지하의 공기가 너무 탁해요. 제가 심장이 안 좋으니까 자꾸만 호흡곤란이 와요. 숨을 잘 쉴 수가 없어요."

곰팡이 냄새 속에서 기도를 하다 보면 숨이 컥컥 막혀 와서, 그럴 때면 허겁지겁 밖으로 올라와서 몇 번 크게 심호흡을 하고 다시 들어가 기도를 드리곤 했었다. 그런데 기도 중에 주님께서 마음속에 오셔서 그러시는 것이었다.

"사랑하는 내 종아, 내가 너의 일천번제를 잘 받고 있단다. 내 말에 순종 잘하고 있으니까 일천번제를 마치면 3층 건물을 허락해 주마. 내가 길 건너에다 좋은 상가 3층을 준비해 놓았으니까 일천번제가 끝나면 갈 수 있을 것이다."

"하나님, 감사합니다. 그 말씀이 이루어질 것을 믿나이다."

그날 이후부터 나는 전혀 의심하지 않았다. 하나님께 보증수표를 받아놓았기 때문에 되풀이해 여쭈어보는 일도 없었다.

나는 우리 교회 금요 은사집회 때 교인들에게 간증을 했다.

"일천번제가 150회 정도 나갔는데, 하나님께서 이번 일천번제가 끝나면 큰 길을 건너 상가 3층을 주시겠다고 하십니다. 그때까지 몇 년 동안 훈련 잘 받으면 3층으로 이사 갈 수 있을 거예요."

그 무렵, 옆집의 물난리를 낸 그분이 다리가 아프게 되어서, 그 부인이 우리 교회에 나오게 되었다. 새벽예배 때 나오셨는데 어디서 오셨느냐고 했더니 바로 옆집에 산다고 했다. 얼마나 반갑고 감사한지 몰랐다. 우리 교회에 나오겠다고 해서 심방을 가보니, 남편이 정말 우리 물난리 때 합판과 모래주머니를 가져다 자기 집 앞을 막았던 그분이었다.

"안녕하세요? 이렇게 뵙게 되네요."

그랬더니 아저씨가 절을 하며 말했다.

"아이고, 정말 죄송합니다."

그후부터 그 집이 예수를 믿게 됐는데, 지금 우리 교회를 충성되이 섬기는 서순애 집사님과 하청 성도님이시다. 아들딸들은 아직 믿음이 없지만 두 부부는 주님을 잘 섬기는 복된 가정이다. 만약 그 물난리 때 목회자가 그 순간을 참지 못하고 화를 냈다면, 과연 그 집이 구원을 받았을까 하는 의문이 들었다. 그 일을 통해서 교역자는 아무리 힘들고 어려워도 웃음으로 대해야겠다는 것을 다시 한 번 다짐하게 되었다.

또 한 가지 감사한 것은 교회를 지하성전으로 옮기면서 가정집 사택은 방마다 다 세를 놓았었다. 그리고 전기세며 수도세 등 돈 내는 일에 있어서는 언제나 우리가 제일 많이 냈다. 사실 쓰기는 제일 조금 쓰는데 그렇게 계산을 했다. 먹을 것이 조금만 생겨도 우리 세든 사람들에게 꼭꼭 챙겨다 주었다. 그러자 세든 사람들이 자기들도 예수 믿겠다고 스스로 그러는 것이었다.

그렇게 되어 우리 사택으로 이사 오는 사람들은 다 예수 믿고 세례받고, 집을 사가지고 나가게 되는 놀라운 축복을 받았다. 또 그 옆집까지도 그랬다. 지금 우리 교회의 최순옥 집사님인데, 내가 친하게 지내면서도 부담스러워할까 봐서 예수 믿으라는 말은 안했다. 그랬더니 어느 날 되레 그분이 내게 그러는 것이었다.

"전도사님, 우리는 뭐 예수 믿을 사람이 아닌가? 왜 우리한텐 예수 믿으라는 말을 안하십니까?"

그분은 경상도 울산 사람이었다.

"아, 그러세요? 교회에 나오시려구요?"

"나도 예수 좀 믿고 싶어서요."

"아유, 그럼 어서 우리 교회에 나오세요."

자기 스스로 마음이 감동되어서 우리 집 세입자들도 예수를 믿고, 옆집 사람도 교회에 나오는 역사가 일어났다.

비록 지하교회지만 일천번제를 드리면서 큰 축복을 주셨다.

저녁이면 교회에서, 밤이면 청계산에서 부르짖고, 그 나머지는 또 교회에서 기도로 채우니까 하나님께서 얼마나 기뻐하시는지, 교회는 날로날로 재미있는 일들이 계속 일어났다.

 ## 하나님, 지상건물 주세요

일천번제의 축복을 체험한 나는 교인들에게 기도제목을 주었다.
"우리 하나님 앞에 지상교회 달라고 간절히 기도합시다."
그래서 전 교인이 작정기도에 들어갔다.
"하나님, 우리도 지상교회를 주세요. 하나님께서 일천번제를 다 드리면 주신다고 약속하셨잖아요. 좀더 넓은 곳을 주시옵소서."
일천번제가 한 10번 정도 남았을 무렵이었다. 그러니까 지하생활을 거의 한 4년 정도 한 셈이다. 하나님께서 대로로 길 건너에 교회를 예비해 놓으셨다고 가 보라고 하셨다. 그래서 응답을 받은 이튿날, 그쪽으로 가보았다. 비산 사거리에서 수원 쪽으로 가노라면 삼익아파트가 있고 큰 금성빌딩이 있었다.

그 빌딩의 위치를 보니까, 하나님께서 꼭 여기에 교회를 예비해놓으신 듯한 생각이 들었다. 그래서 복덕방에 들어가 물었다.
"혹시 여기 상가 난 것 없습니까?"
"아, 3층에 있어요. 120평이 있는데, 60평 달라면 60평 주고, 80평 달라면 80평을 떼 주지요."

가서 보니 큰 대로가에 있는 3층인데 너무너무 좋았다.

"전세가 얼마예요?"

"8천만원입니다. 이만한 건물에 8천만원이면 싼 가격이에요."

듣고 있노라니까 맥이 탁 풀렸다. 우리 지하교회는 1,500만원에 전세를 살고 있는데 8천만원이라는 큰돈이 어디 있는가. 나는 너무 걱정이 되었다. 돈은 1,500만원밖에 없고, 어디서 돈 나올 데도 없고, 교회 재정 닥닥 긁어봐야 500만원 정도 보탤 수 있다고 했다. 그러니 다 합해봐야 총 2천만원이었다. 그래서 교회에 와서 하나님 앞에 기도를 드렸다.

"아버지, 지하에서 3층으로 옮겨주신다고 말씀하셨는데, 돈이 없잖아요? 아버지가 아시다시피 교회전세가 1,500만원이구요, 교회 재정 다 보태야 500만원밖에 없답니다. 전부해서 2천만원인데 나머지 6천만원은 어떡합니까? 하나님, 돈 좀 주세요. 돈을 주셔야 이사를 가지, 외상으로 갈 수는 없잖아요?"

날마다 청계산에 올라가 하나님께 무릎 꿇고 기도하며 울며 떼를 썼다. 그랬더니 하나님께서,

"그 사장님한테 가서 잘 이야기를 하면 천만원을 깎아줄 것이다. 7천만원에 입주할 수 있을 것이다."

하셨다. 그런데 7천만원이 어디 작은 돈인가.

"아버지, 그렇다고 해도 아직 5천만원이나 모자랍니다!"

하나님께서 계속해서 이렇게 말씀하셨다.

"종아, 너희 집도 내가 250만원으로 3,700만원짜리를 허락해 주었는데 믿지 못하겠느냐? 무에서 유를 창조하는 능력을 믿지 못하겠느냐? 믿고 내려가거라. 여호와 이레로 예비해 놓으리라."

"아멘! 할렐루야!"

아침에 청계산에서 내려와 새벽예배를 드리고, 아침 일찍 빌딩 주인을 만나러 갔다.

"사장님, 지금 저희가 형편이 어렵습니다. 1년 있다가 올려달라면 올려줄 수는 있는데 6천만원에 좀 해주시면 안될까요?"

"6천만원은 좀 어렵고 천만원을 깎아서 7천만원에 해드리겠어요. 오시려면 오시고 말려면 마세요."

빌딩 주인은 딱 잘라서 그렇게 말했다.

'아, 하나님께서 천만원을 깎아주신다더니 그 말이 맞구나!'

그런데 나머지 돈을 마련할 길이 막막했다. 하나님께서는 여호와이레로 준비를 해놓으셨다고 했는데 보통 문제가 아니었다. 그래서 또 하나님 앞에 엎드려 기도했다.

기도를 하고서 그 이튿날 또 그 상가에 가 봤다. 그랬더니 어떤 사람이 의료직매점을 하려고 와서 보고 갔다고 했다. 마음이 급해져서 우선 교회 재정 500만원 있는 것으로 계약부터 했다. 그리고 청계산에 올라가 하나님 앞에 보고를 드렸다.

"하나님, 계약했습니다. 이제 어떻게 하시겠어요? 하나님, 응답해 주세요."

그랬더니 하나님에서 이런 말씀을 주시는 것이었다.

"너희 교인들이 먼저 힘을 합해서 한 알의 밀알이 되어라. 그 후에 모자라는 부분은 내가 채워주마."

그래서 "아멘!"으로 순종하고 내려와 급히 제직들을 소집했다.

"하나님께서 우리 자신부터 한 알의 밀알이 되라고 하십니다. 우리들부터 진액을 다 짜 바친 다음에, 모자라는 것을 하나님께서 채워주시겠답니다."

그랬더니 제직들이 건축헌금을 작정하자고 했다.

"믿음으로 합시다. 100원 할 사람은 100원 하고, 천원 할 사람은 천원 하고, 만원 할 사람은 만원 하고 시험 들지 맙시다. 그러나 혹시 우리가 좋은 성전으로 이사하기에 앞서서 사탄이 틈탈지 모르니까 믿음으로 잘 합시다. 기쁨으로 잘 합시다."

그 자리에서 바로 작정을 하는데 한 3천만원 정도가 나오는 것이었다. 그러면 5천만원은 준비가 되는 셈인데 모두 작정한 그 돈을 마련해오는 게 문제였다. 모든 교인들은 서로를 위해서 기도하고 매달렸다. 한 달 안에 작정헌금을 맞추기 위해 피땀을 흘려 빚을 얻어가며 기적적으로 모두들 헌금을 했다.

▼ 기쁜 마음으로 이전예배를 드린 후

나머지 2천만원은 내가 아는 어떤 분을 찾아가서 부탁을 드렸더니, 두말도 하지 않고 빌려주었다. 교회의 형편이 넉넉해지면 1순위로 갚아달라고 하며 무이자로 빌려주었다. 그렇게 7천만원을 마련해서 12월에 이사를 하게 되었다.

온 성도들이 지하에서 몇 년 동안 고생하다가, 하나님 앞에 훈련을 잘 받아서 50평짜리 3층으로 옮기게 되니까 정말 기뻤다. 생전 처음으로 당회실도 꾸미면서, 밤새워 정리를 하고 수리를 해도 피곤한 줄도 몰랐다. 우리 교인들은 낮이면 회사에 가서 일하고, 밤이면 교회로 달려와서 정성으로 성전을 꾸몄다.

온 교인들의 믿음이 얼마나 예쁜지 모른다. 그러나 건축헌금이 부담스러운지 한 가정이 교회를 떠나가 마음이 아팠다.

90년 12월, 감격스러운 교회 이전 감사예배를 드렸다. 안양노회의 모든 목사님들이 오셔서 기뻐하시며 축하해 주셨다.

"이 교회는 도대체 참 신기합니다. 부흥되기가 참 어려운데 날로날로 부흥되는 걸 보니 너무 감사하군요."

인제 이곳에서 더 이상 남의집살이를 안하고 우리 교회터를 주실 줄 믿는다.

 아이를 살려주세요

그 이듬해 초봄이었다. 교회에 엄청난 큰 시험이 밀어닥쳤다. 내가 하나님 앞에 생명 건 기도를 드린 사건이었다.

지금은 우리 교회의 장로님이 되셨는데 그때는 김종열 재정집사였다. 두 부부가 주님을 열심히 섬겼었는데 딸이 4살이 되도록 동생을 보지 못했다. 하나님께 정성껏 작정기도를 드려 아기를 갖게 되었다. 그런데 이 부부는 아들이기를 바랐다. 산부인과 세 군데에서 다 딸이라는 진단을 내렸다고 했는데, 내가 기도할 때마다 하나님께서 꼭 아들이라는 확신을 주시는 것이었다.

"딴 사람들이 다 딸이라고 그래도 난 아들이에요."

내 말에 집사님 부부는,

"전도사님이 아들이라면 아들이에요."

하며 흐뭇해했다. 해산을 하고 보니 정말 아들이었다. 얼마나 감사한지 무럭무럭 잘 자라기만을 기도하였다.

이 아이가 두 돌쯤 되던 어느 날이었다. 그때 집사님네가 3층 연립에서 살고 있었는데, 두 돌쯤 되면 아이의 행동반경이 넓어져 막 돌아다니며 놀 때다. 아이의 이름이 은수인데, 은수는 희한하게도 높은 창틀에 올라가서 놀기를 좋아했다.

그날 아이 엄마는 김치를 담그고 있었는데 집안에는 할머니도 계셨다. 또 창틀에 올라가서 놀던 은수가 그만 3층 콘크리트 밑바닥으로 다이빙을 해서 떨어져버린 것이었다. 아이 엄마는 그것도 모르고 있었는데 새파랗게 질린 동네 아주머니가 숨을 몰아쉬며 집으로 쫓아들어왔다.

"아이가 죽었어요!"

소스라쳐 뛰어나가 보니, 아이가 길 위로 널브러져 있었다. 다 죽은 애를 안고 비산 사거리에 있는 김형근 신경외과로 달려갔다. 애가 죽은 줄 알았는데 그래도 숨은 쉬고 있었다. 응급치료를 하고 엑스레이를 찍었는데, 머리가 바짝 깨져가지고 어떻게 손을 쓸 수가 없을 정도였다.

그때 나는 다른 데 볼일이 있어서 갔는데 계속 삐삐가 오는 것이었다. '8282'가 붙어서 와 무슨 일인가 싶어 되돌아왔더니 그 난리가 나 있었다. 애가 죽게 생겼다는 말을 들으니 눈앞이 캄캄했다.

'두 부부가 정말 눈만 뜨면 주를 위해서 사는데, 어떡하면 좋을까. 정말 하나님께서 왜 이러시나? 앞으로 어떻게 목회하라고 이러시는가?'

발이 떨어지지가 않았다 병원에 가서 의사 선생님을 만났더니, "머리가 한두 군데 깨진 게 아닙니다. 마치 바가지 깨지듯이 완전히 바싹 깨져버려 어디서부터 어떻게 손을 써야 좋을지 수술도 함부로 할 수가 없습니다. 72시간 안에 죽을 것 같으니까 마음의 준비는 하고 계십시오."

그러는 것이었다. 그 말을 들으니 온몸에서 식은땀이 쫙 솟으면서 또다시 앞이 캄캄해지는 것이었다.

"우리 교인들, 다 내일 기도원에 올라갑시다."

그날로 나는 교인들을 이끌고 아이 아버지인 김 집사님과 함께 청계산 기도원으로 올라갔다. 직장에 다니는 교인들은 퇴근을 하는 길로 바로 기도원으로 오라고 전화해놓고 산으로 올라갔다. 아기는 엄마와 할머니가 병원을 지키고 있게 했다.

올라가서 하나님 앞에 기도를 드리는데 눈물도 안 나왔다.

"하나님, 입장을 바꿔놓고 생각해 보세요. 두 부부가 눈뜨면 하나님을 위해 사는 충성된 가정입니다 이렇게밖에 보답을 못하십니까. 하나님이 제 입장이시라면 목회일 할 맘이 나시겠습니까. 하나님, 전 절대로 그렇게 못합니다. 차라리 제 목숨과 바꿔 주십시오. 교회를 위해선 그게 백번 낫습니다. 제가 죽는 것은 괜찮은데 그 아이는 죽으면 안됩니다. 지금 교회가 한창 부흥되고, 이전예배 드린 지 몇 달이나 됐다고 이러십니까? 정말 저는 우리 은수 죽는 꼴은 못 봅니다. 하나님, 차라리 이 산속에서 저를 데려가십시오. 제발 저를 데려가세요!"

무릎이 펴지지 않을 만큼, 10시간 동안을 물 한 모금 마시지 않고 엎드려 기도했다. 은수를 살려주겠다는 하나님의 응답을 받지 않고서는 몸을 일으키지 않을 결심이었다. 심장이 타들어가는 마음으로 생명을 걸고 엎드려 부르짖었다.

그러자 아침 무렵, 하나님께서 응답을 주셨다.

"사랑하는 여종아, 염려하지 말아라. 그 생명, 그 아이의 생명은 내 것이다. 조금도 염려하지 말아라. 그 아이의 머리에 칼을 대지 않아도 전혀 생명에 지장이 없다. 빨리 내려가거라."

그 응답을 받고 나는 미친 사람처럼 기뻐서 두 손을 높이 들고, "아멘!"을 외치며 감사의 찬송을 드렸다

"저는 하나님의 능력을 믿어요. 죽은 자를 살리신 하나님, 오늘까지 역사하신 우리 하나님 아버지! 감사합니다!"

"이런 기회를 통해 교회가 하나 되기를 원해서 기도제목을 준 것뿐이니라. 그러니 조금도 염려하지 말아라."

나는 큰 소리로 김 집사님에게 하나님의 응답을 알려 주었다.

"김 집사님, 하나님께서 우리 은수 살려주신대요! 은수 걱정 말래요! 은수의 생명은 하나님 거래요! 칼도 대지 말래요! 하나님께서 책임지신대요!"

봉고차를 몰아 급히 병원에 돌아오자, 아이가 호흡이 불안정해서 위독하다고 난리가 났다. 분명한 응답은 받았지만, 눈으로 은수의 모습을 보니 마음이 괴로웠다. 병실에 들어가서 병원이

떠나가도록 울면서 기도했다. 정말 피를 토하는 처절한 기도를 드리지 않을 수가 없었다. 계속 하나님께 통곡하며 부르짖었다.

"하나님, 제게 분명히 약속하셨지요? 약속 안 지키시면 하나님 망신입니다. 약속 안 지키시면 앞으로 전 절대로 주의 일 안합니다. 그러나 하나님, 전 아버지의 사랑과 능력을 믿습니다. 하나님께서 꼭 살려주실 것을 믿습니다!"

호흡곤란이 오는 은수의 머리를 안고, 얼마나 부르짖으며 기도했는지 병원 안이 온통 소란스러워졌다. 전 교인들이 울고 기도하자 놀란 의사와 간호사들이 쫓아왔다. 쫓아오든지 말든지 상관 않고 하나님 앞에 계속 사생결단하는 기도를 드렸다.

은수의 머리를 붙들고 계속 절박한 마음으로 기도하는데 마음에 놀라운 평강이 임했다.

"걱정하지 말아라. 내가 지금 머리를 다 안수하였노라."

"오, 주님, 감사드립니다."

기도를 끝내고 나자 말도 못하던 은수가 입을 열어,

"엄마, 물, 물!"

하며 물을 찾았다. 그런데 의사가 급히 손을 저으며 가로막았다.

"안돼요! 물을 먹였다 토하면 죽습니다. 그땐 정말 아무 손도 쓸 수 없어요."

그래서 내가 은수 엄마에게 말했다.

"집사님, 괜찮아요. 하나님께서 안 죽는다고 하셨어요. 물이나 우유나 찾는 대로 먹이세요."

집사님도 믿음이 있으니까 물을 가져다가 먹였다. 그런데 물 한 모금을 들이켠 은수가 정신없이 물을 토하기 시작하는 것이었다. 그 광경을 본 아이 엄마는 새파랗게 질리며 어찌할 바를 몰라했다.

"전도사님, 애가 토하네요! 이를 어째요, 전도사님!"

이미 마음의 평강을 얻은 나는 담대하게 말했다.

"괜찮아요. 하나님께서 책임지신다고 하셨어요. 하나님께서는 한번 약속하신 걸 결코 부도내시지 않으세요!"

다시 아이를 붙들고 간절한 기도를 또 하고, 또 하고, 또 했다. 호흡곤란이 와서 숨을 몰아쉬고 하던 은수가 차츰 숨이 가라앉으며 안정을 찾았다. 나중에는 정신이 들어서 물도 달라고 하고 야쿠르트도 달라고 하고, 과자도 달라고 했다. 달라는 대로 주었더니 그때는 먹고도 안 토했다.

의사 선생님은 여전히 걱정스러운 표정으로 말했다.

"인제 다시 토하면 몇 시간 못 삽니다. 각오하세요."

"무슨 말씀을 하세요? 하나님께서 분명히 이 애가 산다고 하셨어요. 칼도 대지 말라고 하셨어요. 우리 앞에서 죽는단 말씀은 하지 마세요. 당신은 의사라도 하나님을 모르는 분이에요, 우리 하나님은 죽은 자도 살리시는 하나님이세요!"

내가 의사에게 마구 소리를 질렀더니, 그 의사는 나를 이상한 눈초리로 바라보며 말했다.

"전도사님, 너무 충격을 받으셔서 혹시 정신이 이상해지신 거 아닙니까?"

그러나 시간이 지나자 아이는 먹을 것을 먹고 소화를 시키며 가라앉았다. 72시간 안에 죽는다는 아이가 점점 더 생기가 났다.

"엄마, 엄마 어디 있어? 아빠 어디 있어?"

나는 다시 교회로 와서 하나님 앞에 엎드려 온 밤을 새웠다.

"하나님, 꼭 약속을 지켜주세요. 지금까지 하나님께서 제게 응답 주신 것 중에 단 한 번이라도 실수하신 적이 없어요. 이번 일도 이루어 주시옵소서!"

그랬더니 응답이 있었다.

"너는 왜 내가 이미 말해주었는데 의심하느냐?"

"의심이 아니라 걱정이 되어서 그럽니다, 아버지!"

"그게 바로 의심이지 무엇이냐?"

하나님께서는 나를 마구 책망하셨다.

"아멘, 살려주실 것을 믿습니다!"

72시간이 지나고 90시간, 100시간이 지나면서 아이는 미음을 먹기 시작했다. 아이의 상태를 체크하던 의사가 말했다.

"수술은 어떻게 하시겠습니까? 빨리 하셔야 합니다."

"아뇨. 수술은 안하겠습니다. 하나님께서 다 고쳐주실 겁니다."

나는 하나님의 응답을 받았기 때문에 수술하자는 말을 거절했다. 분명히 칼을 몸에 대지 말라고 하신 하나님께서 이미 수술을 하셨다는 확고한 믿음이 있었기 때문이었다. 대신 입원해서 통증이 없어지는 주사를 맞으면서 치료하는 방법을 택했다. 정말 하나님께서 살려주셔서 은수는 무사히 퇴원을 하게 되었다.

퇴원을 하는 날, 병원의 원장은 놀라움을 감추지 못하며 내게 이렇게 말했다.

"아, 과연 양성교회에는 하나님이 살아 계시는군요. 이건 기적 중에서도 기적입니다."

그 일이 있은 지 지금 10년이 흘렀는데, 지금도 원장님은 나를 가리켜, '은수 살린 전도사님'이라고 부른다. 누가 양성교회에 대해 물어오면 그 원장님은, "하나님께서 살아 계시는 교회입니다. 죽은 자도 살리는 하나님이시더라구요." 하고 안 믿는 자들에게 간증까지 했다.

  하나님께서는 은수에게 건강을 주셔서, 머리의 바싹 깨진 데가 거의 다 붙고, 앞부분 한 군데가 아직 덜 붙었다. 그것 때문에 아직도 이따끔 아파하지만, 실낱같은 생명을 이어주신 하나님께서 깨끗하게 고쳐주실 것을 믿고 조금도 의심하지 않는다.

할렐루야, 성전건축

대머리만한 땅이라도	▶ 285
심장 수술비를 바치다	▶ 286
종교부지를 뽑다	▶ 290
더 넓은 땅 주세요	▶ 292
어린이집 융자 심사 통과	▶ 295
귀신이 쫓겨나가다	▶ 297
성전 건축 시작	▶ 300
산재, 근재 보험을 들어라	▶ 304
성전 입당 감사예배	▶ 307

대머리만한 땅이라도

사람의 욕심은 한이 없는 것 같다. 하나님의 은혜로 3층 건물에서 부족함 없이 예배를 드리면서도, 교회건물만 보면 마음이 안타까워지면서 눈물이 나는 것이었다. 어찌나 마음이 갈급한지 소화가 안 될 정도였다. 교회를 개척해 본 사람들은 교회 짓는 일이 얼마나 한이 맺히는지를 잘 알 것이다.

계속 상가에서 남의 셋방살이를 하다가 인제 좀 한숨 돌릴 만하니까 땅을 갖고 싶어 안달이 난 것이다. 번듯한 하나님의 성전을 세워 봉헌하고 싶은 마음에 나는 또 잠을 이루지 못했다.

'하나님의 몸된 아름다운 성전을 지어서 하나님께 봉헌한다면, 아버지께서 얼마나 흐뭇해하실까. 정말 구원의 방주가 될 은혜로운 성전을 건축해 보았으면!'

그래서 91년도에 하나님 앞에 다시 기도를 올렸다.

'아버지, 인제는 땅을 좀 주세요. 땅을 주셔야 교회를 짓지 않겠습니까.'

교회를 지을 수 있는 땅을 허락해 주십사고, 종교부지를 달라고 다시 일천번제를 시작했다. 땅 문제 때문에 작정기도를 시작했는데, 하루는 우리 교회에 대머리 벗겨진 분이 왔다. 그 순간 땅 생각에 또 가슴이 사무친 나는 하나님께 이렇게 기도했다.

"하나님, 저분 보이시죠? 저 대머리만한 땅이라도 주세요. 저 대머리 벗겨진 분 열 명만 갖다 붙여도 한 평은 되겠네요. 저만한 땅이라도 주시면 하나님, 제가 교회를 짓겠습니다."

교회건물만 보면 가슴이 뛰고, 어디서고 발이 땅에 붙은 듯

떨어지지 않는 것이었다. 넋을 놓고 바라보면서 중얼거렸다.
'언제 나는 저런 교회를 지어 아버지 앞에 바칠 수 있을까.'
교회를 짓고 싶어 환장을 할 정도로 애가 탔다. 세상에 아무것도 부러운 것이 없는데 성전을 보면 너무 부러워 눈물이 났다.

 ## 심장 수술비를 바치다

91년도 초, 신경을 쓰는 일이 너무 많다 보니까 심장병이 악화되었다. 검사를 했더니 위독하다는 진단이 나왔다.
심장이 많이 부어서 늘어져 있고, 심장벽이 두꺼워지면서 굳어지고 있다는 것이었다. 소리를 지르지 말고 안정을 취하라고 했다. 부동맥이 심하게 뛰고 심실결손증이 있는데다 피가 거꾸로 흘러들고, 경련성 협심증이 있어서 어디서부터 손을 대야 할지 모르겠다고 했다. 심장기능이 한 80세 된 노인 정도밖에 안된다는 것이다.
세종병원과 서울대학병원에 가봤는데 두 병원 모두 겁나는 소리만 했다. 그래서 다시 하나님 앞에 밤마다 기도했다.
"하나님, 아버지께서 심장병으로 부르신다면 저는 가는 수밖에 없어요. 그러나 그렇게 가긴 너무나 억울해요. 주의 종이 돼가지고 심장병으로 간다면 창피하잖아요. 그러니까 저는 심장병으로 가지 않고, 꼭 강대상에서 설교하다가 가게 해주세요. 잠자다가 심장마비로 죽는 건 정말 싫습니다. 언제 어느 때 죽더라도 제 할일을 다했다면 아버지가 불러 가실 텐데,

그때는 꼭 설교할 때 데려가시는 게 제 소원입니다."
몸이 깍지콩같이 부어 움직일 수가 없었다. 호흡곤란으로 숨을 쉴 수 없어 붕어처럼 입을 벌리고 입으로 숨을 쉬었다. 너무나 고통스러워 하루는 하나님 앞에 엎드려 몸부림치면서 울었다.
"하나님, 고통이 너무 심합니다 어떻게 하면 좋겠습니까?"
눈물을 뿌리며 기도하는데 하나님의 음성이 들렸다.
"사랑하는 여종아, 네 심장수술비를 먼저 성전 땅, 건축헌금으로 바쳐라."
"네? 알겠습니다, 아버지. 그런데 얼마나 바쳐야 될까요? 전 아버지가 아시다시피 통장 하나도 없이 살아요. 아버지께서 사례금을 주셔도 다 주를 위해 바치고 제 몫으로 챙기는 건 하나도 없어요. 그래도 한 알의 밀알이 되라면 되겠습니다. 얼마를 바쳐야 될까요? 심장수술비가 얼마인지 모르니 아버지께서 알려 주세요"
"네 마음에 감동되는 대로, 원하는 대로 알아서 바치거라."
"아멘!"
응답을 받고 나서 즉시, 남편 장 목사님에게 이야기를 했다.
"하나님께서 내 심장수술비를 교회 땅값으로 먼저 바치라고 하시는데 어떻게 하지요?"
장 목사님은 걱정스러운 표정으로 말했다.
"돈이 있어야 바치지. 일단 심장수술비가 얼마나 드는지 알아보기로 합시다."
그래서 일단 병원에 심장수술비가 얼마나 드는지 의뢰를 해보았다. 그랬더니 세종병원의 이상은 박사님이 그러는 것이었다.
"심장 판막 하나를 갈아넣는데 보통 500만원에서 800만원은 예상해야 됩니다."

91년도에 800만원이면 정말 큰돈이었다. 그래서 500만원을 융통해 하나님께 내 성의로 바치기로 마음먹었다. 급히 여기저기에 빚 얻을 데를 알아봤더니 어떤 분이 2부이자로 주겠다고 해서 얻어서, 500만원을 성전 땅값으로 하나님 앞에 바쳤다.

'제 심장수술비를 먼저 교회 땅값으로 하나님 앞에 바칩니다.'

봉투 겉면에 이렇게 적어 바쳤다.

하나님께서는 그것을 참으로 기쁘게 받으셨던 것 같았다. 그런데 땅값을 바치고도 계속해서 참을 수 없을 만큼 심한 통증이 몰아닥치는 것이었다. 저녁이면 숨도 못 쉬고 강대상에서 혼자 마구 뒹굴었다. 통증이 엄습하면 어찌할 길이 없었다.

교인들이 오면, 교인들에게 아파하는 것을 보이기가 싫어서 통증이 올 때면 화장실로 달려나갔다. 화장실에 가서 혼자 가슴을 쥐어뜯고 뒹굴며 소리죽여 실컷 울다가 나왔다. 화장실을 나올 때는 운 흔적을 지우느라고 콤팩트 가루분으로 얼굴을 두드리고 나와 성도들을 만났다. 그런 연극배우 노릇하기가 정말 힘들었다. 하나님 앞에 엎드리면 눈물부터 나왔다. 하루하루, 시간시간, 분초마다 너무 고통스럽고 힘들었다.

"하나님, 너무 견디기가 힘듭니다. 그러나 이것도 하나의 훈련이라면, 이 훈련 잘 받을 수 있도록 능력을 주시옵소서."

간구하면서 기도를 드렸다. 하나님께서는 그 괴로운 날들을 그래도 오래 참게 하시고, 엄청난 통증이 몰아닥침에도 불구하고 참아내고 또 넘기게 하셨다.

어느 날, 몸이 너무 퉁퉁 붓고 고통스러워서 병원에 갔다.

"이건 어떻게 뭐 손을 쓸 수가 없겠는데요. 수술을 해보실 생각이십니까?"

의사가 내게 물었다.

"수술은 안하겠습니다."

"수술을 해도 별 뾰족한 수는 없을 것 같습니다. 우리나라 의학수준이 발달했다고는 하지만, 아직 심장병만큼은 이식도 안 되고 해서 어렵습니다. 우선 통증이 심할 때마다 혀 밑에 넣는 약이 있으니까 갖고 다니면서 복용해 보세요."

그래도 점점 더 고통이 심해지고 좋아지는 기미가 없자, 기도 중에 이런 생각이 나는 것이었다.

'혹시 심장수술비를 너무 적게 바쳐서 서운하신 게 아닐까?'

그러나 내 능력은 그것이 최선이었다. 그것도 가진 게 없어서 빚을 얻어 바친 게 아닌가!

'그러면 하나님, 제가 어떻게 하면 좋겠습니까? 교역자가 갚을 능력도 안되는데 계속 빚을 얻어서 바칠 수도 없지 않습니까!'

그때 하나님께서 응답해주셨다.

"좋아, 인내로 참고 견디어라!"

"네, 아버지, 알겠습니다."

인내로 참고 견디라는 응답을 받았지만, 견디는 것도 한계가 있지, 나중에는 말할 기운도 없었다. 그래도 저녁이면 퉁퉁 부은 몸으로 이를 악물고 강대상에 엎드려 울음으로 밤을 지새웠다.

몸이 괴로운 고통은 남편도 모르고 자식도 모른다. 정말 어느 누구도 알 사람이 없다. 아파 본 사람만이 알고 고통을 받아본 사람만이 안다. 그래도 교인들 있는 데서는 기를 쓰고 눈물을 안 보였다. 혼자 있을 때만 기도를 하면서 통곡했다. 성경말씀대로 부모나 모든 사람은 다 나를 버려도, 오직 하나님만은 나를 버리지 않으신다는 그 말씀을 나는 확실히 믿었다.

"주님, 이 고통과 이 시련과 이 훈련을 잘 이기게 하옵소서. 이 세상에서 제게 심장병으로 고통당하는 배역을 맡겨주셨으면, 이 역할을 잘 감당할 수 있게 힘주시옵소서."

하나님 앞에 낮밤 없이 엎드려 기도했으나, 하나님께서는 내 몸의 건강을 회복시켜 주시지 않으셨다. 계속 몸은 부어 천근만근이나 된 듯 지탱하기가 힘겨웠다. 그런 중에도 가장 두려웠던 것이 내가 고통에 못 이겨, 행여 하나님 앞에 원망과 불평을 할까 봐, 그런 죄를 짓지 않기 위해서 이를 악물었다.

'고통이 더욱 극심해져서 내가 이 병으로 죽는다 할지라도, 하나님을 원망하지 않게 해주시옵소서.'

혹독한 시련의 기간이었다. 하나님께서는 그렇게 계속 나를 용광로 속에서 훈련시키시다가 차츰 심장병이 가라앉게 하셨다. 심장병에 차도가 있자 나는 겨우 한숨을 돌릴 수 있었다.

몸이 조금 회복되자 나는 다시 성전에서 건축할 땅을 허락해 주십사고 기도를 드렸는데, 하나님께서는 응답해주셨다.

"조금만 기다리면 큰 땅을 주리라."

하나님의 응답은 보증수표이기 때문에, 나는 개척 초기에 10년이 넘으면 교회를 주신다고 하신 그 약속을 굳게 믿었다.

 종교부지를 뽑다

91년 2월, 교회 부지를 주십사고 계속해서 작정기도를 드리고 있을 때였다. 우리 교회에서도 종교부지를 신청해놓고 있었다.

열두 교회밖에 배당이 안되는데 신청한 교회는 마흔 군데가 넘는다고 했다. 그래서 제비를 뽑아 결정하게 되었다.

종교부지를 선정하기 위해 제비를 뽑는다는 연락이 오자마자, 전교인이 하나님 앞에 다니엘 기도를 시작했다.

"하나님, 40교회가 넘는데 열두 교회에만 70평씩 준다고 합니다. 전 대머리만한 땅만 주셔도 좋겠다고 했잖아요. 200평 주십사고 기도했지만, 70평짜리라도 이번에 꼭 뽑아야 합니다."

날짜가 정해지자 전 교인이 금식하며 기도했는데, 하나님께서는 '여호와 이레, 승리하리니 염려 말라.'는 응답과 확신을 주셨다. 드디어 날짜가 되어 목사님은 제비를 뽑으러 가셨다.

제비를 10시부터 뽑는다고 해서 우리 교회 전 제직은 아침 9시에 교회로 모여 기도를 드렸다. 전심으로 기도하던 중에 환상을 보았다. 하얀 빛무리에 싸인 위엄 있는 손이 헌금함으로 들어가더니, 제비를 하나 딱 뽑아 나오는 것이었다. 뽑은 종이 안에 '양성교회'라는 이름이 선명하게 보였다.

"아멘! 우린 뽑았습니다!"

생명 걸고 금식하면서 기도했는데, 정말 그 순간에 장 목사님이 제비를 뽑았던 것이다. 그렇게 되어 우리는 그렇게도 바라던 종교부지 70평을 받게 되었다.

"하나님, 대머리보다 크니까 감사해요. 너무너무 감사해요."

전 교인은 너무 기뻐 서로 껴안고 눈물의 감사기도를 드렸다. 하나님께서는 약속을 너무나 확실히 지키시는 분이시다.

 더 넓은 땅 주세요

그런데 한 교회에 배당된 70평이 각각 따로 떨어진 독립된 덩어리가 아니었다. 또 140평 되는 한 덩어리를 두 교회로 나누어 준 것도 아니고, 210평짜리 한 덩어리 땅을 세 교회에 나누어 주었다. 그러니 땅 한 곳에 교회 셋이 들어서게 되는 셈이다.

어느 교회는 짓고 어느 교회는 못 짓겠는가. 교회 아파트도 아니고 도대체 한 자리에 세 교회가 들어선다는 게 말이 되는가. 교회가 다닥다닥 붙어가지고서는 덕이 안될 게 뻔했다. 이 문으로 들어가고 저 문으로 들어가게 되니 말이다.

이 일을 하나님께 간구했더니 응답을 주셨다.

"내가 100평을 준비해 놓았으니 그 땅은 팔아라."

그래서 그것을 재력 있는 목사님이 한꺼번에 인수하도록 우리는 팔았다. 종교부지를 당시의 시가대로 매매해서 세금을 제하고 2억여 원을 받았다. 2억 현찰을 쥐고 하나님에 기도했다.

"하나님, 이제 더 넓은 땅을 주시기 바랍니다. 없는 곳에서 있게 하신 아버지, 종교부지 70평을 주셔서 아무것도 없던 우리 교회가 2억이라는 돈을 갖게 됐어요. 이제 이 돈을 바탕으로 더 넓은 땅을 마련할 수 있도록 허락해 주세요."

다시 작정기도를 시작했는데 하루는 응답을 주셨다.

"내가 네 간구를 다 듣고 100평을 준비해 놓았으니까 그 100평을 찾아라."

"하나님, 위치가 어디쯤입니까? 위치를 알려주셔야 찾지요!"

응답을 받고서 하나님께 아예 감사기도를 먼저 드리고 기쁨에

차서 잠이 들었다.

그런데 꿈에 하나님께서 지금 현재의 성전자리를 보여주시는 것이었다. 그때 당시 옆집은 화원을 했었다. 이 땅 뒤에는 대추나무가 있었는데 대추가 많이 달려 있었다. 그리고 잡풀과 꽃이 있고 도로가인데 옆에는 지저분한 뒤뜰이 있었다. 너무나 정확하게 보여주시면서 그 땅을 찾으라는 것이었다.

꿈을 꾸고 나서 나는 곰곰 생각에 잠겼다.

'정말 신기하구나. 그런데 이렇게 좋은 땅을 어디에다 숨겨 놓으셨을까?'

그날 무슨 일 때문인지 마을금고에 가게 되었는데, 거기서 우연히 안양시 동안구의 심 의원을 만나게 되었다.

"어이구, 오랜만입니다. 차나 한잔하십시다."

"네, 그러지요."

차를 한잔 마시는데 심 의원이 그러는 것이었다.

"제가 이번에 강원도 횡성에다 엿 공장을 하나 세웠는데요. 너무 돈이 많이 투자되다 보니 생각보다 어려움이 많네요."

"네, 그러세요. 혹시 백 평 정도 되는 땅이 있으신가요?"

그렇게 물었더니 이렇게 대답했다.

"아, 길가 대지슈퍼 옆 땅이 있지요. 평수가 딱 100평이에요."

그 말에 내 가슴이 두근거리며 설레기 시작했다.

"그럼 지금 한 번 구경할 수 있을까요?"

"당장 팔려고 생각은 안했는데요."

"일단 땅 구경이나 해보고 적당하면 파시지요."

"에이, 그럼 가 봅시다."

그래서 그분과 함께 그 장소에 갔다. 가서 보니 하나님이 보여주신 바로 그 땅이 아닌가! 나무 하나하나, 대추나무까지 얼마나 정확하게 자리잡고 서 있는지 소름이 끼칠 정도였다.

"심 의원님도 교인이고 집사님이시지요? 제가 사실은 이 종교부지 때문에 기도를 많이 했습니다. 하나님께서 100평을 준비해놓으셨다고 찾으라고 하셔서 제가 한번 이 땅에 와본 거예요. 와보니까 하나님 앞에 응답받은 땅이네요. 천상 우리 땅이니 파셔야겠습니다."

그렇게 말이 잘 오고가서 그 땅을 우리가 사게 되었다.

그런데 문제는 그 땅값이 4억 5천만원이나 된다는 데 있었다. 당시 이쪽의 땅값이 평당 550만원 정도 했는데, 평당 450만원씩만 달라고 했다. 그때 우리의 전재산은 2억원뿐이었다. 그래서 내일계약을 하겠다고 하고 돌아와서 하나님 앞에 기도를 했다.

"하나님, 어떻게 하시겠어요? 땅은 하나님께서 여호와 이레로 준비하시고 보여주셔서 오늘 보고 왔는데요. 아버지, 저희들한테 있는 돈은 2억원밖에 없잖아요. 2억원밖에 없는데 어떻게 4억 5천만원짜리를 살 수 있겠어요? 해결해 주시옵소서!"

하나님의 응답이 내렸다.

"너희들이 또 한 번 진액을 짜라. 진액을 짜서 이 터전을 마련한 후, 지하까진 너희들의 힘으로 할 수 있느니라."

"아멘! 하나님, 알겠습니다."

이튿날 계약을 하고 돌아오는 길로 제직회를 열었다.

"하나님께서 우리에게 이런 땅을 허락해주셨는데 어떡해야 되겠습니까? 이것은 살까말까가 아닙니다. 벌써 계약을 했습니다. 하나님께서는 우리에게 먼저 진액을 바치라고 하셨습니다. 우리는 전에도 1,500만원으로 7,000만원짜리를 마련하지 않았습니까? 기적 중의 기적입니다. 하나님의 능력을 믿고 한 번 해봅시다."

그랬더니 모든 제직들이 그러자고 했다. 그래서 기도를 열심히 하고 그 자리에서 건축헌금을 작정했는데 3억원이 나왔다. 하나님 앞에 너무 감사해서 말이 안 나올 정도였다. 하나님만 의지하고 날마다 무릎으로 살기로 다시금 결심했다.

마침 우리 땅에 시유지가 20평이 끼여 있었다. 시유지는 10년 분할로 살 수 있기 때문에, 우리는 100평에서 20평을 뺀 80평 값만 치르면 되었다. 등기 이전을 미리 해서 대출을 받아 잔금을 주고, 협조해주시는 분들 몇 분에게 융통해 은혜 안에서 땅값을 다 치르게 되었다. 땅값을 다 치르게 된 다음에 얼마나 감사한지, 그 은혜는 체험해 보지 않은 사람은 알 수 없으리라.

어린이집 융자 심사 통과

인제는 교회 건축 문제를 놓고 기도를 드리기 시작했다. 그런데 어느 목사님이 건축비가 부족할 경우, 어린이집 융자를 받아서 짓는 경우가 있다고 귀띔을 해주었다.

"하나님, 아시다시피 우리 교인들은 닥닥 긁어서 인제는 더 이상 바칠 게 없어요. 그런데 땅만 사놓고 바라보고만 있을 순 없잖아요. 교회를 바로 지어야지요. 저는 오래 있다가 짓는 것도 싫고 외상으로 짓는 것도 싫어요. 어린이집 융자를 받아서 짓는 길이 있다는데요, 아버지, 교회를 지을 수 있도록 도와주시옵소서."

또다시 하나님 앞에 밤새도록 작정기도를 드리기 시작했다. 그리고 얼마 후 마침내 이런 응답을 받았다.

"어린이집 융자를 받을 수 있는 길이 열렸으니까 신청하거라."

이리저리 바삐 움직여 융자를 받을 수 있는 자격요건을 알아 서류를 구비했다. 그런데 안양시에서는 어린이집 융자를 10군데만 해준다는데, 신청서류가 접수된 것은 58군데 정도라고 했다. 그래도 나는 전혀 실망하지 않았다.

'우린 하나님께서 뽑아주실 것이다. 미리 응답을 받았으니까.'

약 6대 1의 경쟁률을 뚫고 우리 교회는 또 뽑혀 융자를 받게 되었다. 담보제공이 충분하지 못해 1억 8천만원 정도만 받게 되었다. 어쨌든 그 정도만 있으면 교회의 기초와 골조는 다 세울 수가 있으니 정말 감사했다.

▼ 한국 양성교회 주일학교

귀신이 쫓겨나가다

어느 날 갑자기 영동에 사는 양묵교회 전도사님 부부가 여자 환자를 한 분 데리고 왔다. 그런데 이 환자의 모습이 지독히 추했다. 환자를 보는 순간, 정나미가 딱 떨어졌다. 그래도 어쩌겠는가. 하나님께서 뜻이 있으셔서 우리 교회에 보내주셨고 어쨌든 하나님이 주신 생명이니까 최선을 다해 기도할 수밖에 없었다.

그래서 은사 집회를 시작했다. 그러자 이분은 초저녁부터 알고 발악을 하기 시작했다. 소리를 지르고 몸을 부들부들 떨며 거품을 내뿜고 소동을 피웠다.

"너 어디서 들어왔느냐?"

그 여자분의 남편이 학교 교사였는데 교통사고로 갑자기 죽었다고 했다. 그러니까 그 남편을 따라다니던 사탄이 남편의 형상을 입고 이 여자에게 들어와서 괴로움을 주고 있었다.

"나는 이 여자의 남편 아무개다."

하면서 자기 이름을 밝히는 것이었다.

"네가 죽었으면 지옥백성이 될 것이지 뭣하러 하나님의 딸에게 왔느냐?"

"난 이 여자를 너무 사랑하기 때문에 다른 데 시집 못 가게 하기 위해, 평생 붙들고 다니려고 여기 왔다."

"이 어리석은 놈아, 이 여자는 하나님의 백성이고 하나님의 딸인데 네가 무슨 주권이 있다고 이 여자를 평생 붙들고 다니느냐! 나사렛 예수의 이름으로 명하노니, 이 더러운 귀신아, 사랑하는 딸에게서 물러가라!"

이 남편 귀신은 절대로 못 물러간다고 막무가내로 버텼다. 자기가 나가면 이 여자는 다른 남자와 결혼을 할 게 뻔하기 때문에 절대 억울해서 그럴 수 없다는 것이다.

우리 교회의 온 성도가 합심하여 통성으로 기도하기 시작했다. 그 남편 되는 사람이 평소에 술과 담배를 몹시 즐겼다고 하는데, 이 여자한테서 술 냄새, 담배 냄새가 나기 시작해 온 교회에 진동을 했다. 그러면서 이 여자는 남편이 평소에 앉아서 담배 피우던 시늉, 술 먹던 시늉, 사람들과 대화하는 시늉 등을 하나하나 행동으로 해 보이는 것이었다.

"어디 실컷 해봐라."

실컷 해보라고 놔두었더니 한 40분 동안을 그짓을 하더니, 나중에는 발악을 하면서 외쳤다.

"나는 호랑이가 되어서 이 여자를 끝까지 태우고 다니겠다."

그러더니 엉금엉금 기면서 호랑이 소리를 으르렁으르렁 내고 다녔다. 노린내를 푹푹 피우기 시작하는데 얼마나 속이 메스꺼운지 속이 뒤집혀서 참기가 어려웠다. 온 교인들이 코와 입을 막고 토하고 법석이 났다.

몇 시간이나 실랑이질을 했다. 그 여자는 언제나 머리에 스카프를 쓰고 다녔다고 했다. 머리에 바람이 들어서 수건을 벗으면 한여름에도 머리가 시려서 스카프를 벗을 수 없는 형편이었다. 그날도 스카프를 쓴 채, 온갖 희한한 냄새를 다 피우면서 남편과 지내던 난잡한 행동들을 해보이고 요란을 떨었다.

기도를 하던 교인들도 하는 짓이 하도 해괴하니까, 어이가 없으면서도 재미있는지 깔깔거리며 웃기도 했다. 몇 시간을 더 실랑이를 벌이고 나자, 자기에게 딱 한 가지 소원이 있다고 했다.

"내가 사실 너무 젊어서 죽어 억울하다. 이 여자가 다른 데로 시집을 갈까 봐 걱정되어 평생 살려고 왔다. 오늘 내가 예수 선생한테 굴복을 해서 결국 쫓겨나가야 하는데, 이 여자가 앞으로 시집만 안 간다면 나가겠다."

"그건 걱정하지 마라. 걱정하지 말고 어쨌든 그 여인에게서 나가라. 네가 여기 붙어 있어도 하나님의 백성을 해코지할 수 없다. 그리고 네 갈 길과 이 여자의 갈 길은 따로 있다."

계속해서 쉬지 않고 예수의 이름으로 찬송을 부르고 기도를 했다. 그러자 소리를 벽력같이 지르고 더러운 냄새를 풍기며 토하고 휴지를 몇 롤이나 닦아내도록 소란을 피웠다. 나와 전 교인들은 새벽이 될 때까지 일고여덟 시간이나 그 한 사람에게 매달려 있느라고 거의 탈진상태가 되었다.

그러나 끝내 하루를 넘기지 않고, 그 여자를 괴롭히던 사탄은 굴복하고 나갔다. 입을 벌리고 혀를 빼물고 소리를 지르고 울면서 발악을 해대더니,

"여보, 잘 있어. 난 가니까 절대 딴 사람에게 시집가면 안돼."

이별인사까지 하면서 소리를 지르더니 쭉 내뻗는 것이었다.

그후 30분 정도 지나서 여자분이 깨어났다. 자기가 한 짓을 전혀 알지 못했지만, 초저녁에 올 때와는 하늘과 땅 차이로 평안하고 환한 얼굴이 되어 있었다. 폐인이 될 수밖에 없는 사람이 예수 그리스도를 영접하고 완연한 새사람이 된 것을 볼 때, 그동안의 피곤이 깡그리 사라져버리는 기쁨을 느꼈다.

"할렐루야!"

우리 교인들은 영광의 박수를 하나님 앞에 드렸다. 이러한 기적을 볼 때마다 하나님께 무한한 영광을 돌리지 않을 수 없었다.

그후 두어 주 후에 어떤 신학생 하나가 나를 찾아왔다. 이상하게 집중이 안되어 성경도 눈에 안 들어오고, 마음이 그렇게 심란했다고 한다. 왠지 정신이 산란해 공부도 할 수 없었는데, 누구에겐가 소문을 듣고 우리 교회의 금요 철야예배에 찾아온 것이다.

철야예배 때 보니, 그가 기도원에서 혼자 기도하던 중에 사탄의 세력을 잘못 물리치고 눌린 것을 알았다. 그 사탄의 세력들이 소리를 지르고 발악을 하면서 나가는데, 얼굴이 시커멓게 변해서 몸부림쳐대는 게 정말 끔찍했다.

그분이 전도사였기 때문에 은밀히 장 목사님과 함께 사탄을 쫓았는데, 통성기도 중이라 몇 분만 보았다.

혀를 빼물고 몸부림을 치고 계속 돌기 시작하는데 정신을 못 차리도록 뒹굴고 난리가 났다. 기도를 일찍 끝낸 교인들은 벌써 눈치를 채고 함께 기도에 힘을 보탰다.

결국에는 사탄이 굴복해서 나갔다. 사탄이 나간 순간부터는 그렇게 머리가 개운하고 맑아졌다고 했다. 기분이 상쾌하고 집중이 잘되어 공부가 머릿속에 쏙쏙 들어가더라고 그 다음 금요철야 때 나와서 간증을 하였다.

 ## 성전 건축 시작

95년 4월, 동네 주민들 모르게 살짝 기공 예배를 드렸다. 주민들이 알면 시끄러우니까 몰래 토목공사를 시작했다. 주민들에

게 교회 짓는다는 눈치를 보이지 않기로 약속해 두었다.

우리 친정오빠가 공사를 맡아서 근린상가를 짓는다고 했다. 그리고 우리 교회 교인들은 교회터 근처에 구경하러 가지도 말고 아예 얼씬도 하지 말자고 했다.

기공식 예배도 교회터인 현장에서 드리지 못하고 상가 3층 교회 안에서 드렸다. 기초공사를 시작하던 인부들이 땅을 파보더니 환호성을 질렀다고 한다.

"땅밑이 다 암반이에요! 반석이 확 깔려서 자갈을 깔 필요가 없어요. 다 암반이어서 여긴 10층 건물을 올려도 됩니다."

감사하게도 반석 위에 교회가 지어지는 것이다. 지하 한 층을 덮고 나니까 은행에서 융자도 해주었다. 우리 교인들은 신이 나서 그 더운데도 밤낮으로 다니엘 기도와 금식기도를 드렸다. 날씨가 그렇게 무더운데도 하나님의 교회를 짓는 게 왜 그렇게도 좋은지, 왜 그렇게도 잠이 안 오는지! 날마다 들여다볼 수 없으니까 일부러 차를 타고 가며오며 보는 것으로 마음을 달랬다.

교회가 1층이 올라가도록 동네 주민들은 전혀 눈치를 못 챘다. 그러다가 차츰 교회의 뼈대가 올라가고 윤곽이 드러나기 시작하자 교회인 줄 눈치 채게 되었다.

"특히 양성교회에서 오는 것 아녜요?"

"거 양성교회 시끄럽다는데! 이제 주변의 땅값 떨어지겠구만!"

동네 주민들은 즉시 공사 반대운동을 벌이기 시작했다. 도장을 받으러 다니고 항의서를 만들고, 구청장한테 하루에 몇십 통씩 전화를 걸어댔다. 당장 이 공사를 중단하게 해달라는 요청 때문에 구청장은 아주 곤욕을 치르고 있었다.

결국 일주일간 공사를 중지하라는 중지명령이 내렸다. 그러나 우리는 낙심하지 않고 더욱더 힘써 기도를 드렸다.
"하나님, 하나님께서 허락하셨으니까 저들을 감화감동시켜 마음을 돌려주시옵소서. 잠잠하게 해주시옵소서. 아무리 공사소음이 시끄러워도 저들의 귀를 막아서 못 듣게 해주시옵소서."
전 교인이 한마음으로 기도했다.

마침 그때 반대하고 다니던 주동자 중의 한 사람이 발을 잘못 디뎌서 많이 다치는 사고가 일어났다. 깁스를 하는 바람에 도장을 찍으러 다니지 못하게 되었다. 그러자 소문이 이렇게 났다.
"양성교회는 하나님께서 함께하는 교회라서 건드리는 사람은 큰 어려움을 당한다더라."

그러자 도장 받으러 다니는 사람들이 다 제 풀에 지쳐 포기를 했다. 나는 하나님 앞에 반대하는 자들을 막아달라고 계속 기도를 드렸다. 그런데 하루는 기도를 하는데 하나님께서,
"여호와 이레, 염려하지 말고, 여호와 닛시, 걱정하지 말라!"
는 응답을 주셨다.

기도 중 눈을 열어 환상을 보여주시는데, 천사들이 흰 깃발을 들고 5층에서부터 아래층까지 전부 다 교회를 둘러싸고 있었다. 그 천사들의 숫자가 얼마나 많은지 도저히 헤아릴 수가 없었다. 5층부터 층층이 천사들이 다 흰 깃발을 들고 교회를 빙 둘러 감싸고 있었는데 정말 장엄한 광경이었다.

'아, 그래, 맞다. 우리 하나님께서 천군천사를 보내셔서 교회 짓는 데 반대하는 사람들의 모든 눈을 가려주시는군요. 우리 천군 천사가 승리할 줄 믿습니다!'

그후에는 길에 나와서 삿대질하고 소란을 피우던 주민들이 다 잠잠하게 수그러들었다. 나는 그때 절실히 깨달았다.

'아, 우리가 교회를 지키는 게 아니로구나. 천군천사들이 내 대신 교회를 지키고, 하나님의 성전을 보호하고 있구나.'

그 광경을 보고 하나님께서 하나님의 교회를 얼마나 사랑하시는가를 깊이 깨달았다.

그날 나는 자신 있는 금요철야 설교를 했다.

"우리가 성전을 지키고 있지 않아도 괜찮습니다. 우리 교회 짓는 거, 누가 부술까 봐 행패부릴까 봐 염려하지 않아도 됩니다. 천군천사들이 흰 깃발을 들고 5층에서부터 아래층까지 다 감싸고 보호하고 있었습니다. 우리가 지키는 데는 한계가 있습니다. 하늘의 무수한 천사들이 지켜주니까 아무 걱정 없이 하나님의 교회가 끝까지 올라갈 줄을 믿습니다. 여러분, 아무 염려하지 마십시오!"

내 말에 우리 교인들은 신이 나서 큰 목소리로,

"아멘! 아멘!"

하고 화답을 했다.

하루가 다르게 골조가 올라가고 성전은 나날이 제 모습을 갖춰 갔다. 하나님 앞에 온 교인은 밤낮으로 모여서 기도했다.

성전을 건축하는 중에도 쉬지 않고 새 신자가 들어오는 교회는 아마도 우리 교회밖에 없을 것이다.

그러던 어느 날, 두 번째로 구청장이 공사중단 명령을 내렸다. 민원이 너무 많이 들어와 도저히 공사를 계속하게 할 수 없다는 것이었다. 그래서 구청장의 마음을 돌려주시라고 그날 밤에 모두 모여서 철야기도를 드렸다. 그랬더니 20일 공사 중지명령이 일주일 만에 철회되었다.

그후로부터의 건축공정은 얼마나 순조로운지 만 입이 있어도 다 감사할 길이 없을 만큼 컸다. 온 교인은 또 얼마나 예쁘게 협조를 하는지 몰랐다. 우리 교인들은 작정한 건축헌금을 지키느라고 새벽이면 신문배달을 하고, 낮에는 낮대로 식당에 가서 파출부 일을 하고 갖은 고생을 마다하지 않았다.

달동네의 서민들이 자기 집 한칸도 없는 성도들이, 하나님의 성전을 짓기 전에는 자기 집을 갖지 않겠다는 그 놀라운 헌신 때문에 우리 교회가 세워지게 된 것이었다.

산재, 근재 보험을 들어라

1층부터 한 층 한 층, 공사가 잘 진행되는 중인데, 하루는 기도하던 밤중에 하나님께서 내게 급히 이르셨다.

"산재와 근재 보험을 빨리 들어라."

산재 보험? 근재 보험? 그게 무엇인가? 당시 나는 그런 보험이 있는지도 몰랐다. 그래서 재정 집사님에게 이야기했다.

"하나님께서 산재와 근재 보험을 빨리 들라고 하시는데 왜 그러시는지 모르겠네요."

그랬더니 재정 집사님이,

"들으라시면 들어야지요."

하셨다. 보험에 드는 절차를 잘 알지 못했던 터라, 그날로 서류를 갖춰서 두 가지 보험에 가입을 했다. 교회의 건축을 책임질 소장을 맡아 할 분이 마땅찮아서 연합철강에 다니는 재정 집사님에게 좀 맡아달라고 청하자 거절을 했다.

그러자 그 회사가 부도가 나서 어쩔 수 없이 밀려나 건축소장 노릇을 했다. 김 소장이 안양의 보험회사에 가서 알아보니 550만원이라는 목돈이 들어가야 한다고 했다.

"이렇게 큰 공사를 하는데 과연 550만원이란 큰돈을 들일 필요가 있을까요? 한푼이 아쉬운 때고 또 사고도 안날 텐데요."

"그래도 하나님께서 들 만한 이유가 있으니까 들라고 하신 걸 텐데 빨리 들어야죠. 뭔가 급하니까 빨리 들라고 하신 게 아니겠어요? 그러니 이유 없이 듭시다."

그렇게 해서 보험에 들게 되었다.

그리고 난 다음, 한 열흘쯤이나 지났을까. 어느 날 난리가 났다. 사택에 전화가 왔는데, 4층에서 일하던 인부가 발판을 잘못 밟아 1층으로 떨어졌다고 했다. 가슴이 철렁하며 몸에 식은땀이 솟았다.

"주, 죽었어요?"

"죽진 않았어요. 앞으로 떨어지는 바람에 이빨이 몽땅 나가고, 이마가 찢어지고 턱이 다쳤어요. 지금 안양병원에 실려갔어요."

우선 죽지 않았다는 말에 안도의 숨이 나왔다.

'하나님, 생명 지켜주신 것, 감사합니다!'

기도를 하고 나서도 그때까지 산재, 근재 보험은 전혀 생각도 나지 않았다. 너무 당황해서 머릿속에 떠오르지도 않았다. 그런데 다친 인부는 지레 우리 교회가 보험에 들었을 리가 없다고 생각한 모양이었다. 온 가족이 병원비와 치료비를 빙자해 막무가내 떼를 쓰기로 작정한 사람 같았다.

"앞니가 다 나갔는데, 젊은 사람 평생토록 이빨도 없이 살게 생겼잖소? 그러니 톡톡히 보상을 해주세요."

그러면서 병원을 자기가 잘 아는 다른 병원으로 옮기겠다고 억지를 부렸다. 이빨도 심는 이빨로 해주고 이마와 턱이 많이 찢어졌으니까 성형수술도 해주고, 아무튼 몇천만원을 주면 자기가 다 알아서 해결하겠다고 했다.

"우리는 말씀 들을 이유가 없습니다. 산재보험, 근재보험에 다 들었으니까 보험회사에서 나와서 다 처리해 줄 겁니다. 그때 이야기하세요."

그 인부가 눈이 휘둥그레지며 놀라서 물었다.

"아니, 보험을 언제 들었어요?"

"하나님께서 들라고 하셔서 들었습니다."

"그 교회는 진짜 하나님이 살아 계시네요."

그러면서 할 말을 잃더라고 했다. 피할 길을 예비하신 하나님, 우리에게 꼭 필요하니까 그렇게 급히 채근하셔서 들라고 하신 게 아니겠는가. 만일 우리가 그때 550만원이 아까워서 꾸물거렸다면 어떤 엄청난 피해를 봤을까.

나는 날마다 모든 일을 하나님께 상의드리면서 하루하루의 기도로 공사를 해나갔다. 기도 없이는 절대 하나님의 교회를 지을 수 없다. 아무리 돈이 많아도 교회는 하나님께서 허락하시지 않으면 지을 수 없다는 것을 뼈저리게 느꼈다.

또 하나님께서 어떤 의외의 심부름을 시키시더라도 순종해야 한다는 것을 절감했다. 순종 잘해서 복받아야 한다는 것을 그 주 금요철야 때 간증했는데 전 교인이 큰 은혜를 받았다.

우리 교인들은 너무나 신기해했다.

"하나님이 그 바쁘신데도 불꽃 같으신 눈동자로 우리 양성교회에만 함께하시는 것 같고, 24시간 눈동자도 돌리지 않으시고 지켜보시는 것 같아요."

 ## 성전 입당 감사예배

6개월에 걸친 건축이 끝나고, 95년 10월 28일, 드디어 새 성전 입당예배를 드렸다. 온 교인의 피땀으로 세워진 교회였다.

그 동안 전 교인들은 지칠 줄 모르고 성전을 아름답게 꾸몄다. 인건비를 줄인다고 저녁마다 교인들은 손수 그라스펠을 하나하나 다 붙였다. 전 교인이 그렇게 일을 해도 힘드는 줄도 몰랐다. 이사하는 날, 날씨가 무척 추웠는데도 얼마나 감사한지 누구 하나 춥다는 말을 하지 않았다. 기분이 어찌 좋은지 이삿짐이 공중에 막 날아다니는 것 같았다.

날짜를 잡아 밤을 새워가며 잔치준비를 했다. 입당예배 겸 안수 집사, 장로 장립 취임을 하게 되었다. 장로 장립 투표에 99%가 다 찬성 득표가 나오고 안수집사도 마찬가지였다. 새 교회로 이사를 와 잔치준비를 하면서 왜 그렇게 눈물이 쏟아지던지!

"하나님, 이 세상에서는 저밖에 새 성전을 가진 사람이 없는 것 같아요. 이렇게 기쁠 수가 있을까요."

나는 교인들 모르게 숱하게 울었다.

"10년 넘으면 교회 주신다고 하시더니 11년 만에 주셨네요. 멈추지도 않고 무사히 교회가 쑥쑥 올라가는 5층 공사를 마치게 하신 하나님, 12억 공사를 2억으로 시작해서 마치게 하신 아버지, 너무 놀랍고 너무 감사합니다!"

▲ 양성교회 성전

  12월 20일 잔칫날, 12억 공사를 마친 그 날은 이 세상 그 어느 누구도 부럽지 않은, 내 인생에 가장 기쁜 날이었다.
  많은 손님들을 초청해 예배를 드렸다. 전 교인들이 너무 기쁘니까 성전입당 감사예배가 온통 눈물바다가 되었다. 외부에서 오신 분들이 축하를 많이 해주었는데도 그 축하를 다 받지도 못했다. 우느라고 바라볼 수가 없어서였다.

▲ 입당 감사예배

물론 우리 안양노회 모든 목사님들도 축하를 많이 해주셨다. 개척교회의 목사님들은 교회의 구석구석을 돌아보며 부러워하시기도 했다.

나는 이 세상에서 내 집을 마련해도 그렇게까지는 기쁘지 않을 것 같다. 하나님의 성전을 짓고 나니까 그렇게 기쁜 것이었다. 이 세상을 다 가진 듯했다. 그리고 이 세상에서는 우리만 교회건물을 가진 듯한 크나큰 감격이었다. 하나님 앞에 폐부에서 우러나는 참눈물을 바친 그런 감사예배를 드렸다.

임직자들은 어려운 가운데 성물을 5천만원 어치나 해놓았고, 또 장 목사님에게 마르샤 승용차도 마련해 주었다. 동서남북에서 축하해주러 몰려왔는데 나는 그날 그분들에게 인사도 제대로 다 못했다.

절제하고 자제하려고 이를 악물었는데도 눈물이 끝없이 흐르는 것이었다. 설레는 마음을 어떻게 가라앉힐 수가 없었다. 원없이 감사해보고 원없이 울어본 날이 아마 그날이었을 것이다.

내 꿈에도 소원이 성전 짓는 것이었기 때문에, 지금까지도 그 감사예배를 생각하면 가슴이 뜨겁게 벅차오른다. 눈물 때문에 손님을 볼 수 없는 마음을 그 누가 알랴!

성전을 지으면서 나는 잠을 별로 안 잤다. 평상시에도 날마다 두세 시까지 기도하다 보면 한 시간도 자고 두 시간도 잤었다. 그런데 입당예배를 드리고 나서는 한 열흘을 전혀 잠을 못 잤다. 힘에 겹도록 수고하고 충성한 교인들의 얼굴이 하나하나 눈앞에 떠올랐다.

박창환, 서광순 집사님은 새 집을 지어 한 번도 살아보지 못한 채 교회 성전을 짓는 데 몇 번이나 그 집을 저당잡혀 충성을 했었다. 그들의 아름다운 헌신이 천국에서 보답을 받을 것을 나는 분명히 믿는다. 하나님 앞에 나가도 '고맙습니다.', 어디를 가도 '너무 고마워요, 너무 고마워요.' 하니까 안 믿는 사람들이 나를 보고 이상하다는 눈치를 보이곤 했다.

"저, 전도사 미쳤나 보네? 한물갔어. 쯧쯧, 얼굴은 멀쩡하게 생겨 가지고…."

그러거나 말거나 나는 한없이 기쁘고 행복했다.

(제1권 끝)

▲▼ 양성교회의 은혜로운 성가대원들과 성전건축 축하 공연